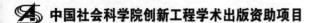
中国社会科学院创新工程学术出版资助项目

夏洪胜 张世贤◎主编

21世纪工商管理文库

行政管理学

Administration Management

经济管理出版社

ECONOMY & MANAGEMENT PUBLISHING HOUSE

图书在版编目（CIP）数据

行政管理学/夏洪胜，张世贤主编. —北京：经济管理出版社，2013.4
（21 世纪工商管理文库）
ISBN 978-7-5096-2335-0

Ⅰ.①行…　Ⅱ.①夏…②张…　Ⅲ.①行政管理—管理学　Ⅳ.①D035

中国版本图书馆 CIP 数据核字（2013）第 036559 号

组稿编辑：何　蒂
责任编辑：杜　菲
责任印制：杨国强
责任校对：李玉敏

出版发行：经济管理出版社
　　　　　（北京市海淀区北蜂窝 8 号中雅大厦 A 座 11 层　100038）
网　　址：www. E-mp. com. cn
电　　话：(010) 51915602
印　　刷：三河市延风印装厂
经　　销：新华书店
开　　本：720mm × 1000mm/16
印　　张：19.75
字　　数：320 千字
版　　次：2014 年 3 月第 1 版　2014 年 3 月第 1 次印刷
书　　号：ISBN 978-7-5096-2335-0
定　　价：49.00 元

总　序

  1911 年，泰勒《科学管理原理》的发表标志着管理学的诞生。至今，管理学已经走过了整整 100 年，百年的实践证明，管理学在推动人类社会进步和中国改革开放中发挥了巨大的作用。在这个具有历史意义的时刻，我们也完成了《21 世纪工商管理文库》的全部编写工作，希望以此套文库的出版来纪念管理学诞生 100 周年，并借此机会与中国企业的管理者们进行交流与探讨。

  "绝不浪费读者的时间"，这是我在筹划编写本套文库时所坚持的第一理念。时间是管理者最宝贵的资源之一，为了让读者尽可能高效率地学习本套文库，我们的团队力求通过精练的文字表达和鲜活的案例分析，让读者在掌握基础知识的同时获得某种思维上的灵感，对解决企业实际中遇到的问题有所启发，同时也获得阅读带来的轻松和愉悦。"绝不浪费读者的时间"，这是我们对您的承诺！

一、编写《21 世纪工商管理文库》的出发点

  本人从事工商管理领域的学习、研究、教学和实践工作多年，在这一过程中不断探索和思考，形成了自己的一系列观点，其中的一些观点成为编写本套文库的出发点，希望能尽我微薄之力，对我国企业的发展有所帮助。

  1. 工商管理是一门应用性极强的学科，该领域的基础理论成果基本上来源于以美国为主的西方国家。在工商管理领域的研究方面，我国应该将重点放在应用研究上。

2. 工商管理在很大程度上受制度、历史、文化、技术等因素的影响。对于源自西方国家的工商管理基础理论，我们切不可照搬照抄，而应该在"拿来"的基础上根据我国的实际情况加以修正，然后将修正后的理论运用于我国的实践。

3. 目前，我国的 MBA、EMBA 所用的经典教材多数是西方国家的翻译版本，不仅非常厚，内容也没有根据中国的实际情况进行调整，在学时有限的情况下学生普遍无法学通，更谈不上应用，这可以从众多的学位论文和与学生的交流中看出。

4. 做企业，应该先"精"后"强"再"大"，并持续地控制风险，只有这样才能保证企业之树长青。而要做到这些，一个非常关键的因素就是对工商管理知识的正确运用，所以，无论多忙，我国的企业管理者们都务必要全面系统地学习适合国情的工商管理知识，以提升企业的软实力。

5. 随着国际化程度的加深，我国急需一批具有系统的工商管理知识和国际化视野且深谙国情的企业家，这一群体将成为我国企业走向国际化的希望。企业的中高层管理者是这一批企业家群体的预备军，因此，我们应该尽力在我国企业的中高层管理者中培育这个群体。

"路漫漫其修远兮，吾将上下而求索"。企业是国家的经济细胞，也是国家强盛的重要标志之一。当今世界，企业间的竞争日趋激烈，我国企业的管理者们要有强烈的危机意识和竞争意识，必须从人、财、物、信息、产、供、销、战略等各方面全方位地提升我国企业的管理水平，力争建成一批世界知名的和有国际影响力的中国企业，这批企业将是中国经济的基础和重要保障。我希望本套文库能够与中国企业中高层管理者的实践碰撞出灿烂的火花，若能如此，我多年的心血和我们团队的工作便有了它存在的价值。

二、《21 世纪工商管理文库》的内容

中国企业非常需要有一套适合中国国情的工商管理文库，博览以往工商管理类的书籍，它们对中国企业的发展确实起到了非常重要的作用，但是却鲜有一套文库的内容可以同时将基础性的知识、前沿性的研究和最适合在中国应用的理论

结合工商管理内容的本质，以深入浅出、通俗易懂的表达方式全面呈现出来。由于中国的中高层企业管理者用在读书学习上的时间非常有限，这就要求本套文库能让企业管理者花较少的时间，系统地掌握其内容并加以运用。

鉴于此，本人与国内外同行进行了深入的探讨，同时，也与一大批内地、港澳台地区及国外企业家和学者进行了广泛的接触与交流，并实地调研了大量中外企业。在此基础上，仔细查阅了国内外著名大学商学院的有关资料，并结合自己的研究，首次构建并提出了如图Ⅰ所示的工商管理内容模型。该模型经过数十次的修正，直到工商管理理论研究同行与实践中的企业家们普遍认可后才确定下来。它由31本书组成，平均每本200页以上，基本涵盖了工商管理的主要内容，是目前我国较为系统、全面并适合中国企业的工商管理文库。

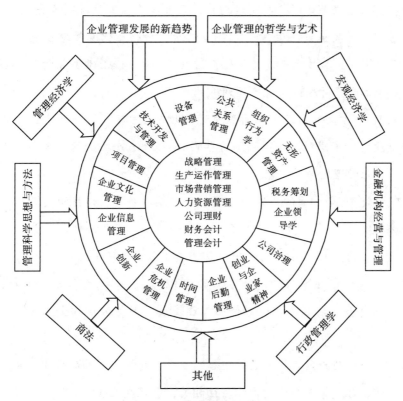

图Ⅰ 工商管理内容模型

该工商管理内容模型共分为如下三个部分：

第一部分为核心内容（图Ⅰ中小圆内部分）。该部分内容共分为7个方面：①战略管理；②生产运作管理；③市场营销管理；④人力资源管理；⑤公司理财；⑥财务会计；⑦管理会计。

以上7个方面的内容是工商管理最基本的部分，也是工商管理最核心的部分，这些内容是任何企业都应该具有的。可以说，工商管理其他方面的内容都是围绕这7个方面的内容展开的。这7个方面的内容各有侧重又彼此关联。

我们称这7个方面的内容为工商管理的核心系统，该系统是工商管理专业的核心课程。

第二部分为辅助内容（图Ⅰ中小圆与大圆之间部分）。该部分内容共分为16个方面：①企业领导学；②公司治理；③创业与企业家精神；④企业后勤管理；⑤时间管理；⑥企业危机管理；⑦企业创新；⑧企业信息管理；⑨企业文化管理；⑩项目管理；⑪技术开发与管理；⑫设备管理；⑬公共关系管理；⑭组织行为学；⑮无形资产管理；⑯税务筹划。

以上16个方面的内容是工商管理的辅助内容。不同行业的企业和企业发展的不同阶段都会不同程度地运用到这些内容。这16个方面的内容与核心系统一起构成了企业管理的主要内容。

我们称这16个方面的内容为工商管理的辅助系统，该系统是工商管理专业的选修课程。

第三部分为支撑内容（图Ⅰ中大圆外部分）。该部分内容共分为8个方面：①宏观经济学；②金融机构经营与管理；③行政管理学；④商法；⑤管理科学思想与方法；⑥管理经济学；⑦企业管理发展的新趋势；⑧企业管理的哲学与艺术。

以上8个方面的内容对企业管理起到支撑、支持或制约的作用，企业管理的思想、方法、环境等都与这些内容密切相关，甚至企业管理的绩效直接与这8个方面的内容有关。

我们称这8个方面的内容为工商管理的支撑系统，该系统是工商管理专业的公共必修课程。

需要说明的是，在该模型中，我们标出了"其他"，这是由于工商管理的内容非常丰富，其模型很难包罗万象，而且工商管理本身也在发展中，无论是核心系统、辅助系统，还是支撑系统，都可能在内容上发生变化。因此，我们将该模型中没有表明的内容用"其他"表示。

综上所述，整个工商管理内容模型是由核心系统、辅助系统、支撑系统三大系统组成。我们也可称之为工商管理的三维系统，其中，核心系统和辅助系统构成了企业管理的主要内容。

我们进一步将核心系统和辅助系统按照关系密切程度划分为 5 个子系统，它们分别是：

子系统 1：战略管理、企业领导学、公司治理、创业与企业家精神、企业后勤管理、时间管理、企业危机管理、企业创新、企业信息管理、企业文化管理。该子系统各部分都会对企业产生全局性的影响。

子系统 2：生产运作管理、项目管理、技术开发与管理、设备管理。该子系统各部分技术性强，偏重定量分析，且各部分之间关系密切。

子系统 3：市场营销管理、公共关系管理。该子系统各部分之间关系密切，公共关系的有效管理有助于市场营销管理。

子系统 4：人力资源管理、组织行为学。该子系统各部分之间关系密切，组织行为学是人力资源管理的基础。

子系统 5：公司理财、财务会计、管理会计、无形资产管理、税务筹划。该子系统各部分之间关系密切，公司理财、财务会计、管理会计构成了企业的财务管理体系，同时也是无形资产管理、税务筹划的基础。

以上 5 个子系统也可以作为企业管理的 5 个主要研究方向：①战略管理方向；②生产运作管理方向；③市场营销管理方向；④人力资源管理方向；⑤财会管理方向。其中，战略管理是企业的定位；生产运作管理是企业的基石；市场营销管理是企业生存的手段；人力资源管理是企业的核心；财会管理是企业的灵魂。

当然，工商管理内容模型中的各个部分不是孤立存在的，它们彼此之间常常是有关联的，甚至有些内容还有交叉。如"采购管理"作为企业管理中非常重要的内容，本套文库在生产运作管理、项目管理和企业后勤管理三本书中均有涉及。虽然三本书中关于"采购管理"的内容均有关联和交叉，但三本书中所呈现出来的相应内容的侧重点又是不同的。

三、《21 世纪工商管理文库》的内容本质

通过多年来对国内外工商管理理论与实践的研究，我们认为《21 世纪工商管理文库》的内容本质可以精辟地概括成如表 I 所示。

表 I 《21 世纪工商管理文库》的内容本质

书名	内容本质
1.战略管理	找准企业内部优势与外部环境机会的最佳契合点，并保持可持续发展
2.生产运作管理	依据市场的需求和企业的资源，为客户生产和提供物超所值的产品
3.市场营销管理	以有限的资源和真实的描述，尽可能让企业的目标客户了解并购买企业的产品
4.人力资源管理	适人适才、合理分享、公平机会、以人为本、真心尊重，创造和谐快乐的工作环境
5.公司理财	使公司的资产保值增值并在未来依然具有竞争力
6.财务会计	合规、及时、准确地制作财务会计报表，并运用财务指标评价企业的经营状况
7.管理会计	让管理者及时、准确地了解其经营活动与各项财务指标的关系并及时改善
8.企业领导学	道德领导、诚信经营，承前启后、继往开来
9.公司治理	以科学的制度保障权力的相互制衡，维护以股东为主体的利益相关者的利益
10.创业与企业家精神	发现和捕获商机并持续创新
11.企业后勤管理	通过企业的间接管理活动，使其成本最低和效率最高
12.时间管理	依重要和缓急先后，合理分配时间，从而达成目标
13.企业危机管理	大事化小，小事化了，转危为机
14.企业创新	快半步就领先，持续保持竞争优势
15.企业信息管理	及时和准确地为管理者提供相关的管理信息
16.企业文化管理	以共同的信念和认同的价值观引领企业达到具体的目标
17.项目管理	以有限的资源保质保量完成一次性任务
18.技术开发与管理	将未来的技术趋势转化为商品的过程与管理
19.设备管理	使设备具有竞争力且寿命最长和使用效率最高
20.公共关系管理	使企业与所有利益相关者的关系最和谐且目标一致
21.组织行为学	科学组建以人为本的有效团队

书名	内容本质
22.无形资产管理	化无形为有形，持续发展无形的竞争优势
23.税务筹划	合法、有道德且负责任的节税手段
24.宏观经济学	保持国民经济可持续和健康发展的理论基础
25.金融机构经营与管理	服务大众，科学监管
26.行政管理学	科学制定"游戏"规则，构建长富于民的政府管理机制
27.商法	维护经济秩序并保护企业或个人的合法权益
28.管理科学思想与方法	以可靠准确的数据为基础，优化各类资源的使用效率和效果
29.管理经济学	微观经济学的理论在企业经营决策中的应用
30.企业管理发展的新趋势	企业未来的管理方向
31.企业管理的哲学与艺术	刚柔并济，共创所有利益相关者的和谐

四、《21世纪工商管理文库》的特色

（一）《21世纪工商管理文库》在叙述方式上的特色

1. 每本书的封面上都对该书的内容本质有精辟的描述，这也是贯穿该书的主线，随后对该书的内容本质有进一步的解释，以便读者能深刻领悟到该书内容的精髓所在；并在总序中对整个《21世纪工商管理文库》的内容本质以表格的形式呈现。

2. 每本书的第一章，即导论部分都给出了该书的内容结构，以便读者能清晰地知道该书的整体内容以及各章内容的逻辑关系。

3. 每本书的每章都以开篇案例开始，且每一节的开头都有一句名人名言或一句对本节内容进行概括的话，以起到画龙点睛的作用。

4. 每本书的基础理论大部分都有案例说明，而且基本上是在中国的应用，尽量使其本土化。

5. 每本书都非常具有系统性、逻辑性和综合性，将复杂理论提炼成简单化、通俗化的语句并归纳出重点及关键点，尽量避免不必要的"理论"或"术语"，表达上简洁明了、图文并茂、形象鲜活。

（二）《21世纪工商管理文库》在内容上的特色

1. 本套文库建立了完整的工商管理内容模型，该模型由核心系统、辅助系统和支撑系统组成。在该模型中，读者能够清晰地看到工商管理内容的全貌以及各

部分内容之间的关系，从而更加有针对性地学习相关内容。这也是本套文库的基本内容框架，从该框架可以看出，本套文库内容全面，具有很强的系统性和逻辑性，且层次分明。

2. 本套文库的内容汇集和整合了古今中外许多经典的、常用的工商管理理论和实践的成果，我们将其纳入本套文库的内容框架体系，使其更为本土化和实用化。可以认为，我们的工作属于集成创新或整合创新。

3. 每本书的内容都以"基础性"、"新颖性"、"适用性"为原则进行编写，是最适合在中国应用的。对于一些不常用或不太适合在中国应用的基础理论没有列入书中。

4. 核心系统和辅助系统（企业管理的主要内容）中的每本书都有对中国企业实践有指导意义的、该领域发展的新趋势，这可以让读者了解到该领域的发展方向，并与时俱进。为了便于读者阅读和掌握各个领域发展的新趋势，我们将本套文库中的所有新趋势汇集为《企业管理发展的新趋势》一书。

5. 核心系统和辅助系统中的每本书都有该领域的管理哲学与艺术，提醒企业不可僵化地运用西方的基本理论，而应该将中国的管理哲学与艺术和西方现代工商管理理论相结合，即将东西方的科学发展观与中国的和谐社会融合起来，这才是真正适合中国本土化的企业管理。为了便于读者阅读和掌握各个领域的管理哲学与艺术，我们将本套文库中的所有管理哲学与艺术汇集为《企业管理的哲学与艺术》一书。

（三）《21世纪工商管理文库》在功能上的特色

1. 有别于程式化的西方MBA、EMBA教材。本套文库具有鲜明的中国本土问题意识，在全球化视野的背景下，更多地取材于中国经济快速增长时期企业生存发展的案例。

2. 有别于传统工商管理的理论教化。本套文库强调战术实施的功能性问题，力求对工商管理微观层面的问题进行分析与探讨。

3. 有别于一般的工商管理教科书。本套文库中的每本书从一开始就直接切入"要害"，紧紧抓住"本质"和"内容结构"，这无疑抓住了每本书的"主线"，在叙述方式和内容上，围绕这条"主线"逐步展开，始终秉承"绝不浪费读者时间"和"以人为本"的理念。

4. 有别于一般的商界成功人士的传记或分行业的工商管理书籍。本套文库以适合在中国应用的基础理论为支撑，着力解决各行业中带有共性的问题，以共性来指导个性。这也体现了理论来源于实践并指导实践这一真理。

5. 有别于同类型的工商管理文库。本套文库系统全面、通俗易懂，在叙述方式和内容上的特色是其他同类型工商管理书籍所不具备的，而且本套文库的有些特色目前在国内还是空白，如工商管理内容模型、本质、趋势与哲学等。另外，本套文库在表达方式上也颇具特色。

五、《21世纪工商管理文库》的定位

1. 本套文库可供中国企业的中高层管理人员学习使用。通过对本套文库的学习，中国企业的中高层管理人员一方面可吸收和运用西方的适合在中国应用的基础理论，同时结合中国的管理哲学与艺术，把中国的企业做精、做强、做大，参与国际竞争，并保持可持续成长。

2. 本套文库可作为中国企业的中高层管理人员的培训教材。本套文库系统、全面、案例丰富，基础理论和中国实际结合紧密，这对于全面提高中国企业的中高层管理者的素质和管理水平是很有帮助的。

3. 本套文库可作为中国MBA或EMBA的辅助教材或配套教材，也可作为其他层次工商管理专业的辅助教材或配套教材。和现有的中国MBA或EMBA教材相比较，该套文库是一个很好的补充，而且更易读、易懂、实用。

明确的定位和清晰的理念决定了我们这套文库自身独有的特色，可以令读者耳目一新。

夏洪胜

2013年12月

目　录

第一章 导 论

走向现代农业——一个蜕变的村庄

山东省寿光市农业产业化发展的历程是我国区域经济发展的典范,其中金融因素对当地农村经济的发展起到了重要作用,而这与当地政府的支持又密切相关。在经历的三个阶段中,地方政府职能和金融支持的演变如下:

(1)1989 年之前,在地方政府引导下,农户以积累性投资为主发展蔬菜产业。在此期间,政府通过建立蔬菜批发市场等农村公共品引导农民调整种植结构,鼓励农民种植蔬菜,并由财政出资兴建寿光蔬菜批发市场。

(2)1989 年,中国农业银行山东寿光分行首次发放贷款 7 万元支持三元朱村农民建起了现代化冬暖式蔬菜大棚;到 1990 年,当地金融部门提供贷款近 2000 万元,发展了 5000 多个冬暖式大棚;1990~1994 年累计发放农业贷款 2.1 亿元,扶持新建改建大棚 3 万多个。金融部门的支持大大推动了寿光农业的发展。

(3)1995 年后,寿光农业发展进入多主体投入、多渠道融资的阶段。首先,政府职能由直接投资、干预市场向提供服务、政策引导投资的方向转变:一方面,蔬菜批发市场逐渐由企业自主经营,农业高科技示范园实现与外商合资独立经营;另外,多年来政府在财政方面一直支持农产品基地建设,并大力扶持龙头企业的发展。其次,农村信用社和农业银行投放大量贷款以支持农业产业化龙头企业。此外，农业企业通过直接融资与间接融资两种主要形式进行融资，充分利用各种金融市场，如许多企业通过吸收职工入股、参与保险、期货等各种金融市场获得更多收益。最后，随着农民人均收入的提高，寿光农民对蔬菜产业的投入也不断增加。

寿光村从传统农业转向现代农业，政府的政策引导、财政投入起了重要的作用。政府通过实行适度的政策干预，重点投资，在这个过程中逐渐转变职能，使农户、企业、市场成为配置资源的主导力量，促进了当地经济的快速成长。

资料来源：李永平. 寿光农村经济发展与金融支持——一个县域经济农业产业化发展的案例分析[J]. 商场现代化，2007（5）.

【案例启示】政府对社会公共事务的管理体现的是行政管理，正确把握行政管理规律，科学发挥行政职能，能促进经济和社会的发展，造福人民。通过对行政管理的学习，结合我国社会发展现状和国际环境，能对行政管理有全面清晰的认识，并在这个领域中继往开来、推陈出新，促使我国行政实现现代化、民主化和科学化。

本章您将了解到：
- 行政管理学的内涵及特点
- 行政管理学研究的对象、内容和方法
- 国内行政管理学发展的两个阶段

第一节　行政管理学概述

政治是国家意志的表达，行政是国家意志的执行。

——佚名

一、行政管理学的内涵

"行政"一词在我国古代典籍中已有记载。其中，在《左传》中就有"行其政事"、"行其政令"一说；在《史记·周纪》中记载有"周公行政七年"，"召公、周公二相行政，号曰'共和'"等。但是古人所定义的"行政"与现在的"行政"有所不同。古人所认为的"行政"是指执行政务或推行政务，而现在的"行政"是指国家行政机关依法对国家事务、社会事务和自身运作等活动进行管理。行政管理学就是关于公共行政制度或行政体制及其运行机制的合法性、合理性、有效性、发展性的比较系统的思想、理论、逻辑、知识和方法的体系。

为了更好地理解行政管理的内涵，我们对比一下"行政与管理"、"行政与政治"、"公共行政与公共管理"这几个概念。

（一）行政与管理

管理就是通过协调他人的活动达到与别人一起或者通过别人来实现组织目标的过程。如图 1-1 所示，行政与管理既有联系又有区别。其联系主要体现在：行政可以理解为"行"与"政"，其中"行"就是管理的意思，因而行政是管理的一种特定的形式，是有关国家的管理活动，是管理活动在政府机关的具体体现。其区别主要体现在：①行政与管理的产生时间不同。管理是伴随着人类社会的产生而出现的一种活动，可以说，自从有了人类就有了管理。而行政是在国家出现之后而产生的。②行政与管理的范围不同。管理涉及的面很广，可以是对个人的管理，如时间管理；也可以是对团队的管理，如项目管理或者企业经营活动的管理；也可以是对学校、医院等公共事务的管理等。而行政主要是针对国家事务的管理。

（二）行政与政治

政治是国家意志的表现，而行政是国家意志的执行。美国学者威尔逊指出，政治是立法团体和其他政策制定集团的专有活动，行政是行政官员执行法律和政

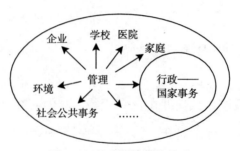

图 1–1   行政与管理的关系

策的专有活动。在讨论两者之间的区别与联系时，不同的学者有不同的看法和意见，如美国学者古德诺提出了"政治与行政两分法"。

任何一个国家的行政与政治都是紧密联系的，主要体现在以下几个方面：①不管在哪种阶级社会，政治首先的表现是阶级的政治，行政管理的主要目的就是为了维护和巩固统治阶级对其他阶级的政治统治。②行政机关一方面执行代表国家和社会公众意志的政策，一方面参与制定国家政策。

（三）公共行政与公共管理

行政管理学又称公共行政学、公共管理学或公共行政管理学。这里的公共显然是相对于"私人"而言的。任何一个管理部门除其本身特殊的业务管理外，还包括如计划、组织、协调、人事、领导、执行和监督等通常被称为行政管理的活动。故在私人性质的组织中，如企业单位、慈善单位等的管理活动中，也有行政管理问题，不过是属于"私人行政"领域。

公共管理的显著特征表现为：提供私人不愿意提供的或提供不了的公共产品或服务；对市场经济进行监管和调控，即所谓的"有形之手"，从而弥补市场的不足；对企业施行间接的干预，而非直接的管制。如水、电、矿石、石油、能源等属于有限的自然资源，通信、交通运输等属于公共资源，对于由这些资源供应产品和服务的行业，国家实行行业管理，进行整合优化，使资源在有序、合理的范围内实现其价值。

公共管理的理念包括以下几个方面：

（1）了解公共需求，承认公共需求，满足公共需求。公共管理不仅需要知道政府的职责是什么，如何实现政府的职责，而且还应该了解民众疾苦、关心公众需求、实现公众期望。

（2）大多数的社会问题都与公众需求或利益相关。如农民问题、教育问题、医疗问题、住房问题、就业问题、分配问题等都属于社会问题。在关注这些社会问题或社会矛盾的时候，应该从公众的需求或利益出发，寻求合适的解决方案。对于公共行政而言，这些社会问题主要通过政府来解决，而公共管理则是通过政府或政府之外的其他方式来解决。

（3）公共管理的最终目的是合理地分配公共利益、增加社会福利。公共管理与企业管理不同，它不是一种功利性的管理行为，而是从社会整体利益出发，对公众的利益进行调节和控制，使之达到一种和谐的状态。

二、行政管理学的特点

行政管理学作为一门理论与应用相结合的学科，其学科特点主要有以下几个方面：[①]

（一）政治性与社会性

行政管理活动是国家活动的一种，是社会上层建筑的一种功能，行政管理活动的主体必然要服务于统治阶级的意志和利益。因此，行政管理带有鲜明的政治性。但是，行政管理学研究的是社会公共事务管理的规律，具有社会性，故这些规律可为不同性质的国家管理者所通用。

（二）综合性与独立性

行政管理学是一门综合性的学科，它既融合了政治学、经济学、社会学、管理学、公共管理学等学科，又融合了法学、心理学等多种相关学科的理论。另外，政府管理面对的是全社会的公共事务，涉及社会生活的方方面面，这使得行政管理学的研究涉及政治、经济、文化、教育、科技等各个领域的管理问题。综

---

① 林子英，黄启乐主编. 简明行政管理学 ［M］. 广州：华南理工大学出版社，2003.

合性是该学科的最大优势和特征之一。但是综合性不能否认其独立性,行政管理学有自己独立的研究对象、范畴和体系,是其他任何学科所不能替代的。

(三)权变性与规范性

行政管理学研究的内容、侧重点、研究的趋势、研究的理论和方法,是随时代的进步、环境条件、社会群众的需求等的变化而不断变化的,只有不断创新与革新的理论才能适应社会的进步,才能带动社会的进步。但是这不代表行政管理学是不可捉摸的,它的基本原理、规律、原则、研究方法的机制都具有一定的规范性,不论哪个时代,行政管理学都是国家进行行政管理的主要理论依据。

(四)客观性与实践性

行政管理学主要是研究政府的管理活动及其规律的科学,它是以客观事物为依据,透过现象看本质,从而指导实践的理论知识体系,因而具有客观性。行政管理就是一个执行国家意志、管理社会公共事务的过程。行政管理学的主要目的就是使这一过程合法、合情、合理并行之有效。任何一个理论的研究都是为了更好地指导实践,行政管理学也不例外。

三、行政管理学研究的对象、内容和方法

(一)行政管理学的研究对象

马克思说过,行政是国家的组织活动。行政管理是一种国家的组织活动,是国家权力机关依法管理国家事务、社会公共事务和机关内部事务的管理活动。行政管理学是以政府管理活动为基础而形成的系统化的理论体系,有自己独特的研究领域和研究对象,它是研究国家行政系统对国家和社会公共事务进行有效管理的规律的科学,或者可以说是研究政府管理和服务规律的科学。具体来说,行政管理的主体是行政机关,而行政机关是国家权力的执行机关,它依法享有国家权力机关授予的行政权力。行政管理的客体是国家事务、社会公共事务和行政机关内部事务。

（二）行政管理学的研究内容

行政管理学的基本研究范畴和原理是随着行政管理实践的发展而不断丰富的，所以，行政管理学的研究内容不是一成不变的，而是持续动态的、不断扩展和深化的。行政管理学研究的主要内容包括：

1. 行政管理的一般理论

行政环境、行政职能和行政权力是行政活动的依据和基础。本书第二章、第四章和第五章将分别对这三部分内容进行阐述。

2. 行政管理的主体

行政管理的主体主要包括行政组织、人事行政以及行政领导。这三个模块将在本书第三章、第六章和第七章展开说明。

3. 行政管理的过程

行政管理是一个多环节和多部门密切联系、互相作用的运作过程，该过程主要包括行政决策、行政执行、行政公关、行政监督和公共财政等。

4. 行政管理的目的

行政管理的基本目的是提高行政效率，而行政改革是提高行政效率的必由之路。从长远看，行政管理的最终目的是建立一种行政文化。这三块内容紧密联系，本书将在最后三章重点介绍。

行政管理学研究的主要内容如表 1–1 所示：

表 1–1　行政管理学研究的主要内容

行政管理	一般理论	主体	过程	目的
研究内容	行政环境、行政职能和行政权力	行政组织、人事行政以及行政领导	行政决策、行政执行、行政公关、行政监督和公共财政等	实行行政改革，提高行政效率。最终目的是建立一种行政文化

（三）行政管理学的研究方法

行政管理学作为一门应用性、权变性、综合性的学科，如果离开了活生生的行政管理实践，行政管理的理论研究就不会有生命力。

一般来说，行政管理学常用的分析方法有以下几个：

1. 逻辑分析法

逻辑分析法指通过运用理性判断、非理性判断、逻辑推理、因果关系分析等直接与哲学思想相关的分析方法。通过逻辑分析法，可以研究行政管理中矛盾的普遍性与特殊性、共性与个性的关系，一般规律与特殊规律的关系，这对完善行政管理的理论基础和行为准则有着重要指导意义。

2. 历史分析法

历史分析法又称史学研究法，它着重研究公共行政和行政管理学的起源、发展及演变沿革的过程，不同时期的不同特点和历史类型以及历史情形对现实行政的影响和借鉴意义。

3. 实证分析法

实证分析法又称事实研究法、行政调查法，是指本着具体情况具体分析而又不拘泥于通则或定律的原则，通过观察和描述事实，进而根据事实得出结论的分析方法。其特点是以实际、具体的行政事项或行政过程为研究对象，研究行政问题的症结所在，并制定切合实际、行之有效的对策。

4. 定量分析法

定量分析法是对行政现象的数量特征、数量关系与数量变化进行分析的方法，其目的是对某种行政现象进行数据处理和分析，得出管理所需要的原因或结果。现代信息设备和计算机技术的发展，为行政管理学的定量分析提供了有利的条件。

5. 案例分析法

案例分析法又称个案分析法，其研究方式主要是通过对行政管理中典型事例的分析，从管理、决策、领导、政策、制度等方面进行评估和总结，验证行政管理的一般规律和原理，从而提高政府管理的水平和效率。

6. 系统分析法

这种方法将行政活动的整个过程与外界环境联系起来，将行政管理看成一个子系统，外界环境是另外一个子系统，两者相互影响、相互作用，形成一个完整的系统。通过对系统内部的分析，找到问题的根本原因和解决的路径，进而做出可行范围内最优的抉择。

总之，研究方法是灵活的，我们不仅要对中外学者已经采取的研究方法加以权衡比较、灵活运用，而且还要在研究中创新，挖掘新的、科学的方法。

第二节 行政管理学在中国的发展状况

中国两千多年前的《左传》中，有"行其政事"、"行其政令"的记载。三百多年前撰写的《纲鉴易知录》中，也有"召公、周公行政"的记载。

——佚名

我国对行政管理学的研究始于 20 世纪 30 年代前后，在经历了步履维艰的起步阶段、艰难的改革和调整阶段后，行政管理学科仍然发育不全，并在 1952 年被取消，直到改革开放后才恢复。从恢复阶段至今已有 30 多年，这期间我国行政管理学的发展大致经历了两个阶段：恢复重建阶段和开拓发展阶段。

一、恢复重建阶段

1979 年 3 月，邓小平指出："政治学、法学、社会学以及世界政治的研究，我们过去多年忽视了，现在也需要赶快补课。"于是我国的行政管理学教育和学科建设重新步入正常的轨道。在接下来的几年里，政治界开始在各地展开各项政治学会议以及行政管理学的相关研讨会，为学科的重建规划和恢复建设奠定了基础。但在此期间，行政学还是融合在政治学的研究当中，属于政治学的一个分支。

随着市场经济体制的建立，经济发展水平不断提高，政治学的发展也逐步成熟，这就促成了行政管理学雏形的形成。随着社会和公众对参与政治生活热情的高涨、对行政队伍水平要求的提高，建设一支公正廉明、廉洁奉公的公务员队伍成了必然。为了培养一批有道德、有素养、有文化、有能力的公务人员，行政管理学的研究和教育体系终于建成，其目的就是为了给国家的行政管理提供理论支持，为社会培养栋梁之才。

1984 年在天津和吉林先后召开的行政科学研讨会标志着我国行政学的形成，此时的行政学仍然只是政治学的分支，但已经具有相对独立性，被称为中国的"朝阳学科和专业"。

在 20 世纪 80 年代，行政管理学都处于逐步恢复的状态，为后来行政学的独立和发展奠定了重要的基础。在此期间，国内出现了一批具有扎实的理论基础的学者和具有丰厚经验的行政管理实践者，也建立了许多全国性和区域性的学术团体和研究机构，关于行政学的教材、专著和论文也如雨后春笋般纷纷涌现。

二、开拓发展阶段

进入 20 世纪 90 年代后，行政管理学翻开了新的历史篇章。一方面，国内在行政管理学的研究上开始引进西方先进思想和理论，"取其精华，去其糟粕"，在原先的研究基础上加入了西方更为合理、科学的因素，带动了学科研究价值取向、管理思想和模式以及研究方法的创新和转变。在新的思想潮流的推动下，行政管理学的研究者开阔了视野，扩展了思路，推出了一批具有相当影响力的学术研究成果。另一方面，随着管理思想和理念的发展以及理论工作基础的奠定，行政学逐渐从政治学中脱离出来，成立了行政学学科体系并对其逐渐完善。渐渐地，行政学的基础理论研究深入到行政管理的各个相关的专业系统，并开始与管理学、经济学、社会学、法学、哲学和心理学等相关学科的研究融合起来，力求通过交叉学科的研究互相渗透，开创新的研究成果。

不久，中国行政管理协会作为全国性的学术团体成立了，相继又出现了 20 多个省级行政学会和 10 多个专业行政研究学术机构，大大地推进了行政管理学研究的深化和教育体系的完善。

我国行政管理学在发展过程中虽然还存在许多不足，但在 20 多年的时间里，行政管理学在中国的重建和发展，已呈现出社会影响广、发展速度快、人才成长迅速、理论与实践联系密切等特点。

【案例 1-1】
一个城市建设的优秀范例

十堰市的改革为这个城市带来了新的容貌和前所未有的福利，是一个城市建设的成功范例，给我们留下了许多宝贵的经验财富。

处于鄂西北边际的十堰市，由于地理上的偏远，一直发展不起来。20 世纪 90 年代后期，在市领导的带领下，十堰市经历了翻天覆地的改革。要建设一个富饶美丽的城市，首先要掌握城市具备的资源和独特的优势。十堰市本身的资源禀赋，犹如上天所赐的瑰宝，待人来挖掘。十堰市地大物博，且人口密度低，林木、药材资源丰富，种类甚多，并且不乏名贵产品；矿产资源也是该市的一大特色，十堰市矿藏种类众多，储藏量大，价值高昂；十堰市还拥有较大的水域面积和丰富的水能资源；另外，十堰市处于鄂、豫、陕、渝的交会中心，更可以成为这一带地区的交通枢纽，带动经济的发展；而当地的山水景色，更是可以开发成旅游胜地。

市政府经过缜密的分析，制定了一套城市建设的战略方针，为十堰市创建文明先进城市指引了方向。果不其然，改革的成效渐渐凸显：全市 15 万贫困人口基本解决了温饱问题；市政府采取了多种政策，大力扶持农村的发展、农业产业化的经营，并鼓励现代化工业，推动工商企业改革；在企业改革的初期，市政府身先士卒，抽调一批先进的工作人员，为企业引进现代管理方法，并制定优惠政策加以扶持，实现了约 500 家企业的改制；在城市治理方面，政府重点加强城市基础设施、市容市貌的管理，最终实现了良好的整治。

行政管理是政府管理国家事务、社会事务和自身事务的一系列活动，在这个过程中政府担负着实现国家利益以及维持社会正常发展方面的职责。在本案例中，政府主要发挥了它的经济职能。在市场经济条件下，政府的经济职能是对市场调节的局限性与不足的一种补充。

资料来源：http：//www.docin.com/p-37679837.html.

第三节　本书的内容结构

为了使本书内容的逻辑结构更加清晰，特给出本书的内容结构，如图 1-2
所示。

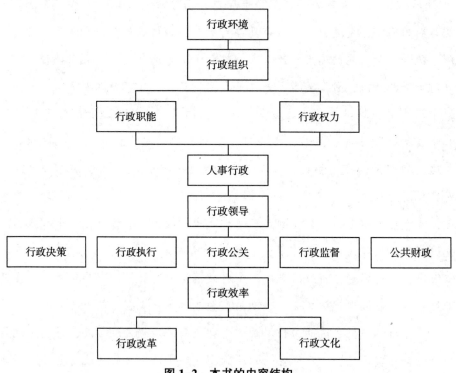

图 1-2　本书的内容结构

本章小结

　　行政管理学就是关于公共行政制度或行政体制及其运行机制的合法性、合理性、有效性、发展性的比较系统的思想、理论、逻辑、知识和方法的体系。行政管理学具有政治性和社会性、综合性和独立性、权变性和规范性、客观性和实践性的特点，它以国家和社会公共事务为研究对象，研究行政管理学的理论、主体、目的和过程。在实践中，行政管理学的研究方法通常包括逻辑分析法、历史分析法、定量分析法、案例分析法和系统分析法等。中国的行政管理虽然自古就有，但行政管理学的传播和发展还不到一百年，需要我们进一步探索和学习，为行政管理的实践带来更多的指导。

第二章 行政环境

e政府：电子时代的政府构造

目前，信息化建设对行政管理的作用正在日益增加，随着科技环境的渐渐成熟，我国政府亦将网络、自动化技术融入管理工作中，为便民服务带来很大的好处。

我国政府办公自动化的建设始于20世纪80年代中期，进入90年代后逐渐达到高峰。经历了1993年开始的"三金"工程建设、2002年的"中办发17号"文件中提出的"十二金"工程，现在已进入以提高行政监管能力为目标的电子政务建设阶段。当前我国已开始强调通过电子政务建设促进政府职能由管理型向服务型转变，以公共服务的新理念赋予"行政监管"新内涵，不断改进政府行政监管职能的行使方式，通过"以人为本"的公共服务手段更为"人性化"地行使政府管理职能。

政府门户网站的建设和完善是行政管理水平的重要体现。我国在2000年前后开始推进"政府上网工程"，各级政府部门在互联网上建立门户网站，这些门户网站已成为政府部门面向社会的服务窗口，为群众咨询、办理手续、提议、参政议政等活动提供了公开、便捷的渠道。据调查，目前县级政府门户网站拥有率接近70%。但在整体上，我国政府门户网站的水平还处于政府信息发布阶段，门户网站的服务意识和服务能力亟须加强。

资料来源：陈潭. 公共管理案例分析 [M]. 北京：社会科学文献出版社，2009.

【案例启示】全球信息化的进程，使任何一个组织都面临着变革的趋势，因此行政环境电子化也成为政府行政部门所必须面对的一个挑战。充分利用科学技术发展的成果，提高行政管理的效率，只有这样才能紧跟时代步伐，建立一个现代化的政府。正是这种科学技术日新月异的环境，迫使行政管理在方法途径上不断创新。

本章您将了解到：
- 行政环境的分类
- 行政管理与行政环境的关系
- 我国现阶段面临的国际环境
- 我国现阶段的基本国情

第一节　行政环境概述

就所有的生物而言，即使最强烈的内在本质，在很大程度上也是由其所处的外部环境而造成的。

——乔治·爱略特

行政系统是一个开放的系统，与外部环境有着十分密切的联系。行政环境和行政管理的有机统一，是行政生态学的基本要求。换句话说，在很大程度上，行政的效果取决于行政系统与其所处环境的适应程度。

一、行政环境的含义及分类

行政环境是行政系统赖以存在和发展的各种客观因素的总和。行政环境可以分为内部环境和外部环境。其中，外部环境是指存在于行政系统之外、对行政系统生存与发展产生影响或作用的各种因素的总和；内部环境是指行政系统的内部对行政管理产生影响和作用的因素的总和。值得注意的是，虽然行政系统外部的任一因素都有可能对其产生影响，但是只有那些对行政系统有比较大关联的因素才能归入行政系统的外部环境因素中。

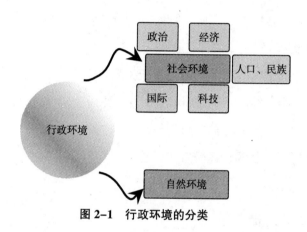

图 2-1　行政环境的分类

从不同的角度看，行政环境可以有不同的分类。从各种因素性质上的差异，行政环境可以分为自然环境和社会环境。

（一）自然环境

行政自然环境主要是指作用于行政系统的自然条件和自然资源，如空气、水、土地、地形、矿藏、森林、草原等。自然环境是人类生活的有机构成，是经济社会可持续发展利用、配置和管理的对象。一般而言，自然环境往往是间接地对行政产生影响，这种影响包括正面影响和负面影响。其正面影响作用主要体现为人们合理地利用自然环境中的资源提高其生活水平，推动国家经济的发展，使行政系统进一步完善；其负面影响往往表现为自然环境的破坏，如空气污染、水污染、温室效应等直接威胁到人类的生存与发展，影响甚至是中断了行政系统的正常运作，改变了原有的发展战略或目标。因此，对行政而言，自然环境犹如一把"双刃剑"，处理不好人与自然之间的关系，则很可能铸成大错。当然，自然环境是一个相互联系的整体，既包括国内自然环境，也包括国际自然环境。所以世界各国必须加强合作，密切注意自然环境的变化，把保持行政系统和自然环境的和谐共处作为行政管理的一项重要准则。

（二）社会环境

社会环境是指在行政系统之外的，但对行政系统的生存与发展有着直接影响作用的各种社会因素的总和。一般而言，社会环境主要包括：经济环境、政治环境、文化环境、科技条件、人口、民族、历史传统以及国际行政环境。

1. 经济制度

经济制度即通常所说的生产力和生产关系。其中生产力可以用经济水平、物质条件、贫富差距等经济状况进行描述，生产关系包括经济体制、劳动成果分配方式等。生产力水平的高低直接影响行政管理的效率和水平，生产关系则对行政系统的性质、特征、目的和运行方式起着重要甚至是决定性的作用。

【拓展阅读】

中国的经济制度

公有制为主体、多种所有制经济共同发展是我国现阶段的基本经济制度。我国的根本经济制度是公有制。公有制经济包括国有经济和集体经济（集体经济是公有制经济的重要组成部分，体现着共同致富原则），还包括混合所有制经济中的国有成分和集体成分等。

2. 政治环境

行政的政治环境是指在国家宪政体系中，不包括行政管理自身因素在内的上层建筑领域各项要素的总和。它主要是指对行政系统产生作用和影响的国家政治制度，通常包括国家政权的性质和组织形式、政党制度、阶级关系，还有立法、司法、军事、监督等方面的制度。行政系统是政治系统的一个组成部分，是国家意志的执行系统，因而政治环境对行政系统有直接的作用。其中尤以政权性质、政党制度和立法制度对行政系统的作用最为直接。

3. 文化环境

行政的文化环境主要是指作用于行政系统的科学技术、文化教育、思想意识形态、宗教、道德和社会心理等，行政系统总是处于一定的文化氛围之中，它的活动和周围文化环境相协调，文化环境对它有深刻的影响。在物质文化充分发展、科技不断进步的今天，许多国家将越来越多的注意力转移到文化的竞争力上，各国政府都把科学教育方针政策纳入本国的发展战略中。我们也要善于借鉴国外先进经验，吸收外国的有益思想、文化、科技成果，但是要注意的是，不能全部照搬，而要抱着扬弃的态度，去粗取精，去伪存真，洋为中用。

4. 科技条件

科技改变世界，也改变了我们的生活。在行政管理中，科技更像是一个魔术师，不断更新着管理的手段与方式。其中，发达的信息通信技术大大提高了行政工作的效率，网络技术使得政治生活更加公开化、透明化和民主化。可以说，科技的发展使行政管理变得更加轻松、方便。

5. 人口、民族、历史传统

人口、民族、历史传统也是行政社会环境的构成因素，人口的数量和质量、不同的民族历史文化传统对行政管理都有一定的影响。在多民族的国家中，民族环境影响着政府的民族政策及相应的机构设置。如我国设立了内蒙古自治区、新疆维吾尔自治区、宁夏回族自治区、广西壮族自治区等。

6. 国际行政环境

虽然对于一国的行政系统来讲，国际环境是外部环境，但是随着全球化进程的加快，国际联系密切，国际交流频繁，在这样的条件下，国际社会环境对一国的行政系统必然产生重要的影响。

【案例2-1】

政府着力改善农民工就业环境

基尼系数是衡量国家贫富差距的数值，数值的高低与国家贫富差距成正比，到2004年我国基尼系数已达到0.45，超过了国际警戒线的0.4。经济体制的不完善是导致我国贫富差距大的重要原因，在"贫"的那一端，农民工的收入占据了绝大部分，农民工的福利问题倍受关注。

曾有新华社记者深入农民工群体，就收入问题、子女教育问题进行调查，最后得到一个令人瞠目的结果：72.5%的受访农民工工资遭到拖欠；近65%的农民工子女只能在条件艰苦、师资不足的农民工子弟学校上学；一半以上的受访农民工的最大心愿，是希望孩子能"和城里孩子享有同样的入学待遇"。

这则报道只是千千万万农民工问题调查中的一小部分，而这个问题在近几年已受到中央的重视，并得到了很好的解决。从2003年起，中央政府接连发出多项就提高农民工收入和福利、保障农民工权益的政策规定，力图缩小农民工与城市居民之间的差距。

其中2003年发布的"国办发1号"文件中主要规定了六个方面的内容：取消针对农民工的歧视性政策规定以及不合理收费等；解决拖欠、克扣农民工工资问题，保障农民工权益；解决农民工子女的义务教育问题；对农民工进行职业培训；改善农民工在城市的生活居住条件及工作环境；对农民工进城务工做好跟踪服务。同年发布的"国办发79号"文件，又分别对农民工子女的义务教育问题及农民工技能培训问题作出专门规定。2004年，中央政府又发文要求改善农民工进城务工的就业环境。此外，2008年的"中央1号文件"还把农民工正式列入了产业工人的队伍。

资料来源：http://www.ssrb.com.cn/news/shishi/2010/0602/10056.html.

二、行政环境的特点

行政环境的特点主要表现在以下几个方面：

（一）复杂性

行政环境的多样性决定了其复杂性。行政环境的各种条件和各种要素不是孤立存在的，而是相互联系、互为因果。另外，科学技术的日益发展等人为因素进一步增加了行政环境的复杂性。行政系统的产生和运行的方式是适应外部环境需要的结果，行政环境的复杂性导致了行政管理的复杂性。

（二）主导性

行政环境是多种相关因素共同作用的结果，但是并非所有的因素在其中发挥的作用大小都相同，而是总有一个主导因素占据主要地位，决定了环境的发展方向和趋势。

（三）动态性

动态性指行政环境处于不断变化、不断更新的状态。当变化幅度和速度比较小，行政管理就处于相对稳定的状态；当变化幅度很大、速度很快，行政管理就处于动态环境。动态环境的特点是不确定性。随着技术更新的速度越来越快，行政环境的这种动态性越发明显。通常，可以用环境的复杂程度和变化程度来衡量行政管理的动态性。

【案例 2-2】

印度的种姓传统和制度

种姓制度在印度经济结构基础上有着强大力量，种姓几乎对印度人的行为举止有着决定性的作用。对于印度人来说，种姓直接代表着他们的身份、职业、信仰等。"没有种姓的印度人就不是印度人"，种姓制度已经深入印度人的思想中，而且比中国传统的对"本家"、"老乡"关系的认同要深刻得多。

种姓是怎么来的呢？公元前 2000 年中叶，自称为"雅利安"的白种人由印度西北方入侵印度河中游，征服了当地的达罗毗荼人，并经过几个世纪的武力扩张，逐步占领整个北印度。雅利安也是属于印度语系的部落，他们有着森严的等级制度，这一方面由于他们对其他部落的奴役，一方面由于内部贫富差距过大。这种等级制度就是种姓制度。印度历史上有四大种姓：婆罗门（神职人员）、刹帝利（武士）、吠舍（平民）、首陀罗（奴隶），另外还有一个贱民阶层，被称作不可接触者。而经过这么多年，种姓制度已变得非常复杂。唯一不变的是种姓的区别仍然能决定印度人的贵贱差别。

为什么说种姓制度现在已经变得更为复杂，因为经过历史的演变，这种传统制度更多地具有了一种社会分工的意义。从一开始，世袭的职业种姓制度就区分出不同种姓的人在社会上的地位。这么多年过去，印度社会对职业有了非常严谨而细致的分工，它们的职业分工结构，是全世界历史最悠久的，由此产生了历史上最悠久、最稳定的经济形态。

如果把印度的社会物质看成"经济基础"，那"上层建筑"就是印度的种姓制度。种姓制度的产生其实是社会内部贫富分化的结果，反过来这种制度对经济形态也有深远的影响。少数婆罗门阶层掌握了社会的大部分生产资料，贱民唯有依靠出卖劳动维持生计。而古代印度之所以繁荣、发达，这种制度发挥了重大作用。正是由于种姓制度将印度社会的财富最大化地聚积于社会上层的少部分人手中，才使得这些人不用担心生存问题而去研究、追求艺术、宗教等精神食粮，并靠传播这些思想、价值观来维护自己经济基础的统治地位和根本利益。这正体现了上层建筑对经济基础的反作用。

资料来源：http://jpkc.nankai.edu.cn/course/mks/Case/116.html.

三、行政管理与行政环境的相互作用

行政环境对行政管理有着深刻的影响，行政管理必须适应行政环境的发展和变化。反过来，行政管理也对行政环境产生反作用，先进的、创新的管理理念和管理模式能推动行政环境的发展和改革，落后的管理思想、僵硬的管理方式会使行政环境变得更加糟糕。

(一) 行政管理和行政环境的辩证关系

1. 行政环境是行政管理的客观基础

一方面，行政管理是随着社会的发展而产生的，必然受到社会环境的影响和制约。所以说，有什么样的行政环境，就有什么样的行政管理与之相适应。另一方面，经济基础决定上层建筑。行政管理属于上层建筑中不可或缺的一部分，它是在一定的经济基础上产生或形成的。所以行政管理的各个方面，如行政管理体制、职能、决策等都受到行政环境的影响或制约。

2. 行政管理对行政环境具有能动作用

行政管理与行政环境之间存在作用与反作用的关系（见图 2-2）。在行政管理过程中，行政环境不可避免地对行政管理产生影响或制约作用，但是行政管理对行政环境也起着一定的反作用。这种反作用体现在，行政管理不是被动地适应环境的变化，而是可以能动地改造环境。如 1976 年之前，中国仍然处于计划经济时期，在行政主体发起改革之后，中国的经济逐渐由计划经济转变为市场经济。行政管理的能动作用具体表现在利用环境和改造环境两个方面。利用环境主要是指通过环境所提供的信息和条件来解决行政管理中的问题；改造环境是指为了更好地实施行政管理，对环境的不利因素进行改造。

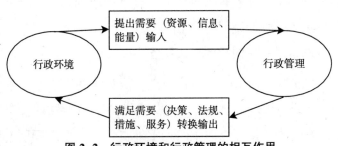

图 2-2　行政环境和行政管理的相互作用

（二）行政管理和行政环境的动态平衡

行政管理与行政环境的动态平衡是两者相互作用的必然结果，也是行政管理的最终目的。行政管理与行政环境达到动态平衡意味着行政环境对行政管理起着积极推动的作用，行政管理也有利于行政环境的进一步改善。之所以说是达到了一种动态平衡，是因为行政环境和行政管理不是一成不变的，而是不断变化的，所以行政管理与行政环境只能达到一种动态的平衡。

第二节　中国现代行政环境分析

行政环境的好坏直接影响着行政管理的成功与否。

——佚名

一、中国现阶段的国际行政环境

国际行政环境对我国采取什么样的行政管理措施也有一定的推动作用和影响，现阶段我国的国际行政环境有如下特点：

（一）和平与发展——时代的两大主题

和平是指国际政治环境的相对和平，发展是指国际经济、科技的发展和整个社会的进步。进入 21 世纪，和平和发展仍然是当今世界的主题。在外交政策上，我国政府始终坚持独立自主的和平外交政策，主动同所有国家建立和发展友好合作关系，并长期致力于和平事业，为促进国际安全与稳定做出了巨大贡献。

【拓展阅读】

和平共处五项原则

互相尊重主权和领土完整、互不侵犯、互不干涉内政、平等互利、和平共处。

（二） 全球化、市场化的发展趋势

毫无疑问，我们当前正处于一个全球化的时代，日益凸显的全球化浪潮要求各国政府必须对自身做出及时的调整和改革。尤其对于像中国这样的社会主义发展中国家来说，全球化更是对其政府管理体制、管理能力和政府理念等提出了更高的要求。全球化的影响，要求政府的行政管理要面向世界，和世界接轨，而不仅仅是受国内行政环境的影响。

我国现阶段面临着复杂的国际行政环境，一方面两大阵营对峙格局瓦解，多极格局初露端倪；一方面国际竞争日益激烈，尤其是经济、科技和文化方面的竞争，几乎是衡量国家综合实力的主要因素。面对这样的挑战，我国应不断地提高国家行政管理的水平、提高自身经济发展的实力和综合国力，以应对越来越复杂的国际环境带来的威胁。

随着我国经济制度由计划经济向市场经济的转变，行政管理工作的方式、方法等将随之改变。市场经济越发达，市场在经济活动中的地位越高，而资源得到有效的配置和利用则显得越发重要。新的市场经济条件对政府行政管理提出了更高的要求，促使政府必须培育有效的市场环境，为更好地融入世界市场和发展我国多种所有制经济成分创造新条件。政府不能代替市场，但要有效地行使好经济职能，对市场进行调控、培育、维护、监督和服务。

二、中国现阶段的基本国情

我国当前的经济、政治、文化等方面的状况如下：[①]

（一） 政治

我国现行的政治体制主要由三个方面的体系构成：一是以各级人民代表大会及其常委会构成的权力体系；二是以实现国家和社会事务管理为职能、由各级人民政府构成的执行体系；三是对各级行政机关起监督作用的监督体系，包括党的

---

① 曾维涛，许才明. 行政管理学 [M]. 北京：清华大学出版社，2009.

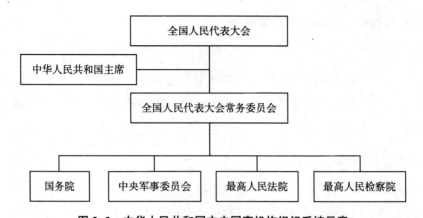

图2-3 中华人民共和国中央国家机构组织系统示意

资料来源：http://www.pep.com.cn/czls/xs/tbxx/9s/fxjc/201008/t20100827_806999.htm.

监督、国家审判机关和检察机关的监督等。这种基本的政治体制模式决定了我国政府的地位和作用。

（二）经济

通过经济体制改革，我国形成了以社会主义公有制经济为主体、多种经济成分并存的所有制结构，实行了以按劳分配为主体、多种分配方式并存的分配制度，确立了社会主义市场经济体制，国民经济市场化、社会化范围不断扩大；城乡人民生活水平不断提高，各项社会事业全面发展，综合国力不断增强。即使经济体制的改革和改革开放取得了令人瞩目的成就，但目前我国的社会生产力水平仍然处于较低的阶段。另外，由于市场经济体制尚未成熟，在改革过程中出现了国民经济结构不合理、地区和部门之间发展不平衡、社会发展与经济发展不平衡、人口结构、产业结构、消费结构的比例不协调不合理、贫富差距拉大等负面现象。

（三）文化

受西方文化的冲击和影响，我国的文化环境也日趋复杂。当前我国面临的文化环境主要由三个基本要素构成：中华民族传统文化传承下来的精髓；以毛泽东思想、邓小平理论为指导的中国特色社会主义新文化；还有西方文化的渗入。面对多种不同元素组成的文化，我们要发挥理性的判断能力，一方面不断学习中国特色社会主义新文化，发扬传统文化中的优秀精神，一方面汲取西方文化中值得借鉴的内容，摈弃其中的落后、消极、不文明因素，共同促进社会主义精神文明的建设。

三、中国现阶段行政环境对行政管理的要求

现阶段行政环境对中国行政管理发展的总体要求主要有：适应经济发展的要求，服务于经济基础建设；立足国情和本国特色，不断开拓创新；加深对社会主义初级阶段的认识，促进社会主义初级阶段行政管理理论和实践的发展。

当今中国的行政环境，决定了行政管理要与之相协调，并为之服务。现阶段要以经济建设为中心，加强民主法制建设。经济上要深化改革开放，一切从实际出发，因地制宜。同时，物质和精神"两个文明"一起抓，加强社会主义精神文明和物质文明建设。坚持行政改革，提高行政效率。

【案例 2-3】

社会环境变化和首都迁移

首都是一个国家的中央政府所在地，通常是这个国家的政治、经济和文化中心。首都设在哪里，要考虑地理气候、资源情况、经济发展、文化开发、国防安全等各方面的条件，根据自然环境和社会环境，选定最有利于发挥国家行政管理功能作用的地点作为首都。我们来看两个首都迁徙的例子。

我们都知道巴西拥有辽阔的国土面积，其首都原先设在里约热内卢。巴西境内大都为丘陵、高原和低山，许多地区之间的交通都要靠沿海的航运。而里约热内卢地处海岸，远离内地。这样，政府的政令传递到全国就会延迟，广大内地长期得不到开发，以至于到 20 世纪 40 年代，巴西境内开发的面积极少，全国经济发展严重失衡，对国防安全工作也极为不利。经过半个世纪的研究，1960 年巴西政府决定把首都由沿海迁往内地的巴西利亚，以促进广大边远地区的发展。现在的首都设在巴西的内地高原上，在此形成一个政治中心和文化中心，既使国家政令和文化思潮得以就近向外传递，又增强了边远地区的向心力，开发了落后地区；在交通网络上，以巴西利亚为中心，形成了伸向全国重要城镇和边疆地区的

交通网，带动了周围地区的开发和建设。

阿根廷也在考虑将把首都由现在的布宜诺斯艾利斯向南迁至巴塔哥尼亚高原的别德马，以促进国家南方地区的开发。阿根廷全国划分为五个经济区，其中仅有首都所在地区经济极为发达，工农业产值占了全国绝大部分比例，但面积较小，人口密集。其余四个地区是经济发展落后地区，尤其是东北地区和巴塔哥尼亚高原，虽然拥有丰富的自然资源，土地辽阔，但基本上尚未开发。国内经济发展的这些现状和条件，要求阿根廷政府把首都南迁，如果国家政治中心移到巴塔哥尼亚地区，就带动了这个拥有极大发展潜力而目前却相当落后的地区的开发，使阿根廷全国经济走向平衡、协调发展。另外这也将有利于国防的巩固。

资料来源：http://hi.baidu.com/hainnu_yanglin/blog/.

本章小结

行政环境是行政系统赖以存在和发展的各种客观因素的总和，它具有复杂性、主导性和动态性的特点。行政环境对行政管理有深刻的影响，行政管理必须适应和促进行政环境的发展和变化。

本章从我国现阶段面临的国际大环境和国内环境两方面对行政环境进行了分析，其中国际大环境的特点是和平与发展仍然是时代的主题、各国发展趋势呈全球化和市场化的状态；国内基本国情的分析主要结合经济、政治和文化三大影响因素进行探索。现阶段我国面临着机遇与挑战并存的行政环境，这对我国的行政管理提出了新的要求。行政环境是行政管理的基础和条件，行政管理需要利用环境中的有利因素，避免或改造不利因素，满足社会的需要。同时，行政管理中也要注意管理主体与环境之间的平衡，促进行政环境的改善。

第三章 行政组织

机构设置与工作效率

某市农林局自从分解成三个单位以后，管理工作遇到很多问题。该农林局现在由农林局、市农业科学技术研究推广中心（以下简称市农技中心）、市畜禽技术研究推广中心（以下简称市畜禽中心）组成，市农技中心与农林局为正县级，隶属市农委；市畜禽中心为副县级，隶属市农林局，各单位实质上人、财、物都是独立的。由于市农委、市农林局、市农技中心这个三角关系的存在，该市的农林牧工作常常遇到问题，主要有两个方面：

首先是行文关系不通。全省各地、市的农技中心都隶属于农林局，所以省农牧厅历次下发的公文只对市农林局一家，而不管什么农委、农技中心，这就给开展正常的工作带来了许多的不便。如省农牧厅下发一份文件到市农林局，局长考虑到本局没有这方面的行政人员，但市农技中心设置有专门的科室，就会把公文交由市农委领导阅示和处理。但通常市农委要和市农林局反复琢磨、多次协调，才勉强确定由谁负责这份公文，这样一耗就要几个月。

其次是业务工作不协调。该市畜禽中心所辖的奶牛场接连几天死掉了十几头奶牛，该场找到市农委汇报此事。市农委认为事情关系到业务技术，应该与市畜禽中心联系；奶牛场找到畜禽中心，畜禽中心又以自己隶属于农林局为由，要等农林局通知才去；等到了农林局，农林局又说畜禽中心只是名义上隶属于它们，实质上已是一个人、财、物全部独立的经济实体，所以拒绝安排。经过屡次请求，农林局、市农委、市畜禽中心终于一同协商，问题才达成一致。

资料来源：http://yingyu.100xuexi.com/view/specdata/20080807/88AAA7FE-5FB2-4929-AC98-C67752F523AA.html.

【案例启示】该市农林局陷入如此尴尬的境地，问题就出在组织机构的设置上。一分为三，名义上有隶属关系，操作上各自独立，所以行政中的很多问题模棱两可，找不到对应的单位，最终导致群众办事难，行政效率低下。

本章您将了解到：

● 行政组织的特点及类型

● 行政组织结构

● 行政组织的变革类型

● 组织变革的动力及阻力

● 我国行政组织变革的不足及建议

第一节　行政组织概述

行政组织是行使国家行政权力、管理国家行政事务和社会公共事务的机构体系。

——佚名

组织是人类社会存在的最广泛的现象之一，通过组织，人们得以联合起来，采取集体行动，实现某些共同目标。组织是管理的物质存在形式，任何行政管理问题都和行政组织相联系，社会事务的管理过程实际上已经成为一种行政组织的活动过程。

一、行政组织的内涵

行政组织指为实现国家行政管理目标，在推行政务和管理社会事务中，依据宪法和法律组建起来的国家行政机关体系，是国家机构的重要组成部分。

行政组织作为行政权力的载体，与其他社会组织相比，有其自身的特征，具体表现如表 3-1 所示：

表 3-1　行政组织的特点

特点	具体表现
阶级性	行政组织是国家意志的体现，也是执行者，其活动过程表现出鲜明的阶级性特征
社会性	专门管理国家事务和社会公共事务
服务性	行政组织的基本特征是为全社会提供公共物品和公共服务
权威性	代表国家行使行政权力，以国家的名义管理社会公共事务，用强制力来保证其政策法令的实施
法制性	行政组织的管理和行为都必须符合宪法和法律的规定
系统性	有专门机构，职责分明、政令统一

（一）阶级性

在阶级社会中，国家就是阶级统治的工具。统治阶级为了维护阶级利益，通过行政职能对国家进行统治。行政组织作为国家意志表达和执行的载体，必然具有一定的阶级性。

【案例 3-1】

从明朝地方行政制度看中国古代传统官僚制特点

纵观历史，我们可以发现，在封建社会中每个朝代都在推陈出新地制定行政政策，但归根结底都是为了皇权的稳定。因为统治者清晰地认识到，行政组织是国家统治的工具，阶级性是行政组织最本质的特征。

明朝处在传统与现代社会的转折点上，官僚帝国在进一步延续的同时，国家出现了资本主义经济的萌芽和反对专制、强调民主的市民思想。这种经济和思想与官僚制组织形态形成了对立，我们来看一下明朝的地方行政制度有什么特点。

明朝的地方行政制度包括省制的重新配置；总督和巡抚；道、府、厅、州、县。地方行政制度的运行有独立的行政系统，此外地方与中央的权力配置与族权相结合。这种权力配置，体现了下级对上级的封建附庸关系，整个权力体系是自上而下的等级关系。上级由于拥有武力、知识、道德、血统权威继承等对下级享有一定的支配能力。一方面，整个政治体制是专制的，官僚机构的设置都是以统治者大权独揽为目的；另一方面，组织结构集权化，高高在上、君临一切的思想对百姓有着深远的影响，中央集权的组织结构设计是为了维护君主专制。

资料来源：http：//wenku.baidu.com/view/14412ebafd0a79563c1e7281.html.

（二）社会性

行政组织是专门管理国家事务和社会公共事务的组织，即通过提供公共服务实现其社会管理的职能。国家职能中的社会服务性特征决定了行政组织为社会公众提供公共保障和公共福利，承担起管理社会事务的责任，所以社会性是行政组织的重要特征。

（三）服务性

为全社会提供公共物品和公共服务是行政组织的基本特征。行政组织作为一个社会组织，它必须服从立法，为宪法和法律服务，为一定社会公众的利益提供条件或保障。

（四）权威性

与其他组织相比，行政组织具有权威性，这是行政组织管理国家事务和公共事务的前提和保障。行政组织代表国家行使行政权力，以国家的名义管理社会公共事务，并用强制力来保证其政策法令的实施。

（五）法制性

行政组织必须依法行使国家赋予的行政权力，其行为受到法律的严格约束。

之所以要有法律约束，是为了防止权力的误用和滥用，保证行政组织能在合法、合理、合情的前提下行使权力。行政组织的法制性主要体现在依法行政上，即行政组织的管理和行为都必须符合宪法和法律的规定，并且必须接受其他国家权力主体和社会的法制化监督。

（六）系统性

行政管理涉及多个环节、多个层级、多种部门，这就决定了行政组织具有复杂性和系统性。行政组织通常是按照行政管理的目标、任务和职能将多种要素整合在一起，形成权职分明、协调有序、相互联系、相互作用、政令统一的组织架构，组织中的单位和个人都有其明确的责任、权利和义务，最终构成一个密不可分的行政管理系统。

二、行政组织的类型

随着社会的不断发展，行政组织也呈现出多样性特征，从不同的角度可以对行政组织作出不同的分类。

（一）按照管辖的地域范围

可将行政组织划分为中央行政组织和地方行政组织。中央行政组织是国家最高的行政机关，其管辖范围涉及整个国家的政治、经济、文化、军事、外交等方面的行政事务。在我国指的是国务院及其职能部门。地方行政组织管辖范围只涉及一定的区域。在我国指的是地方各级人民政府（省、市、县、乡等）及其职能部门。

（二）按照功能和作用的不同

可将行政组织分为领导机构、职能机构、辅助机构、监督机构、咨询机构和派出机构（见图3-1）。

1. 领导机构

领导机构是组织的最高级单位和机构，主要负责对辖区内的重大行政管理问题的决策、计划、指挥和监督。

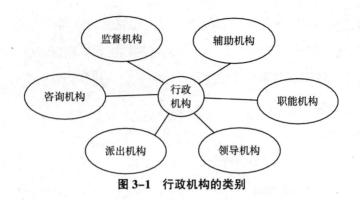

图 3-1　行政机构的类别

2. 职能机构

职能机构也称执行机关，它服从领导机构的命令，执行领导机构制定的战略决策计划，在管辖范围内负责各项行政管理事务。

3. 辅助机构

辅助机构相当于幕僚机构，是职能机构的服务性机构和辅助性机构，其设置的目的是为了保证职能机关的行政管理事务能够顺利展开。

4. 监督机构

监督机构主要是对行政机关及其管理活动的执行进行监督和检查。

5. 咨询机构

咨询机构，即俗称的参谋机构，通常是由在行政界具有较高权威的专家、学者和具有行政管理经验的资深人员组成，负责定期、不定期召开会议或研讨会，为行政管理事务的决策和执行出谋划策，为行政机关解决特殊性、突发性、战略性的问题提出建设性意见。

6. 派出机构

派出机构是指一级政府或政府部门按管辖地区授权委派的代表机构。派出机构不是独立的机构，它隶属于政府部门，没有独立的法律地位。派出机构的责任是以隶属的政府部门的名义行使权力，执行任务。

此外，根据行政组织存在时间的长短，还可以将行政组织划分为常设机关和临时机关；根据管理的客观复杂程度和管理对象，将行政组织划分为综合行政机关和专门行政机关。

图 3-2 列举了国家几个重要机构的关系，从功能和作用的角度划分各职能部门的性质。

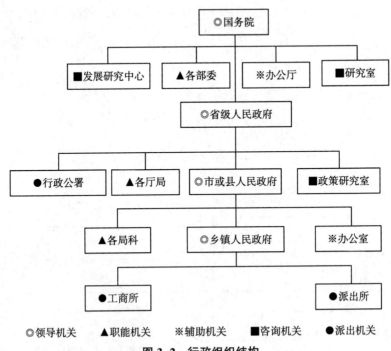

◎领导机关　▲职能机关　※辅助机关　■咨询机关　●派出机关

图 3-2　行政组织结构

资料来源：http://wenkn.baidu.com/view/843aa27c27284673f2425010.htm/.

三、行政组织的结构

（一）行政组织结构的含义

行政组织结构是指构成行政组织各要素的排列组合方式，或者说它是机关组合各部门及各层级之间所建立的一种相互关系的形式。行政组织的结构决定行政组织的性质，也直接影响着行政管理的效能和行政组织的运作。

行政组织的基本结构可分为纵向结构和横向结构两种。从纵向看，行政组织结构类似于直线式结构，这种架构下组织的各个上级对下级有领导、命令的权力，下级必须听从上级的安排。从横向看，行政组织由各个职能部门组成，处于同一层级的部门之间是平等、合作、前后紧扣的关系，没有领导与被领导的关系。

(二) 管理幅度与管理层次

组织的纵向结构由管理层次决定，横向结构由管理幅度决定，水平与垂直两个方向的结合形成了组织的整体结构。在其他条件一定的情况下，管理幅度与管理层次的数值成反比例关系，管理幅度宽，则管理层次少，管理幅度越精简，管理层次越多。

图 3-3 举例说明管理幅度与管理层次的数值关系的判定。

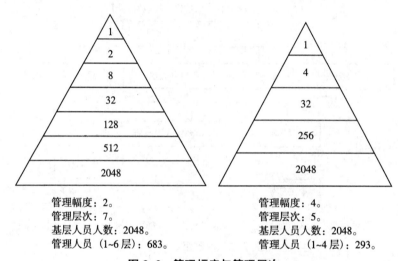

管理幅度：2。
管理层次：7。
基层人员人数：2048。
管理人员（1~6层）：683。

管理幅度：4。
管理层次：5。
基层人员人数：2048。
管理人员（1~4层）：293。

图 3-3　管理幅度与管理层次

1. 管理幅度

管理幅度是指一名管理者所能够直接领导、指挥和监督的下级人员或下级部门的数量及范围。管理幅度的宽度不仅与组织的规章制度、管理方式、管理风格有关，也与管理者和被管理者的能力、个性特征、管理经验和知识面有关。一般来讲，管理工作复杂度越高，下属工作不确定性越高，需要时间精力越多，管理幅度也越窄；如果下属工作管起来不太难，管理者本身能力较强且精力充沛，管理幅度可以加宽；员工的职权越合理明确，管理幅度越宽。

2. 管理层次

管理层次是指组织的纵向等级结构和层级数目。管理层次是以人类劳动的垂直分工和权力的等级属性为基础。行政组织的管理层次从上到下可以有不同的级数设计，如部、局、处三级建制，或者国务院、省政府、县政府、乡政府四级领导体制等。

我国行政组织的层级划分如图 3-4 所示：

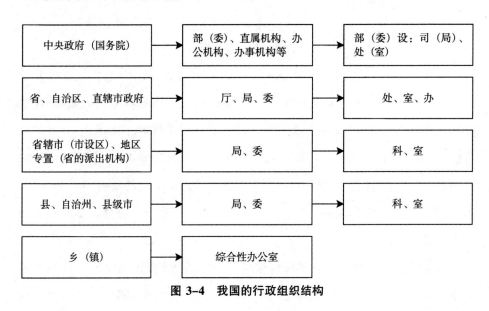

图 3-4 我国的行政组织结构

（三）行政组织体制

行政组织体制即行政组织类型，通常指行政组织各层级、各部门之间行政关系的法制形态。行政组织体制通常有以下几种分类：①

1. 首长制、委员制与混合制

（1）首长制，亦称部长制或独任制，指行政机关权力交由行政首长负责，并同时承担全部领导责任的组织体制。其优点是政令统一、职责明确、决策快速等；其缺点是易独裁专断、监督不力，容易滋长官僚主义作风等。

最典型的首长制可以参考美国的总统制，总统对国家事务的决议有最终的决定权，如林肯总统曾在一次会议上提出一个议题，与会的 7 位部长均对议题表示反对，但林肯仍坚持自己的主张，最后以总统一票的权力压倒七票，议题通过。目前实行总统制的国家有美国、菲律宾、多数中南美洲国家等。

① 张国庆. 行政管理学概论［M］. 北京：北京大学出版社，2000.

【拓展阅读】

你做事，我负责

据载，美国总统杜鲁门最令人敬佩的一个工作作风就是对属下极其信任。"你做事，我负责"就是杜鲁门对下属放权授权的基本态度。威廉·霍普金斯在白宫工作了40多年，在回忆起服务总统的工作时，他说："杜鲁门很信任别人，因此，他的手下都会绝对效忠他，以此为回报。"身为总统幕僚的查尔斯·墨菲也深有感触地说："在很多方面，杜鲁门总统确实十分强悍，但对属下，他却极其温和……属下为了回报他，只有全心全意、不计代价地认真工作。"

杜鲁门让人在自己办公室门口挂起一个牌匾，上面写着这样一条醒目的标语：buckets stop here！意思是问题到此为止，不再传给别人。这成为后世许多领导者的座右铭。

资料来源：张国庆. 跟美国总统学智慧之杜鲁门［M］. 北京：求真出版社，2010.

（2）委员制，亦称集体制或会议制，指行政权力交由若干人组成的集体共同负责，并集体承担领导责任的组织体制。其优点是能够集思广益、发挥集体智慧，实现民主决策和科学决策，并且能够相互监督，防止徇私舞弊等；其缺点是权力分散、职责不明确、决策速度慢等。委员制最初在瑞士产生，存在联邦议会和联邦委员会，后者由前者选举产生，由7名委员组成，集体行使行政权，委员会无权否认议会的决案或解散国会，也无权使委员会成员辞职。

（3）混合制，又称委员会和首长并立制，是指行政组织的管理工作一部分由委员会集体讨论决定，另一部分由行政首长个人决定的一种行政组织体制。混合制兼具首长制和委员制的优点，但如果运用不当会同时产生委员制和首长制的缺点。

2. 分级制与职能制

（1）分级制，又称层级制或系统制，指行政组织纵向结构的各个层级的工作性质相同，但管辖范围随层级下降而缩小的一种组织体制。也就是说，组织中的各阶层具有独立的完整性，但主管的事务和职权随着层级往下越来越小。分级制的优点是事权集中、统一指挥，发挥行政组织的整体效能；其缺点是结构呆板、缺乏弹性，无法及时适应环境的变化。

（2）职能制，又称参与制，指横向划分部门的组织体制。职能制的管理模式是将同一阶层所需完成的任务、享有的权利和义务按照各机关的特质和优劣势，分给该阶层上的各机关单位，由它们共同分担职权。职能制的优点是分工合作明确，能提高工作效率；其缺点是部门之间容易产生冲突，协调的成本高。

3. 集权制与分权制

（1）集权制，亦称独立制或完整制，指行政权力集中于上级，下级只能无条件服从上级命令和指挥的组织体制，此体制中下级处于完全被动和严格受控的状态。集权制的优点是权力集中，政令统一，力量集中；其缺点是容易形成过度集权的局面，不利于调动人员的积极性。

【案例 3-2】

秦朝的中央集权制

封建社会的中央集权制始于秦朝，经过商鞅变法，秦国变得强大，秦始皇灭六国后统一中国，建立皇帝制度，此后权力高度集中。一方面皇权至上，秦始皇总揽一切大权，另一方面采用皇权继承制，始皇帝，传之无穷。

在中央，采用三公九卿制，以皇帝为尊，下有三公，分别为太尉，管理军事；丞相，协助皇帝处理全国政事；御史大夫，执掌群臣奏章，下达皇帝诏令，并处理国家监察事务。九卿对丞相负责，按其职能，行使权力。三公九卿由皇帝任免，不得世袭。在地方，建立地方政府制度，推行郡县制。秦朝的中央集权制奠定了中国两千多年基本的政治制度。

资料来源：http://wenku.baidu.com/view/a5922e86bceb19e8b8f6ba41.html.

（2）分权制，亦称多元制或分离制，指将行政权力较多授予下级的一种组织体制。分权制的优点是能够充分调动员工的积极性，并且使领导者能够集中精力于战略决策等重大问题上；其缺点是政令不统一，权力分散，部门之间容易产生冲突。

第二节　行政组织的变革

行政组织是一个以分工、法律、层级与规定，非个人关系为特色的组织。

——罗宾斯

一、行政组织变革的含义

唯物辩证法认为，一切事物都是运动的，静止只是相对的。同样，行政组织处于一个不断变化的系统中，为了适应环境的变化和发展，行政组织必须进行相应的变革。在当今迅速发展变化的社会环境中，变革是组织稳定的基础，是组织发展的动力。所谓行政组织变革，是指行政组织为适应外部环境的变化和内部环境的变动，提高组织效能，而对行政组织的战略、结构、职务、技术等方面进行的调整和创新。

从表面上看，组织变革似乎就是对组织机构进行调整、对人员进行增减，但是实质上是一个涉及组织各个方面的复杂的系统工程。简单来说，变革往往是"牵一发而动全身"，并非简单的修修补补。机构调整只是手段，优化组织整体结构和功能才是目的。一般而言，行政组织变革的目标主要有两个方面：一是提高行政组织对外在环境的适应力和改造力；二是增强行政组织本身的稳定性和协调性，使组织工作能井井有条地完成。

二、行政组织变革的类型

一般而言，行政组织变革主要有三种类型：[①]

（一）革命性变革

即组织采取一举打破现状，抛弃旧的一套而断然采取新的办法的变革方式。这种变革最为彻底、颠覆和全面，但容易产生大震荡，面临的阻力也较大。

（二）渐进性变革

即采取逐渐演变、过渡的办法，在组织原有框架内做细微的调整。这种变革在缓慢中进行，往往治标不治本，不能取得明显的成效。

（三）计划性变革

即采取系统发展、统筹解决的办法。组织领导带头提出变革方案，相关人员和专家对方案进行研究、优化或改变，最终确定最佳变革方案，并据此建立一套完整的变革系统模型，确定具体的操作执行措施。措施制定以后就开始着手实施，通过循序渐进的方式进行，使行政组织的工作更加高效率、科学化和合理化，最终实现组织的最佳状态。这种变革是领导和下属人员共同努力的结果，避免了决策的盲目性、主观性和突发性，使领导的决议能够得到下属充分的理解和支持，有利于充分发挥组织成员的执行力。

三、行政组织变革的动力因素和阻力因素

行政组织变革的动力因素和阻力因素如图 3-5 所示。

（一）行政组织变革的动力

1. 环境因素

行政系统是一个开放的系统，必然与内外环境有着各种各样的联系。行政系

---

① 吴琼恩，周光辉，魏娜. 公共行政学 [M]. 北京：北京大学出版社，2006.

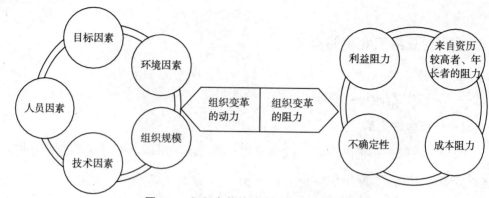

图 3-5　组织变革的动力因素和阻力因素

统是为了适应外部环境的需要而产生的，也将随着行政环境的变化而发生改变。所以，环境的改变是推动组织变革的主要动力。

2. 目标因素

目标决定了一个组织的价值观和行为方式，也决定了一个组织发展的方向。当一个组织的目标发生改变时，其行为也应该做出相应的调整，这样才能保证目标的实现。因此，目标的改变会直接引起组织的变革。

3. 人员因素

员工是组织的核心资源，对组织变革有着很大的影响作用，主要体现在以下几个方面：①高层领导者或管理者的变动常常会引起组织的变革，因为不同的领导者所拥有的价值观和理念不尽相同，而且有自己的一套管理方法。②人员素质的高低直接影响着一个组织效率的高低，也决定了组织未来的发展。

4. 技术因素

技术的更新与进步也是组织变革的一个重要动因。技术以及技术设备的水平不仅会影响行政组织活动的效率和效果，而且对组织层级、职务、部门的设置和划分、组织内各部门之间的关系特征产生一定的影响。例如，随着近几年互联网技术的迅速发展，原先的集权型和封闭型的行政管理逐渐向电子政府管理和网络政府管理转变。

5. 组织规模因素

随着组织不断发展和壮大，组织成员日益增多，组织活动的范围不断扩大，原先的组织结构已经无法适应未来组织的发展，此时必然会引起组织的变革。

（二）行政组织变革的阻力

1. 利益阻力

任何一次变革都是利益的再分配，必然引起利益格局的重新调整。这种调整往往会损害原先受益者的利益，所以他们很可能会采取抵抗、反对或不支持的态度，即使这种变革有利于提升组织的整体利益或社会的福利。如果不解决好来自既得利益者的阻力，那么组织的变革很难成功。

2. 来自资历较高者、年长者的阻力

一般而言，资历较高者或年长者对组织变革通常会持保守态度。其原因主要有：一是对原先组织有比较深厚的感情，不愿意否认自己原先所做的成果；二是年长者通常有一种守旧的思想，对新事物或新思想的接受速度很慢；三是资历较高的人或年长者在组织中已经形成自己的交际圈和办事方式，组织变革则很可能打破这一状态。

3. 成本阻力

任何一次组织的变革都要付出一定的成本，如金钱、时间等。从经济学的角度思考，当投入的成本小于收益时，人们倾向于变革；相反，如果投入的成本大于收益，那么改革就会受到很大的阻碍和限制。

4. 不确定性的阻力

心理学研究表明，不确定性因素会使人产生紧张和忧虑。这种紧张和忧虑主要是因为对陌生事物的疑虑、对变革后果不了解而产生的。而变革的本质就是创新，也就是要将前所未有的陌生事物引入组织，它具有探索性和冒险性。人们会感到对变革前景难以预测，从而表现得犹豫不决、提心吊胆。

四、行政组织变革的方向

（一）自上而下

自上而下的变革即由上级领导发动，带领下属人员共同计划、执行变革方案

的变革方式。这种变革往往因为领导具备强有力的号召力和领导力，能达到扩张快、触碰面积广的效果，使变革进行得非常迅速。不利因素就是比较容易引起行政系统中的波动，产生心理效应，从而形成变革的阻力。

（二）自下而上

自下而上的变革由组织中的基层人员发动，激发中高层阶级的变革动力。这种变革对调动下级参与变革的积极性有很大作用。其劣势就是组织中某些成员或利益团体为了保全既得利益，不积极参与变革，或者容易出现上下不一致、不团结的情况。

（三）上下结合

其明显的优点是能凝聚全体行政人员的聪明才智，人人关心变革并参与变革。其劣势就是受领导者约束较大，因为领导者的道德、素养和能力对于他在变革中发挥的作用有直接的影响，能否把握好变革的方向，促使变革的最终胜利，领导者是很大的因素。

五、我国的行政组织改革

（一）中国行政组织改革历程

我国行政环境一直处于循序变化的状态中，自新中国成立以来，根据环境的变化和需求，党和国家对行政组织机构进行了多次较大规模的改革。

1. 社会主义改造和开始经济建设时期（1949~1956 年）

新中国成立初期，政务院设 35 个部门，1953 年增加到 42 个部门。1954 年为加强集中统一领导，减少中间层次，撤销了 6 个大区的行政委员会，由中央政府直接管辖各省市。1954 年成立国务院（原称政务院），国务院下设 8 个办公室，64 个工作部门。到 1956 年，为适应经济建设的需要，进行第一次规模较大的调整，国务院增加到 81 个部门。

2. 全面经济建设时期（1957~1966 年）

随着行政组织机构规模的扩大，在此期间我国行政机构出现了过分集权、机构臃肿的问题。1958 年，实行权力下放，国务院机构又进行了相应调整；到 1958 年底减少为 60 个部门。但在 20 世纪 60 年代初出现经济困难，开始上收权力，又进行机构调整，国务院机构又增加到 79 个部门。

3. "文化大革命" 时期（1966~1976 年）

"文革" 开始，国家机关普遍受到冲击，处在停顿、半停顿的状态。1970 年提出适应备战需要，把全国划分为 10 个协作区，各自建立了独立的管理体系，并将大部分企业下放给地方，大量精简机构，最后国务院只设了 3 个部门。

4. 社会主义现代化建设新时期（1976 年至今）

1976 年以后我国进入现代化建设新时期。从 1977 年到 1981 年，国务院持续增设部门，不久就出现机构臃肿、人浮于事的现象。于是 1982 年开始精简部门，但由于当时大环境不配套，改革失败。1987 年又提出机构改革。这次机构改革以转变职能为中心，裁并专业部门，加强综合部门，取得了较好效果。

（二）我国行政组织改革过程中存在的问题和建议

总结新中国成立以来的行政组织变革，可以概括为 "精简—膨胀—再精简—再膨胀" 的变革路径。如此反复，主要有以下两个原因：

1. 没有分清我国所处的社会发展阶段的实况

自改革开放以来，我国各方面都得到了发展和提升。邓小平强调 "我国仍处于社会主义初级阶段，是一个至少要上百年的很长的历史阶段"。这是我国的基本国情，任何决策和变革都必须立足于这一基本国情。20 世纪 80 年代以来，我国一直致力于建立法制、规范、专业的行政组织体制，但大多数变革都是局部性的，手段也只是集中于精简机构和转变人员职能，忽略了大局形势和行政管理发展阶段的实况，最终都难以从源头解决问题。在变革过程中，我国可以借鉴西方发达国家的经验，但是不能盲目照搬，这就要求我们必须认清我国同西方发达国家之间的差异，取其精华，去其糟粕。

2. 没有看到目前我国政府组织体制中存在的主要问题

从形式上看，我国似乎已经建立了比较完善的层级化和部门化机制，但是实际上我国仍然缺乏一套科学的行政体制和管理制度，政府权力仍呈现出严重的人格化倾向,"看关系"、"看面子"办事取代依法办事,人际关系取代白纸黑字的规章制度,很多时候仍然有人情大于法理的现象。

中国行政组织变革应从制度上开始,加快编制立法进程,使我国行政组织尽快走向规范化和法制化,以及积极推进政治体制改革,推进综合执法。同时也要转变政府职能,从而适应社会主义市场经济发展。另外,适当地借鉴西方行政管理经验、汲取国外好的管理理念,对于我国提升行政管理水平也是非常有必要的。如一些西方发达国家采取的权力下放、减少管理层级的做法,在某些情境下也许对改善我国现状有一定的帮助。

本章小结

组织是管理的物质存在形式,任何行政管理问题都和行政组织相联系。行政组织是为实现国家行政管理目标,在推行政务和管理社会事务中,依据宪法和法律组建起来的国家行政机关体系,是国家机构的重要组成部分。行政组织具有阶级性、社会性、服务性、权威性、法制性和系统性的特点。

按照不同角度,行政组织可以分为多种类型,目的是为了明确各领导机构的职责。根据国情的不同,各国采用的行政组织体制也有所不同,目前常见的行政组织体制包括首长制、委员制和混合制、分级制和职能制、分权制和集权制。

行政组织也不是一成不变的,当组织的设置影响到行政的效率,就应该进行组织变革。组织变革的类型主要有变革性变革、渐进性变革和计划性变革三种。组织变革受内部因素和外部因素的共同影响,既有前进的动力,也会受到一定的阻力。行政组织的变革有其运动的方向和过程,其目的应该是为了适应环境的变化,促进国家社会经济的发展。新中国成立以来我国的行政组织经历了四次大的变革,这种反复的变革主要原因是对我国所处的社会发展阶段没有明确的认识,对政府组织体制存在的主要问题也没有深刻的认知。我们要总结经验,汲取先进经验,促进行政组织的变革,推动社会经济的发展。

第四章　行政职能

转变职能要以民为本

日前，李女士来到了沈阳市行政审批大厅办理业务，她所在的公司去年从沈阳迁到了本溪，今年想把公司再迁回来。出乎李女士的意料，手续办起来竟然非常方便快捷，不到一个小时就完成了。"我本来打算空出四五天的时间来办这件事的，想不到不到一个小时整套手续都办完了。"

李女士的手续能这么快办完，正是受益于辽宁省刚刚建立的"行政审批共享平台"。通过这个系统，沈阳、大连、锦州等14个市政府打破以往各自为政的行政审批壁垒，实现信息共享、审批结果互认。

除了上述提到的几个地方，吉林、河南、河北、江苏、福建等地也实行了行政审批权的相对集中改革，政务大厅搭建起政府与群众的"连心桥"。吉林省科技厅行政审批办主任辛德久表示："过去我们这个窗口更多的是接待功能，现在我们科技厅有18个项目都在这里集中办理，效率整体提高80%。"

四川还将服务型政府建设工作向农村基层进一步延伸，在新津县的12个乡镇，政府办公室被改造成开放式集中便民服务中心，还设置了工作人员去向告知栏。新津县五津镇村民李秀英感叹道："以前到镇上办事挺麻烦的，要挨门去敲，还要每个楼层每个楼层去跑、去问，现在走进来一目了然就看到了！"

资料来源：http://www.china.com.cn/zhibo/zhuanti/17da/2007-10/13/content_9044297.htm.

【案例启示】目前，我国各级政府部门正在切实转变管理职能，为保证群众办事更加便利、进一步提高人民满意度采取点点滴滴的行动。建设服务型政府的立足点和出发点都是以民为本，一切为了方便群众，为老百姓提供优质高效的政务服务。

本章您将了解到：
● 行政职能体系
● 行政职能转变的基本要求
● 政府职能转变的方向

第一节　行政职能概述

对于管理的所有职能来说，平衡原则是普遍适用的。

——哈罗德·孔茨、西里尔·奥唐奈

行政职能是行政组织设置和改革的依据，是行政决策和执行的基础，它是行政管理活动的体现，是为实现行政管理目标而进行的一系列活动。行政职能在政府行政管理中具有举足轻重的地位，是行政管理学研究的一大重点。

一、行政职能的含义和特点

职能又称职责或功能。行政职能又称公共行政职能，在某些情况下亦称为政府职能。行政职能是狭义的政府即国家行政机关所承担的国家职能，是国家行政机关因其国家公共行政权力主体的地位而产生，并由宪法和法律加以明示规定的国家行政机关各种职责的总称。概括地说，行政职能是指政府在国家和社会生活中所承担的职责和功能，它确定了政府的基本内容和发展方向。行政职能的主体是国家行政机关，其客体涉及国家事务和社会事务的方方面面。

相比其他职能，行政职能有如下几个方面的特征：

（一）阶级性

行政职能是国家意志的体现，它反映了国家政府的性质和执政目的，必须执行和体现国家的政治统治职能，体现国家意志的要求。行政职能是政府在国家中占据统治地位所依赖的职能活动，为统治阶级的生产与发展奠定了基础，所以阶级性是行政职能最鲜明的特征。

（二）法定性

行政职能的一切活动都必须依照国家宪法、法律法规执行，不能超出法律约束的范围。国家宪法和法律规定了政府执行行政权力的约束条件，也为行政职能的活动范围划清了边界，行政职能要在规定的边界内发挥作用，不可逾越雷池。一旦逾越法律，即便是政府也要受到法律规定的惩罚。

（三）执行性

行政机关是国家权力机关的执行机关。在现代社会，行政职能的行使是依据国家通过宪法和法律赋予行政主体的行政权力。只有将相应的行政职能通过执行手段加以实施，才能达成行政职能的目的，体现国家的性质和活动方向。行政职能要将统治阶级的意志渗透到社会生活的各个方面，就必须运用好国家赋予的执行力。

（四）动态性

一般而言，行政职能的动态性体现在以下两个方面：一方面，行政职能会随着国家性质的变化而发生改变。不同历史类型的国家，行政职能的范围、侧重点以及方式、方法会各有不同。另一方面，行政职能会随着国家社会生活及行政环境的变化而变化。同一类型的国家在不同的历史时期，随着行政环境的变化以及统治阶级、社会和公众需求的变化而变化。同一性质的国家在不同的发展阶段、历史时期，其行政职能的目的、内容和执行手段都有可能发生变化。

（五）整体性

从行政系统的框架来看，行政职能本身是一个完整的体系，它的职能结构既丰富又复杂，内容涉及对国家事务和社会公共事务进行管理的全部活动。另外，从宏观角度看，行政职能与立法职能、司法职能共同组成了国家职能，三者都是国家职能系统不可或缺的部分，彼此之间密不可分，紧密联系，构成统治阶级实现行政管理目标的完整的执行系统。

二、行政职能体系

行政职能体系是指由多种行政职能构成的，这些职能既相互独立又相互联系，构成了一个完整的体系（见图 4-1）。一般而言，行政职能体系包括两类：一是行政管理的基本职能；二是行政管理的运行职能。二者是相辅相成的，前者说明行政管理的主要内容，反映管辖的对象；后者反映行政管理的主要工作，说明怎么管。

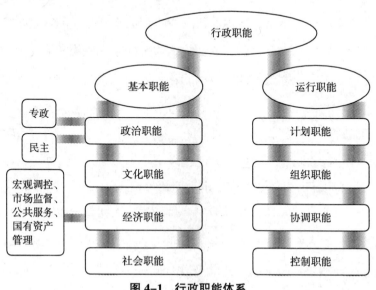

图 4-1　行政职能体系

（一）行政管理的基本职能

行政管理的基本职能，包括政治、经济、文化、社会服务四项职能。

1. 政治职能

政治职能的主要目的在于维护和巩固国家政权，确保统治阶级对国家的统治。政治职能主要包括专政职能和民主职能两个方面。

（1）专政职能表现为国家行政机关运用其国家权力武器，防范、打击和惩治各种敌对势力和反动分子，从而保障现代化建设事业的顺利进行。专职职能的任务包括建设完整的、强有力的军队和国防体系，参与国际外交和管理国家对外事务，防御外来敌人的入侵和颠覆，保卫国家的独立主权和领土安全以及人民生命财产的安全。同时国家行政机关还要对基本的国际义务负责，维护正常的国际秩序和社会稳定。当今时代，保卫世界和平、打击和惩治各种违法犯罪分子，是每个国家都应该积极参与的。

（2）民主职能的目的是完善各种民主制度，提高政府的行政效率，开拓社会群众参与政治生活的渠道，使社会主义政治建设更加公开化、透明化和科学化。另外还要建立健全民主监督制度，完善公民参政议政的机制，防止行政权力滥用。建设中国特色的社会主义民主政治，就必须不断加强民主职能，完善人民参政议政和民主监督机制，提高行政机关活动的公开性、透明度和民主性。

2. 经济职能

经济职能是政府在国家经济行政管理中应承担的职责和应发挥的功能。在市场经济条件下，政府的经济职能犹如"一只有形之手"，对市场进行调节和管控。具体来说，我国现阶段政府的经济职能主要包括：

（1）宏观调控职能，即运用财政政策和货币政策，制定和实施中长期发展战略以引导经济的发展方向。采取宏观调控的措施，目的就是为了保持经济环境的稳定，避免经济过热或冷缩等波动现象的出现，延长经济稳定持续增长的周期，确保社会主义市场经济体制的有效运行。

（2）市场监督职能，即政府对市场经济运作过程的监督、对经济职能运行效果的监督。通常可采取制定和执行产业政策的方式和手段，来弥补由于信息不对称或不完全、利益冲突等原因引起的市场失灵，或者由外部性和规模经济造成的市场失灵。另外，经济职能还要求政府制定和实施市场规则，保障公平竞争等。

（3）公共服务职能，即制定各种有关社会福利的法律、法规，建立和完善社会福利体系；投资建设和管理企业无法解决的一些投资大、周期长、利润低的基础设施和公共设施；提供社会公共物品和公共服务，对社会收入和财富进行初步分配和合理的再分配，防止贫富差距过分拉大，以保障公平公正。在公共服务领域，政府的适度干预是必要的，一般来说，我国政府不采用计划经济手段直接管理，而是通过政府管制、制定产业政策、计划指导、法律法规等方式控制。

（4）国有资产管理职能，即重点管理国家投入各类企业的国有资产，建立科学的国有资产管理体制，对国有资产的保值增值实行监督，确保国有资产及其权益不受侵犯等。

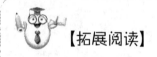【拓展阅读】

国有资产的内容

国有资产是国家依法取得和认定的，或者国家以各种形式对企业投资和投资收益、国家向行政事业单位拨款等形成的资产。

国有资产包括：国家以各种形式对企业的投资及收益等经营性资产；国家向行政、事业单位拨款形成的非经营性资产；国家依法拥有的土地、森林、河流、矿藏等资源性资产。

3. 文化职能

文化职能是指国家行政机关对全民的思想道德建设以及教育，对科技、文化、卫生、体育、文学艺术等方面的管理。文化职能的具体内容是：确定科学文化教育发展的总体战略、制定相应的战略决策和计划；颁布教育、学科建设和文化事业的发展政策和规定；组织重要的科学文化教育的重大项目和工程、提供完备的文化服务设备设施；指导、监督科学教育事业的发展和各学科体系的建设和完善；采取有效措施提高社会主义精神文明建设，协调物质文化建设和精神文明建设的关系。

4. 社会职能

社会职能是指政府所承担的社会管理、社会服务和社会保障、环境保护、人口控制的职能，其主要目的是为社会提供各种服务，保障社会稳定，维持社会正常秩序。政府的社会职能主要包括：制定福利、救济、保险等政策，保障公民的正常生活；维护社会秩序、加强社会治安的管理；完善公用事业管理体制，创办各种社会服务事业，解决人民群众日常生活的各项公共问题；保护和合理利用各种自然资源，加强生态环境的保护。

四项行政职能体现了国家职能在社会公共事业管理中所起的作用，行政管理的一个重要目标是实现四项行政职能的有机结合，并且随着社会发展阶段的不同、群众需求的变化，对各项职能的侧重点也要有所不同。

(二) 行政管理的运行职能

关于行政管理的运行职能有很多种说法，但其主要内容基本是一致的，可以概括为以下四种职能：

1. 计划职能

在管理学中，计划也就是制订计划，即根据实际情况，通过科学的预测，权衡客观的需要和主观的可能，设立组织的未来目标，确定达到目标的一系列政策和方法。行政管理中的计划职能所包含的意义也相似，只是其计划的对象是国家事务和社会公共事务。

成功学大师戴尔·卡耐基曾说过，一个人不能没有生活，而生活的内容，也不能使它没有意义。做一件事，说一句话，无论事情大小、说话多少，都得自己先有计划，先问问自己做这件事、说这句话有没有意义？你能这样做，就是奋斗基础的开始奠定。将计划的主体提升到政府也是如此，只有做好了充分的准备，防患于未然，政府才能运筹帷幄。计划是行政管理的出发点，直接影响着行政管理的效能。一个好的计划对人有积极的引导作用，使部门和单位朝着一个明确的目标行动，规范行为，不断地将绩效与计划的结果作对比，调整行为或原始方案，使组织的工作有一个基本的依据。

2. 组织职能

组织职能是指政府为了有效地实现共同目标和任务,合理地确定组织成员、任务及各项活动之间的关系,并对组织资源进行合理配置的过程。组织职能的具体内容包括:组织机构设置;组织内部权责划分;人员选拔、调配、培训和考核;建立和健全强有力的指挥、监督、控制系统等。

组织职能能促使公共行政计划职能的实现,促成目标达成。它通过合理、适度的层级安排和人力资源调配,定位组织中各单位部门及人员的职务、工作目标,调动行政人员的积极性和主动性,提高行政管理的效率。

组织结构是行政管理的载体,组织职能体现行政的职能。政府职能的每一次转变都与组织机构的变革紧密相联。新中国成立初期,我国实行计划经济,这种制度渐渐出现弊端,改革开放后,国务院进行了若干次改革,从改变组织结构入手,转变政府职能。1998 年国务院机构改革方案提出政府职能转变的三个努力方向,即宏观调控、社会管理和公共服务。针对这个目标,国务院进行了组织上的改革,包括人员精简、强化宏观调控部门、精简专业经济管理部门、简化某些文体部门等。政府通过实施组织职能,建立办事高效、运转协调、行为规范、管理科学的行政管理体系。

3. 协调职能

协调职能是指政府运用一定的职能和手段来协调各行政机构或人员之间的关系,从而有效地完成行政目标。行政管理的协调职能所要协调的关系一般包括:组织之间、组织与个人之间、行政人员之间的关系;各项行政管理工作之间的关系;行政组织与人民群众之间的关系。

行政管理必须重视协调功能的发挥,行政协调一方面能缓解组织中的冲突,解决各种原因产生的矛盾,从而减少内耗,一方面通过满足社会公众的需求,促进行政组织与社会公众的关系发展,这对改造行政环境起到了积极的作用,能为行政管理营造良好的、和谐的氛围,从而提高行政效率。构建社会主义和谐社会,更要强化协调职能,它通过转变职能、调整机构、与社会进行对话和行政参与等方法来进行协调，使政府适应环境变化，利用有利因素创造有益于社会发展的条件。[①]

4. 控制职能

行政管理的控制职能是指政府为了保证实际工作与计划的要求相一致，按照既定的标准对行政机关和行政人员行政管理执行的效果进行检查、监督和反馈的一系列管理活动。控制是一个发现问题、分析问题、解决问题的过程，其主要内容包括：确定控制标准、衡量实际绩效、分析偏差原因、采取措施纠正偏差。图4-2 展示了控制职能在工作中如何操作。控制职能是否有效直接关系着行政系统的预定目标的实现，因而在行政管理中起着十分重要的作用。

控制和其他管理职能一起，形成了行政管理的循环系统。在这个系统中，计划职能选择和确定了组织的目标、战略、政策和方案以及实现它们的程序，通过组织职能和协调职能等功能去实现这些计划，这些工作的结果由控制职能来检查监督，再将反馈结果流通到计划职能进行下一轮的工作。

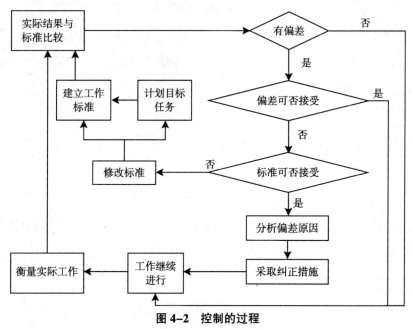

图 4-2　控制的过程

资料来源：http://wenku.baidu.com/view/e63d8a6a25c52cc58bd6be46.html.

---

① 李传军，刘建.构建和谐社会背景下的行政协调职能［J］. Journal of US-China Public Administration，2007（2）.

第二节 行政职能的转变

管理职能包括明确地说明目标及获得实现所定目标必需的资源和努力。

——巴纳德

一、行政职能转变的内涵

行政职能转变是指政府职责和功能为适应客观条件的变化而发生的转换、变化和发展，包括行政职能重点的转移、政府履行职能方式的转变等。

上一节已经介绍过，行政职能一个重要的特点就是动态性，任何一个国家的行政职能都是时刻变化的，它是一个动态发展的过程，会随着政治、经济、文化、科技、人口和宗教等因素的变化相应地做出调整和改革。

二、行政职能转变的基本要求

行政职能是一个完整的体系，因而转变行政职能是一个复杂的工程。行政职能转变是行政改革的关键所在，行政职能转变了，行政机构也要做出相应的改革和调整。在对行政职能进行转变时，应该注意以下几个基本要求：

（一）有正确的目标取向

目标在行政职能转变中起到了掌舵的作用，只有明确转变最终目标，才能在变革过程中不至于迷失方向，使行政管理的活动偏离了变革计划。在现阶段，政府职能目标的选择要遵循以下原则：①要立足于本国的国情，适应本国经济和社会发展的要求。例如，我国仍处于社会主义初级阶段，是我国的基本国情。②要符合国际外部环境的发展趋势和改革潮流，吸收国外先进的管理理论和管理工具。只有以正确的目标为导向，遵循行政职能转变目标所要求的约束，才能使转变的过程按照计划执行和实施，取得最终的成果。

（二）立足全局，统筹兼顾

"立足全局"强调的是行政职能的系统性，即行政职能是由多种行政职能构成的一个完整的体系。任何一种行政职能的变化都可能引起其他职能的转变，最终导致整个职能体系的改变。"统筹兼顾"强调的是行政职能属于行政系统中的一部分，行政职能与行政系统中的其他部分是相互联系、相互影响的。因此，在分析职能转变时，不能孤立地看待这个问题，应该立足全局，分析各个体系之间的联系与影响，同时考虑转变的整体效能。

（三）把握好速度和幅度

有了明确的目标取向，在接下来的计划和执行过程中要非常注意对速度和幅度的把握，这是行政职能转变的基本要求。一般而言，行政职能转变的速度和幅度往往与行政职能方式是紧密相连的。骤变式职能转变的特点是速度快且幅度大；渐变式职能转变的特点是速度慢且幅度小，而阵变式职能转变的特点则处于两者之间。不同的转变方式有不同的特点，选择合适的转变方式才能达到事半功倍的效果，否则会出现事倍功半的情况。一般而言，合适的职能转变方式往往取决于社会对行政职能转变的要求和社会对行政职能转变的承受能力两个方面。只有准确把握行政职能转变的速度和幅度，才能尽可能地降低转变带来的社会震荡，实现成功变革。

三、政府职能的转变方向

（一）从审批型政府转向服务型政府

审批型政府是指通过设置一系列的审批或检查项目来进行工作的政府。这种政府不仅效率低、成本高，不利于促进经济的发展，而且容易出现"踢皮球"效应，造成民众办事难的结果。虽然中国政府一直主张政府职能的转变，但是中国目前仍然处于审批型政府阶段，政府的办事效率低，"求"政府办事难。服务型政府简单来说就是"为人民服务"且能承担责任的政府。这种类型的政府有利于及时地发现公众迫切需要解决的问题和难题，能"换位思考"，从公众的切身利益出发来考虑问题，因而这种服务型政府更能得到公众的支持和推崇。如何从审批型政府向服务型政府转变呢？

首先需要做的就是"变繁为简"，去掉一些不必要的环节，减少成本，提高效率；其次要明确各个机构的责任和义务，防止互相推诿的现象产生；最后要树立"为公众服务"的思想和意识，防止"官僚主义"的出现，真正实现服务型政府。

（二）从高成本政府转向高效率政府

"高效率"是指以最小的投入获得最大的产出。所以，高成本意味着要花费更多的资源，从而导致了低效率。这种低效率归根结底是由于行政管理的体制存在问题而造成的，要实现高效率政府就必须改革现有的不合理的行政管理体制，明确各个行政机关的职责和权力。成本高很大程度上在于高额的交易成本，那么如何降低这种交易成本呢？

一方面，政府应该深刻地认识到"抓大放小"的原则，适当地将一些任务外包给社会中的中介服务组织，集中精力于主要的职能和服务上；另一方面，政府应该意识到很大一部分的交易成本主要是因为不诚信而产生的，要降低交易成本，就应该将营造一种良好的社会氛围作为其主要职责之一。政府不应只关注自身的利益，政府的存在是为了满足和实现大众的利益，所以追求社会利益最大化才是政府的主要目的。另外，政府多倾听社会公众的意见，及时回应群众百姓的呼声，增加政府与百姓之间的互动，也是提高行政效率的有效手段。

四、中国行政职能演变

新中国成立以来，我国的公共行政职能几经变革，走过了漫长的发展道路。特别是改革开放以来，随着社会主义市场经济体制的改革和政治体制改革的不断深入，我国的公共行政职能也发生了深刻转变。我国行政职能的发展可以划分为三个时期。

（一）从新中国成立到改革开放前

1978 年以前，我国效仿苏联，在经济上奉行的是一种典型的"斯大林模式"，即高度集中的计划经济体制。在这种经济体制下，政府掌握了全社会的人力、物力和财力，以直接的行政手段干预社会经济的运行与发展。并且，在没有行政监督的情况下，行政职能过分膨胀，逐渐形成了所谓的"全能型政府"或"超强势政府"的职能模式。这种行政职能模式具有以下几个特征：集中计划管理，微观直接管理，片面强调政治职能。这种"全能主义"职能模式很容易形成一人专政、机构臃肿、效率低下等局面，而且容易导致政企不分、重政治统治轻社会管理、重阶级斗争轻经济建设等现象，不利于推动国民经济的进步和社会的和谐发展。

（二）从改革开放到中共十六大

1978 年 12 月 18 日，中共十一届三中全会在北京召开，这是新中国历史上的一个伟大转折点。中共十一届三中全会把党和国家的工作重点转移到社会主义现代化建设上来，我国确立了以经济建设为中心的发展方针，从此，行政职能的中心开始由政治职能转移到经济职能上。这是我国在深刻反思历史经验教训的基础上，对社会主义进行的探索。从 1978 年到中共十四大前，我国经济体制处于产品经济向计划经济过渡的时期。与此相适应，传统经济体制下的政府经济职能无所不包的状况开始发生改变。1992 年中共十四大明确提出了社会主义市场经济的发展目标，开始按照市场经济的要求探索转变政府职能的问题。中共十四大提出，政府的职能主要是统筹规划、掌握政策、信息引导、组织协调、提供服务和检查监督。1994 年的《政府工作报告》中指出，政府的主要职能是搞好宏观调控、综合调控和社会管理。1998 年的国务院机构改革方案明确提出，要把政府职能切实转变到宏观调控和公共服务上来。归结起来，这一时期我国行政职能的变化主要体现在三个方面：

1. 政府外部职能关系的调整

加强宏观调控与监督服务职能，理顺政府与市场的关系；加快现代企业制度的建设，建立良性的政府与企业关系；调节政府与社会的关系，建立市民社会。

2. 政府内部职能关系的调整

一方面调整纵向职能关系，即调整不同层级政府，主要是中央与地方政府之间的关系；另一方面调整横向职能关系，即调整同级政府之间、政府部门之间的关系。

3. 政府职能方式的改变

从运用行政手段为主转变为运用经济手段为主，经济手段、法律手段和必要的行政手段相结合；从微观管理、直接管理为主转向宏观管理、间接管理为主；从重视计划、排斥市场转向把计划与市场有机地结合起来。

（三）中共十六大以后行政职能的转变

中共十六大提出了全面建设小康社会的发展目标。其后，我国领导人又提出了坚持以人为本，全面、协调、可持续的发展战略。这是新阶段党和政府实现行政职能的新的战略思想。全面落实科学发展观，实现经济社会全面、协调、可持续发展，必然要求在对政府经济管理职能进行变革的同时，加快政府对社会公共事务的管理进行转型的步伐，对政府与社会的关系加以创新，使政府与社会之间有更加制度化、合理化、开放化的沟通机制，促进政府社会管理体制与日益发展的社会主义市场经济体制相适应。新阶段，政府要把工作重心转移到战略规划上，加强对国家和社会发展方向的指导和把控。行政职能要更多地倾向于满足社会和公众的公共需求，如提供公共服务、改善社会保障体系、保证社会公平等，实现服务型政府的转变。

【案例4-1】

美国政府的社会管理工作

中、美的社区管理模式有很大的不同。在国内，社区管理大多带有行政色彩，大部分小区都有直属的街道办事处、居委会或镇政府等行政机构统一管理治安、卫生、公摊水电收费、社区文化等公共事务，物业管理公司承担委托范围内对小区公共物业的责任。相反的，美国的社区管理绝大部分是由房地产开发商或物业管理公司承担。这些公司不仅负责每年将房子的外墙统一粉刷一遍，还负责社区内道路的维护和环境的统一美化，花园、草坪的修剪以及社区内公共设施的维护和管理等。而房主要获得这些服务，只需缴纳100美元即可。这些地产公司或物业公司与住户的关系不是领导与被领导、管理与被管理的关系，而是平等的经济关系：住户支付金钱，物业公司提供服务，二者按照市场规律交易。

美国有一些小镇也会由行政机构参与社区管理，但这样的机构往往非常精简，且运作机制也是按照市场规则进行。如需个小镇有2600多个居民，镇政府只由一间简陋的办公室和7名工作人员组成，其中有六名是普通居民。白天只有一位女秘书值班，其他六名"官员"只在晚上去处理一下事务。应该说，这种基层组织的成本是很低廉的，而且由于他们也加入了市场竞争，所以社区管理服务效率非常高。

一般认为公共事务的管理是政府专有的管理领域，但是在这段材料中，美国的社区管理者是房地产开发商。政府通过引入市场竞争机制，实现了社区管理的先进高效，这种模式对我国政府的公共事务管理有很大启发：当前我国正在建设市场经济，而市场经济的根本要求是交换的市场化，其中当然也包括政府某些职能的市场化，如社区服务等，像案例所陈述的一样，将社区服务交给市场来办，既减轻了政府的压力又给民众带来很多的实惠，政府只要发挥监管市场的作用即可。我国政府应该大力推进某些职能的转变，这样既可以达到提高办事效率的目的，又可以精简机构。

资料来源：http://www.doc88.com/p-846811127402.html.

本章小结

行政职能是指政府在国家和社会生活中所承担的职责和功能，它确定了政府的基本内容和发展方向。行政职能具有阶级性、法定性、执行性、动态性和整体性的特点。行政职能分为基本职能和运行职能，形成一个全面的体系，覆盖社会的方方面面。其中基本职能包括政治职能、经济职能、文化职能和社会职能，运行职能包括计划职能、组织职能、协调职能和控制职能。

随着社会的进步和人民群众需求的提高，行政职能也发生了转变。现阶段行政职能的转变要认准正确的目标取向、立足全局、统筹兼顾，同时注意把握好转变的速度和幅度。我国政府的职能自改革开放以来逐渐变化，正朝着高效率的服务型政府转变。

第五章　行政权力

明朝的宦官制度

明宣宗开始，太监当道。而考察历史资料我们可以发现，太监并不是我们通常认为的那么简单，明朝的宦官制度有一套非常严格的体系，若能当上朝廷的太监，那便成了宦官的首领，而要从最底层的职位做起一直走向太监的级别，并不是每个人都能做到的。此外，就算是当个普通的宦官也要经过非常严格的考验。

从纵向看，在明朝，宦官分为很多级别。首先，宦官刚进宫的时候只能当典簿、长随或奉御，这是最基层的宦官级别；然后，如果有的宦官侍奉得很好，表现得很突出，就有机会被提拔为监丞；接着，监丞再往上走就是少监；少监再往上走一个级别才是我们常听说的太监。即是说，如果宦官体系是个金字塔，太监绝对在金字塔最顶尖的位置。从横向看，明朝宦官的组成机构分为24个衙门，分别是"12监"、"4局"、"8司"。这24个衙门各司其职、各尽其力，一方面处理宫中事务，一方面参与政务的决策和处理。在这些衙门中，只有最高的统领宦官才能称为太监。所以太监职位放在朝廷，也是个不低的管理职位。

那是不是所有太监都是位高权重的？这可以通过他所属的部门来判断。在24个衙门中，有的所负责的任务重大，甚至事关国家机密，分到这些部门的宦官承担的职务就更重要；有的部门只是负责零碎小事，与国家社稷并无直接关系，分到这种部门的宦官自然职务简单，职位也相对要低。而刚进宫的宦官被分配到什么类型的衙门，几乎直接决定其职业的生涯路径，例如，权重最高的两个衙门分别是司礼监和御马监，这两个部门的太监往往得到提拔的机会更多，也更受重用。

司礼监和御马监是明朝权力最大的太监机构，它们的权力有多大？首先，司礼监是专门掌管内外章奏的机构。明朝的内阁拥有皇帝赋予的"票拟权"，皇帝自己有最后的批红权。但皇帝日理万机，经常有忙不过来的时候，此时司礼监就派上用场了。例如，在明宣宗时候，由于文件太多，皇帝就会让司礼监的人代理行使批红权。即是说，司礼监秉笔太监起到为皇帝代笔的作用，并且是朝内唯一掌握了批红权、压制内阁票拟权的职位。如果司礼监掌印太监又当上了东厂太监，那权力就更高一筹。其次是御马监，它是专门掌管御用兵符的机构，与司礼监一文一武，掌握了明朝的行政权力。

明代宦官为什么拥有这么大的权力？一个重要的原因是明朝文官力量非常壮大，甚至集合形成一个集团，类似于今天所说的利益集团，他们有知识、有素养、有远见和有能力，足以与皇帝的权力抗衡。当皇帝抵抗不住文官集团的时候，宦官集团就有了用武之地。所以，太监就成为明朝行政权力的一个重要组成部分。

资料来源：石悦. 明朝那些事儿 [M]. 北京：中国海关出版社，2009.

【案例启示】在封建社会，行政权力是最高统治阶级维护其统治地位的最有力的保证，也是政治集团所觊觎的最高权力。就算是最底层的人民百姓，也无不把仕途当做最高的人生理想，其中一个重要的原因就是行政权力的诱惑。行政管理演化到今天，行政权力仍然是管理过程中极为重要的组成部分，但今天的行政权力已经不仅仅是国家进行阶级统治的武器，它更多的是要为社会百姓谋福利、求发展，促进社会的稳定和经济的发展，把提高人民生活水平、增强综合实力和维护国家和平统一作为最主要的目的。

本章您将了解到：

● 行政权力的特征及类型

● 行政权力与其他政治权力的关系

● 行政权力的配置途径

● 行政权力的实现手段

● 行政权力的制约

第一节　行政权力概述

权力是某种社会关系中一个行动者将处于不顾反对而贯彻自己意志的地位概率，不管这种概率所依据的基础条件是什么。

——马克斯·韦伯

一、行政权力的含义

为更好地理解行政权力，本节从权力的概念入手进行阐释。

经过众多学者对权力的研究，目前形成了两种权力观点："能力说"和"关系说"。"能力说"从权力主体对权力客体的影响作用角度进行研究，"关系说"则从权力主体与权力客体的关系进行研究。综合两种观点，我们认为，权力是在一定的社会组织中，充当权力主体的少数人控制、支配作为大多数的权力客体的力量，如政治权力、经济权力、社会权力等，其中政治权力又分为司法权力、立法权力、行政权力、军事权力等。不论是哪种权力，什么样的权力，都应该认识到，"权"是客观的制度给定的，"力"却是靠权力所有者的能力来发挥的。

作为政治权利的一种，行政权力是国家立法机关通过一定程序授予行政机关的执行法律、颁布行政法规、管理国家和社会公共事务的权力。行政权力的内涵包括以下四个方面的内容：

①行政权力是一种权力，被少数人所掌握行使；②行政权力的获得经过国家立法机关的授权；③授权过程需要遵循法律规定的程序；④行政权力有一定的范围限制，是有限的执行权，受到国家司法机关的监督，其有限性与执行性与一国的法制化程度成正比。

二、行政权力的特征

行政权力具有与一般国家权力所不同的特点，主要表现在：

（一）统摄性

统摄性表现在行政权力是国家最高权力机关授予行政机关的权力，行政机关凭借行政权力管理国家事务和社会公共事务。当其他社会权力与行政权力相抵触时，行政权力具有优先权，其他社会权力都必须服从，所以行政权力具有驾驭其他社会组织的作用。

（二）公益性

即行政权力具有公共利益性，行政权力的存在和行使是为了实现对国家事务的管理，维护社会公众的利益。国家打击犯罪，维护社会治安，管理保护公共资源，对医疗、教育、住房、劳工等社会问题实施相关规定，都是通过行政权力维护人民群众物质上和精神上的利益。

（三）优益性

国家通过法律、法规等形式赋予行政机关职务上和物质上的特权，以确保行政机关有效行使职权、履行职责，又称为优益权，是行政权力有效行使的保障条件。

（四）强制性

行政权力的行使以法律为依据，以国家军队、法庭、监狱为后盾，具有强制性，任何公民或组织都必须服从，但是在行政权力的行使过程中，也存在非强制性的行政方式，如行政指导、行政合同等。

（五）广泛性

行政权力的作用对象遍及全社会各个领域、各个个体与组织。

三、行政权力的类型

作为国家复杂庞大的行政体系的动力之源，行政权力也是多种多样。根据不同的划分标准，可将行政权力分为不同类型。下面重点介绍从行政权力的功能和特点角度所划分的行政权力种类。

按照行政权力的功能和特点，行政权力可以分为四类（见表5-1）：

表 5-1　行政权力的类型

类型	具体内容和表现
立法参与权	政府具有参与立法，提出法律草案的权力
委托立法权	具有制定法律具体条文的权力
行政管理权	具有对管理对象、行政事务进行决策、执行和监督的权力
司法行政权	政府具有司法行政方面的权力

（一）立法参与权

在我国，政府具有参与立法，提出法律草案的权力。

（二）委托立法权

在立法机关的授权下，我国行政机关还具有制定法律具体条文的权力。

（三）行政管理权

我国各行政机关具有依据行政授权对管理对象、行政事务进行决策、执行和监督的权力。

（四）司法行政权

我国政府依法具有司法行政方面的权力，如可以对有争议的行政活动进行调解、复议以及仲裁等。

四、行政权力与其他政治权力的关系

（一）行政权力和立法权力的关系

行政权力的分类中有两种类别是立法参与权、委托立法权，从结构上看，与真正的立法权相比，行政权力的立法参与权与委托立法权仅处于国家立法权的从属地位，行政权力是将立法权力确定的法律法规作用于行政权力的客体。

从作用上看，立法权力是制定国家的法律和政策，推出准则和规则引导社会活动和各种集体行动；行政权力的主要功能是执行法律，推出政府对策。

（二）行政权力和司法权力的关系

行政权力与司法权力均属于国家权力，不同的是行政权力的形式自上而下具有等级性，行政权力的下级要受上级的指挥和控制，而司法权力是平等的，各级主体独立行使审判权，共同保障国家意志的实现，可以视为国家权力运行过程中的平衡调节器。

（三）行政权力和政党权力的关系

二者关系属于国家权力与其他政治权力的关系问题，不同社会制度下，二者的区别界限不同。在资本主义国家，二者区别非常明显：①权力目的不同，行政权力的目的是执行国家意志，保障全社会利益的实现，政党权力的目的是执行本党集体的意志，维护本党成员的利益；②权力的合理合法度不同，行政权力具有天然的合法性，而政党权力的合法性需要国家相关法律去确立；③权力客体不同，行政权力的客体是整个社会，政党权力的客体仅限于该党内；④权力的实现手段不同，行政权力可以通过法律强制实现，政党权力只能通过纪律手段来实现。

第二节　行政权力的配置与实现

没有能力使用权力的人等于没有权力。

——菲·贝利

一、行政权力的配置

（一）行政权力配置

行政权力的配置是指在一定时期内的国家系统中，行政权力在各行政机构间的分配和组合，以及由此形成的权力结构。行政权力配置反映了各具体行政主体在行政系统中的功能和地位。

行政权力的配置可以从横向和纵向两个方面来分析，并且在不同社会制度下，行政权力的配置是不同的。从横向讲，资本主义国家大多实行"三权分立"，即立法权、司法权和行政权分别由三个不同的国家机关掌握，三种权力相互制约。这三个不同的国家机关是议会、法院和内阁（总统）。社会主义国家的一切权力属于人民，虽然也分设各具独立性的立法权、司法权以及行政权，但政权体制实行的是"议行合一"制，即立法机构掌握国家最高的权力，由它设立作为立法机构、执行机构的司法机构和行政机构。立法机构凌驾于司法机构和行政机构之上，不受后两者的制约。

【拓展阅读】

三权分立

孟德斯鸠是18世纪法国启蒙思想时期的杰出思想家之一，他认为，只有各种权力间彼此能够相制衡的体制才有可能创造一个无私的政体，在某种意义上制衡比分权更重要。

孟德斯鸠提出了"三权分立"理论，把国家权力分为立法权、行政权和司法权三种，并将它们分别赋予不同的机关。立法权属于议会，代表国家意志；行政权执行国家的意志，由君主或国王行使；司法权由法院行使。法院由人民阶层中选出的人员组成。这是人类历史上首次形成自由民主观的完备的理论形态。

资料来源：温晓. 论孟德斯鸠的三权分立思想 [J]. 现代商贸工业，2009 (23).

图 5-1　三权分立与制衡示意

资料来源：http://www.lpwz.net/article/wwsh/wsyd/200910/article_20091013083524_426.html.

从纵向讲，资本主义国家的权力配置模式有两种：一种是以美国、德国、瑞士为代表的联邦制，一种是以英法为代表的中央集权制。从中央政府的职能和地位方面来讲，这两种权力配置制度没有根本的不同：由中央政府统一管理全国性事务。两种制度的不同主要体现在地方政府的职能和地位上。在联邦制模式下，联邦政府（中央政府）与州政府实行分权，各州根据自身情况设置州政府，相对独立地在所辖范围内行使行政权力。按照宪法的规定，联邦政府的权力是参与联邦的地方政府通过契约出让的。在中央集权制下，地方政府的权力主要由中央政府授予。

我国作为社会主义国家实行"议行合一"的权力制度。马克思认为，行政权力与立法权力是统一的。我国国家机关是由国家权力机关及由其决定产生的行政机关、司法机关、军事机关组成。这样能将政治上的民主与行政上的权力有机结合。全国人民代表大会是我国的最高权力机关，国务院是我国最高行政机关。相应的，地方人民代表大会是地方国家权力机关，拥有最高的地方权力。省、市、县、乡镇人民政府是地方最高行政机关。

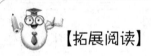

【拓展阅读】

邦联制与联邦制的区别

邦联制与联邦制：邦联制是指若干个独立的主权国家为实现某种特定目的（如军事、经济方面的要求）而组成的一种松散的国家联盟。邦联是"国家的联合"，而联邦则是"联合的国家"。两者均属于复合型的国家结构，区别如下：

类型	复合制	
	邦联制	联邦制
组成单位	两个以上的主权国家	享有相对主权的完整政治实体
权限范围	有全部主权，是松散的国家联盟	有相对主权，中央地方不任意干涉
中央政权	两个以上	一个
宪法	多部	联邦和地方宪法
国籍	不统一	统一

资料来源：http://wenku.baidu.com/view/029945136edb6f1aff001fa9.html.

行政权力不仅按一定规则在各级行政组织之间配置，在同级行政组织之间也需要进行合理配置。同级行政组织之间权力的配置方式主要是按照管理内容将行政权力交由相应政府职能部门来行使，各司其职。我国的行政权力的层级结构分配如图5-2所示：

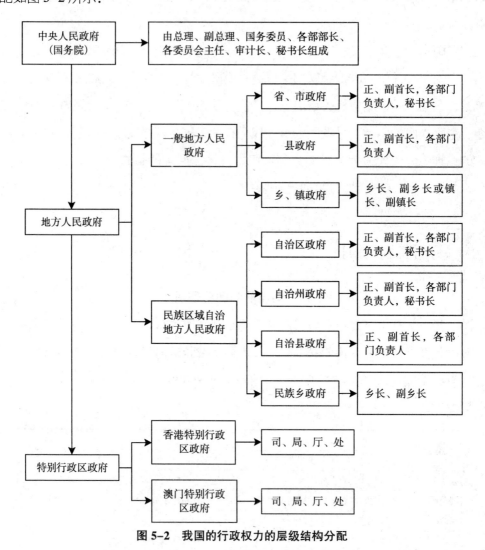

图 5-2　我国的行政权力的层级结构分配

（二）行政权力分配的途径

行政权力在各级行政机构以及同级行政机构之间配置合理后，接下来的工作就是行政权力在具体行政人员间的分配。行政权力的分配主要是通过授权的途径实现的。授权有以下四种方式：充分授权、不充分授权、制约授权以及弹性授权。

1. 充分授权

这是使用最多的权力分配方法，一般是上级行政主体在给下级行政主体下达工作指示、安排工作任务时，就明确授权：允许下级自行制定行动方案，并能进行创造性工作，但必须保证工作目标的实现。

2. 不充分授权

不充分授权也叫刚性授权，一般是在安排重大事务时采取的授权方式。在这种授权方式下，上级行政主体详细规定下级的工作范围、内容以及应达到的绩效目标和完成工作的具体途径，下级必须严格遵照这些规定执行。

3. 制约授权

制约授权又叫复合授权，这种授权方式是把一项行政任务分给两个或两个以上主体，赋予它们执行任务的职权，并且子系统之间是相互联系、相互作用的，防止造成工作上的缺漏。制约授权方式一般在工作难度较大、技术性强的事务中采取。

4. 弹性授权

弹性授权也叫动态授权，在复杂事务或对下级的能力、水平无充分把握时通常采取这种授权方式。它的突出特点是在完成同一项任务的不同阶段采取不同的授权方式。

二、行政权力的实现

（一）行政权力的运行

行政管理的目的和使命只有通过行政权力的运行才能实现。结构合理的行政管理组织系统、科学配置与分配行政权力是行政权力运行的前提，行政权力的行使和制约是权力运行的过程。

行政权力的运行需要遵守三条规则：

1. 以服务人民群众为目的

这是行政权力运行的方向，决定了行政权力的功能。

2. 以职责范围为作用界限

行政权力被依法分配给各级行政组织及其人员。每个行政组织及其工作人员只能在其职责范围内行使行政权力，不得超越职责行使。

3. 以层层节制为规则

行政权力从中央到地方被层层分解下去，上级行政组织负责管理和控制其下一级的行政组织，行政管理组织系统实行分层管理。

【案例 5-1】
中国行政权力运行中的双轨制

我国的行政权力运行的显著特点是存在着行政的双轨制，即共产党各级组织与各级人民政府都具有行政功能。但是，实际的最高决策权不在行政首长或其所在政府机关或其他机关，而在同级政府的党委或同一机关的党组织中。各级政府接受党的领导。

总体上讲，我国实行的是中央集权的行政管理体制，在这种管理体制下，行政权力主要集中在中央政府手中，地方政府的权力来源于中央政府的分配。近几年来，我国一直在进行合理划分中央与地方行政权力的行政改革，这种改革仍在逐步推进的过程中，改革的目标是要建立一种充分调动中央和地方的积极性，既有利于实现国家统一目标，又能因地制宜发展地方事业的行政管理体制。

但是，在这种特色的行政体制下，难免存在各种不足和缺陷。权责相脱节、行政权力利益化、行政运行成本高以及监督匮乏等问题是现阶段我国行政管理工作中尚待解决的。

资料来源：黄明哲. 论行政权力运行机制的完善 [J]. 福建行政学院学报，2009.

（二）行政权力的行使

行政权力的行使过程即行政权力主体对客体施加影响，使得行政权力客体采取所要求行动的过程。这一过程包括计划、组织、用人、指挥、执行、控制、监督和反馈等一系列具体行为。行政权力行使的主体是掌握行政权力的组织或个人，客体是主体借助行政权力所指向的目标对象。

从整个管理过程看，行政主体行使行政权力的手段是多种多样的，我们将其概括为强制性手段和非强制性手段（见图5-3）。

图 5-3 行政权力行使的手段

1. **强制性手段**

上一节已提到，行政权力具有强制性，它对国家事务和社会公共事务具有绝对的统摄权力，并要求权力实施的客体绝对服从于它。使用强制性手段必须在合法、合理、合乎价值标准的前提下进行，任何行政主体不得随心所欲以自身掌握的强制力量支配行政管理对象。

行使行政权力的强制性手段主要有：

（1）行政规划，即行政机关在管理国家各项事务之前，先制定出各种规划，在各规划蓝图的指导下确定各项政策性大纲，如经济规划、产业规划、土地规划、教育发展规划等。如可持续发展是当今世界影响最广泛的发展理论和战略，遵循这个理念，国内提出了环境保护战略，并且制定了世界上第一部国家级可持续发展规划《中国21世纪议程——中国21世纪人口、环境与发展白皮书》，将经济体系、社会体系以及持续利用的资源和环境体系的规划建设纳入其中，以此作为新时代国家规划的内容。

（2）行政命令，即行政机关依法要求被管理对象做出或不做出某种行动的行为，如命令纳税、禁止携带危险品上车等。

（3）行政处罚，即行政机关或其他行政主体依法定职权和程序对违反行政法规尚未构成犯罪的相关人给予行政制裁的具体行为。行政处罚包括：

1）人身罚。即限制或者剥夺违反行政管理秩序者的人身自由，如行政拘留、劳动教养等。

2）财产罚。即强迫违法者交纳一定数额金钱或一定数量的物品，或者限制、剥夺其某种财产权，如罚款、没收等。

3）行为罚。即限制或剥夺违法者某些特定的行为能力或资格，如责令停产停业、暂扣或吊销许可证、执照等。

4）申诫罚。即向违法者发出警戒，申明其有违法行为，通过对其名誉、荣誉、信誉等施加影响，引起精神上的警惕，使其不再违法，如警告、通报批评等。

【案例5-2】

"处罚"二字引争议

2002年2月，邹某在自家开的店面门前倒了一堆垃圾，城市管理行政执法局的执勤人员看到后要求他赶快清除垃圾。邹某不服，跟执勤人员吵了起来，最后遭到两项处置：①对邹某罚款1000元；②责令其当即清除垃圾。

邹某对两项处罚感到不服，向人民法院提起了行政诉讼。他认为，如果罚了款，就没必要再作责令；如果要责令，就不能再多加一项罚款；否则，这属于对同一事件的重复处罚。

参照我国《行政处罚法》第23条规定："行政机关实施行政处罚时，应当责令当事人改正或者限期改正违法行为。"这就是说，任何行政机关在实施行政处罚时，它同时有权也有义务责令当事人改正违法行为。

对邹某的处罚中，罚款属于行政处罚；责令其清除垃圾不属于行政处罚，而是行政命令，即要求违法者改正违法行为的命令。当一个行政处罚与一个行政命令同时做出时，并不算重复处罚，只能说是"一个处罚"加"一个命令"。正因为这件事，城市管理行政执法局把包含上述两项属于不同具体行政行为内容的决定形式定名为《行政处罚决定》是不妥的，应当定名为《行政处理决定》。

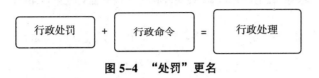

图 5-4　"处罚"更名

资料来源：http://www.examda.com/flgw/anli/20081014/110019418.html.

（4）行政征收，即行政机关或法定授权组织依法向公民、法人或其他组织无偿收取一定财务的行政行为，如税收、各种行政收费等。行政征收的目的是为国家实现国家职能提供物质保证。

（5）行政强制，即行政机关为实现行政目的，针对当事人的财产、身体及自由等强制采取的措施，如强制拘留、强制传唤、滞纳金、查封、扣押、冻结等。

以上我们介绍了行政权力行使的强制性手段，正如一开始所讲的，强制行使行政权力必须合法合理，并能为社会创造价值。而它的合理性离不开强制性手段运用的准确性和有效性。如何制定切实有效的措施，借助有力的手段，保证行政权力在行政管理的运用中发挥积极、有效的作用，是对一个国家行政能力的重要考验，也是衡量一个社会文明程度的重要指标之一。

2. 非强制性手段

非强制性手段配合强制性手段实现行政权力的行使，两者共同保证行政权力的有效实施。比较而言，强制性手段是保证行政管理机构正常运作的基础性条件，而非强制性手段则在具体管理过程中占主导地位，并且其作用范围正不断扩大。常见的非强制性手段有以下几种：

（1）行政指导，即行政机关为了引导行政管理对象采取或不采取某些行为，基于国家的法律及政策的规定而做出的行政活动。行政指导可以在市场调节以及政府干预失灵的情况下发挥经济管理的作用，也是现代行政管理发挥民主精神的表现。

（2）签订行政合同，即行政机关与行政管理对象就某些事项经协商一致后达成协议，签订行政合同，双方按照合同约定行动。

【案例 5-3】

政府行政权力的行使与公民合法权益的维护

某市常乐家畜有限公司（以下简称"常乐"）自 2000 年起就向市政府申请建立家畜屠宰场，负责审理批复申请的政府机构是屠宰办，说自己"无权批复"。于是常乐将情况反映给市长，并表示，该市目前只有一家屠宰场，目前生猪屠宰进点率大大降低，私宰的数量也增大，与原来 13 家屠宰定点相比，每年偷逃的税费高昂。该市市长做出了批示，要求责成有关部门对全市猪肉市场进行调查，并指出"定点屠宰是正确之举，但是不能搞垄断，应该引入市场机制，经过批准适当建一到两家符合卫生要求的非国营屠宰场"。

原来，早在 1998 年，该市市政府就发布通告，要求关闭所有屠宰定点，市内市场出售的猪、牛肉品全部由现在的这家屠宰场提供，原先的 13 家个体屠宰场转为肉联厂组织猪源的批发商。这家屠宰场就是当年被政府授权为定点屠宰场的肉联厂。不久，个体屠宰场与肉联厂发生矛盾，导致肉联厂猪源不足，同时市场上出现了大量"私宰肉"。于是，该市贸易局、屠宰办向市政府提出取消批发商，由肉联厂自己独家采购生猪，但这一措施并未改善猪肉市场上的猪肉供应情况。

引入竞争机制对该市屠宰业来说应该是有利的，但常乐的请求却迟迟批不下来，原因在于负责审批申请的政府机构。该市贸易局、屠宰办是负责审批的政府机构。贸易局是该市主管生肉市场的最高机构，而屠宰办设在贸易局下，实际上是贸易局的一个部门，且没有编制，机构运行费用也没有财政拨款。肉联厂成为唯一的屠宰定点后，屠宰办负责查处私宰肉，经常牵动公安、工商等部门联合执法。由于查收私宰肉直接维护了肉联厂的利益，于是肉联厂在经济上大力支持屠宰办：肉联厂每宰一头猪就要提 0.5 元给屠宰办，屠宰办每次出动，肉联厂提供车辆和出勤补助。这样，屠宰办拒绝审批常乐建立屠宰场，也是为了维护与肉联厂之间的利益关系。

该市屠宰办为谋私利，一味维护肉联厂的垄断地位的做法是不正确的，一方面破坏了市场运行机制，没有保护老百姓的合法权益，另一方面没有行使好政府赋予它的行政权力。另外，从行政组织机构的角度看，屠宰办的设立形式也是存在弊端的。

资料来源：陈世香，王志华编著. 行政案例分析 [M]. 武汉：武汉大学出版社，2007.

（三）行政权力的制约

行政权力具有扩张性，这是社会经济文化不断发展的结果。过度的扩张会导致贪污腐败、模式僵化、社会紊乱等问题，进而阻碍行政管理为人民服务的初衷，所以行政权力的行使需要制约。行政权力的制约是指对行政权力进行监督和控制，防范行政组织及行政人员滥用行政权力，确保权力的行使是为了维护我国公民的利益。行政权力制约的方式有以下几种（见图5-5）：

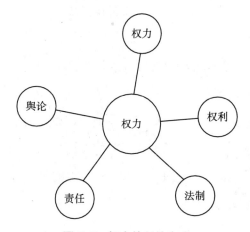

图5-5　权力的制约方式

1. 以权力制约权力

孟德斯鸠说：要防止滥用权力，就必须用权力约束权力。这种方式主要是利用国家强制权力来实现。在我国主要表现在以下三个方面：

（1）各级政府向各级权力机关负责。各级权力机关审议政府提交的工作报告，通过调查、质询等方式监督政府工作人员。

（2）党管理包括各级政府工作在内的国家一切事务。在行政管理方面，各级党委负责领导、监督同级政府的行政权力。

（3）就政府机关内部而言，严密的职能设置使得行政权力受到上级、下级、同级行政组织及其工作人员的监督和制约。

2. 以权利制约权力

此处的"权利"是指我国公民依法享有的权力和利益。我国是社会主义国家，国家的一切权力属于人民，国家行政机关的行政权力来自人民的委托，人民依法保有对国家权力的最终决定权，因此在日常政治生活中，人民享有对国家机关行使权力的监政权、参政权、选举权、执政权等公民基本权利，正是这些权利制约着国家行政权力的行使。如今，公民越来越意识到自身权益的重要性，对政府很多的不正当行为会积极回应，为政府工作的完善提出建设性意见。如近年来，微博也成了公民维权的一种新途径，许多网民通过发布消息、转发微博、评论新闻、微博活动参与政治生活，政府也采用微博与群众互动。

3. 以法治制约权力

也就是利用国家宪法、各种法律以及法规制约行政权力的行使。

4. 以责任制约权力

公共权力是人民授予的，权力与责任合一，不能滥用也不能随意放弃。此处的"责任"是指权力行使主体必须遵守所有的管理规范，如有违反就会受到相应的责任追究及惩罚。岗位职责是以责任制约权力的典型制度。当权力被不正当行使时，追究行为人及权力主体的责任，即权力主体在运用权力过程中重大失职、滥用权力造成严重后果的政治责任、行政处分责任。我国目前也推行政务公开制度，这种制度使得所有行政主体都必须按照行政制度（包括实体性制度和程序性制度）的规定公开政务的行政责任。

5. 以舆论制约权力

这种方式是通过电视、广播、网络等大众传媒对行政权力进行监督。在现代社会中，舆论监督正在发挥着越来越重要的作用。

本章小结

　　行政权力是国家立法机关通过一定程序授予行政机关的执行法律、颁布行政法规、管理国家和社会公共事务的权力。这种权力具有统摄性、公益性、优益性、强制性和广泛性的特点。根据行政权力的功能和特点，可以分为立法参与权、委托立法权、行政管理权和司法行政权四种。另外要注意行政权力与立法权、司法权和政党权力既有区别又有联系。

　　行政权力需要科学的配置，与资本主义国家不同，我国实行"议行合一"的权力制度。行政权力的实现通过授权的途径，有强制性和非强制性的手段。为保证权力不被滥用，必须有制约的机制来约束它，一般通过权力、权利、法治、责任和舆论等方面的监督对行政权力的行使进行约束。如何公正地行使权力，保证权力不被滥用，需要行政管理者进行更深入的思考。

第六章 人事行政

人事录用：如此"择优录用"

某县某局办公室缺一名秘书，办公室主任知道干部张某的爱人有比较好的教育背景，文笔也不错，于是跟张某商量把他爱人调过来。不巧，同室的干部刘某也想把自己在外地的爱人调来，并且也向主任汇报了其爱人有文字工作的专长。两位候选人情况相当，又碍于人情，这可为难了主任。就在这时，县委组织部一位负责人打来电话，推荐李某到该局办公室工作，局领导把这事交给办公室主任办理。局办公室主任反复琢磨，最后决定让三位要调进办公室工作的同志一律参加笔试，择优录取。张某和刘某也表示赞同。

三位候选人都参加了考试，过了十天，主任宣布录取李某。干部张某和刘某担心事情有蹊跷，要求公布考试成绩，主任的回答是："参加考试的三位同志成绩都合格，从分数看不出优劣，各有所长。例如，李某有些试题虽未动笔，但已做的试题比较齐整；你们二位的爱人虽然每道题都做了，但有不完善的地方，又欠工整。"

主人的回应让张、刘两人很不服气，于是又去找局领导，再次要求公布考试成绩，局领导又考虑到拟录取的李某是县委组织部推荐的，不想把事情闹大，就对张、刘的请求置之不理。不久以后，李某正式调入局办公室工作，而考试成绩始终未见公布。对此，张、刘愤愤不平，群众也议论纷纷。

资料来源：姚先国，柴效武. 公共部门人力资源管理 [M]. 北京：科学出版社，2004.

【案例启示】政府部门的人事录用是要根据一定的条件和标准，采用一定手段来甄选和录用公职人员的，应该遵循民主集中制、用人所长、德才兼备和因事择人等原则。A县某局主任对文秘职位的录用缺少公开，理由不充分，违背了行政人事录用的原则。

本章您将了解到：
- 人事行政的分类制度
- 行政人事的六项主要内容

第一节　人事行政概述

能用他人智慧去完成自己工作的人是伟大的。

——旦恩·皮阿特

一、人事行政的含义

人事行政有广义和狭义之分。广义的人事行政是指各级人事部门依法对国家机关、人民团体和企事业单位的工作人员所进行的各种管理活动，它的管理对象既包括在国家机关工作的公务员，也包括在企事业单位内工作的机关工作人员和专业技术人员。狭义的人事行政是指各级人事部门通过实施一系列的规章制度和有效的措施对国家公务员所进行的各项管理活动，具体是指政府为完成其职能，通过一定的人事机关及相应的制度、法规、方法和手段，对其所任用的国家公务人员进行的关于选拔、培训、任用、奖惩、考核、调配、工资福利、退职退休等方面的管理活动。

二、人事行政的分类制度

在当今社会中，人事行政的分类制度在人事行政中有着不可或缺的作用。人事行政分类制度是人事行政的基础，是人事管理的前提。分类制度是否科学可行、合情合理，是否符合国家发展阶段的要求和人民的需求，对公务员队伍的整体素质的培养和提升起到很大的作用，对行政人员为群众服务的动机和水平也有很大的影响。所以，在公务员系统管理的过程中，一定要制定好、执行好和监督好人事行政分类的机制。

由于各国在历史传统、文化背景和社会结构等方面的不同，人事行政分类制度也存在一定的差别。但一般而言，可分为品位分类和职位分类。

（一）人事行政的品位分类制度

1. 品位分类制的含义

品位分类是以"人"为中心展开的分类，指根据行政人员的个人条件，如职务、学历、资历等来划分等级的人事分类制度。一般而言，"品"的级数直接决定了其待遇或薪酬。品位分类早在我国古代文官制度中便被广泛应用，我们经常在电视剧中听到"九品芝麻官"等类似的用来形容一个人官位高低的词语。由此可以看出，"品"的等级越高代表其官职越小。简单来说，"品"决定着官阶和职位的高低，而官阶和职位的高低又直接影响着报酬的多寡和权力的等级。

近代在西方一些国家政府行政系统中实行的品位分类制具有较明显的人格化特征。法国的公务员分为 A、B、C、D 四等，德国公务员则分为简单职务、中等职务、上等职务和高级职务。实行品位制比较典型的国家是英国，另外还有法国、德国、新加坡等。

2. 品位分类制的特点

品位分类制的特点体现在如下几个方面：

（1）职类划分较为简单。品位分类主要是根据职务来划分，即首先根据职务的性质将职位分为几大类，然后再根据职务的职责、权力、地位以及资格条件等进行细分。

以英国的品位分类制为例，英国在 1971 年以前将行政人员分为多个等级，其内容和变化如表 6-1 所示。

表 6-1　英国品位分类

英国分类制											
1870年	1906年	1920年	第二次世界大战以后								1971年
第一级	第一级	行政级	一般行政人员	专业人员							综合类
第二级	中间级	执行级	行政级	法律人员	统计人员	科学人员	公务员专业人员	医务人员	会计人员	邮政人员	科学类
	第二级	事务员级	执行级								专业技术类
		助理事务员级	事务员级								培训类
			助理事务员级								法律类
											秘书类
											社会保障类
											警察类
											资料处理类
											调查研究类

资料来源：http://wenku.baidu.com/view/ff00f14dfe4733687e21aa24.html.

（2）公务员的资格条件与职位高低有着十分紧密的联系。品位分类是从古代的按身份划分官位和等级的传统制度演变而来，所以多少带有一点封建等级思想观念。如实行品位分类制的国家大都对公务员的学历、教育背景、工作年限非常看重。

（3）官、职相对分离。在大多数人看来，官职就是"官"与"职"紧密联系在一起，有官便有职，有职便存在官。但是在品位分类中，官与职有可能是分离的，既可以是有官无职，也可以是有职无官。这是因为品位分类制非常重视公务员的资格条件，资格条件几乎直接决定公务员在组织中所处的层级，并且官等一旦划分，便具有永久的个人属性，所以官等结构具有完整的独立性。

以军衔制做例子，军衔与军职分离为上将、中校、少尉之类，军衔是从属于个人的品位，师长、团长、连长等军职才是系以权责的职位。职位决定公务员拥有的权责和承担的任务，官阶决定公务员在组织中所处的地位和相应的报酬。由于职权和官阶往往不一致，所以会出现官大职小、职大官小甚至有官无职的现象。

3. 品位分类制的优缺点

（1）优点。

1）划分方式简单明了，便于行政人员管理工作的实行，并且由于没有严格的结构，没有特别强调专业技能，人员的适用范围较广，也有利于公务员的自我学习和提高。

2）品位分类重视人员的个人资格条件，尤其是学历在其中起着十分关键的作用。这不仅有利于吸收高素质的人才，提高政府机构的整体素质，而且有利于加强社会对教育的重视程度。

3）在品位制中，公务员的年资直接影响了其职位的升迁，因此对建设稳定的员工队伍是十分有利的。

4）在品位分类制下，公务员的待遇按品位高低确定，而且级随人走，便于公务人员的调动与交流，使行政组织具有较高的弹性。

（2）缺点。

1）职务等级的划分不系统、不严谨，科学性不足，不利于实施严格的科学管理。

2）忽视了专业技能，不利于专业型人才的培养。

3）过度重视公务人员的学历，不利于调动学历低但能力强的人的工作积极性，也限制了"人尽其才"的实现。

4）过度强调公务人员的年资，不重工作绩效，容易出现"人在其位，不谋其职"，整天无所事事，"搭便车"的现象也大为存在，不利于提高行政组织的绩效。

5）以官阶定待遇，无法实施按劳分配与同工同酬的原则，这有失公平，不利于调动公务员的积极性。

（二）人事行政的职位分类制度

1. 职位分类的含义

所谓职位，就是指公务员担任的职务和责任。职位分类就是按职位进行的分类，具体来说，就是把公务员的职位按照工作性质、简繁难易、业务内容、责任轻重以及所需资格条件等，区分为若干个规范化的种类，以此作为公务员管理的依据。

2. 职位分类中的基本概念

实行职位分类的国家，一般都制定有专门的职位分类法，这些国家的职位分类法虽然各有特点，但是从性质和基本内容上看，采用的都是与美国相似的方式，其中的基本概念也是类似的。

一般情况下，职位分类中的基本概念有以下几种：

（1）职系。由工作性质相同的职位组成的集合。如办事员职系、软件工程师职系等。

（2）职组。由几个工作性质相似的职系组成的集合。如软件工程师、建筑工程师和机械工程师职系集合到一起就构成了工程师职组。

（3）职类。由几个工作性质大致相近的职组组成的集合。如专业技术职类，这是最粗线条的职类。

（4）职级。同一个职系中按照工作职责大小、工作量、业务难易程度和任职资格条件，可把职位划分为不同的等级。如软件工程师分为一级软件工程师、二级软件工程师和三级软件工程师等。

（5）职等。把不同职系中责任大小相同、工作难易程度相似或相同的职位划分归类为同一等级而构成职等。一般而言，同一职等的所有职位享受同等的工资待遇。划分职等的主要目的是为了比较不同职系之间职位的关系。以实行该制度的美国为例，美国的三级护士和一级内科医生虽然职级和职系都不相同，但是他们的任务量、任务重要性和执行的难易程度基本相同，所以两种职业都被划入同一职等中，工资薪酬也相差不大。

在选拔、录用、培训、提拔公务员时，职组和职系往往通过工作性质、业务内容进行考虑；职级则偏重工作能力和经验的成分；而职等直接决定行政人员的薪资报酬，同一职等上的公务员，薪金、待遇和福利基本相同。

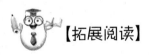

【拓展阅读】

我国的职位分类制度

根据我国国情，公务员采用职位分类制度。职位类别划分为综合治理类、专业技能类、行政执法类三类职位；职务设置有关于职务类型、职务层次、职务名称的严格规定；级别设置有对应的原则。

公务员的职位分类制度相当于制定了一个完整的网状结构，纵向是依据责任权利、工作难度、资格条件划分的职级和职等，横向是依据工作内容和业务性质划分的职组和职系。每位行政人员都在这个网状结构中找到自己的位置，这样使人事管理变得更加科学、合理、直观和便捷。

3. 职位分类制的特点

职位分类制是以事为中心，意在追求人与事科学结合的一种现代人事行政制度，其基本特征如下：

（1）规范化的系统分类。职位分类依照一套严格的程序，即由职位调查、职位区分、职位评价、制定职级规范和职位归级五个程序组成。在进行职位分类时，首先要对职位进行详细的调查，了解其工作性质、责任等内容，然后从横向上归类为相应的职门、职组和职系，从纵向上归类为相应的等级，最后制定一套客观、规范和严谨的文件。

（2）职等与官等合一。这点与品位分类制相反，因为职位分类非常注重行政人员承担的责任大小、工作的内容、执行的难易程度和相应的资格条件，所以职位的性质和高低与公务员自身具备的资历没有直接关系，这种设置下的职等与官等是一致的。简单地说，职位分类就是"因事设人"，不管人的资历怎样，他所任职的等级就是"官等"。并且,公务员的官等和职等会随着职位的变动而发生变化。

表 6-2　人事行政分类的内容和评价

人事行政分类	品位分类制	职位分类制
含义	根据行政人员的个人条件,如职务、学历、资历等来划分等级的人事分类制度	按职位进行的分类
特点	职类划分简单	规范化的系统分类
	公务员的资格条件与职位高低有紧密联系	职等与官等合一
	官职分离	
优点	分类工作简便,易于执行	规范化的人事行政管理系统
	人员使用灵活	为绩效考核工作提供了客观的标准
	重视人员的个人资格条件,提高政府机构的整体素质	有利于管理的专业化、标准化和系统化
	队伍稳定	使培训更具有针对性
	组织有较高的弹性	合理定编人员,完善机构建设
		职等与官等合一,使职务、责任与报酬结合起来
缺点	划分不系统、不严谨,科学性不足	成本高
	轻视专业人才,不利于行政业务的专业化发展	灵活性差
	不利于调动学历低但能力强的人的工作积极性	
	强调年资,不重工作绩效	
	无法实施按劳分配与同工同酬的原则	

4. 职位分类制的优缺点

(1)优点。

1)职位分类制建立了规范化的人事行政管理系统,有利于提高机构的管理效率和效果。

2)职位分类为绩效考核工作提供了客观的标准,有利于充分调动员工的积极性。

3)职位分类有利于管理的专业化、标准化和系统化。

4)职位分类使培训更具有针对性,易于达到培训的目的。

5)职位分类有助于合理定编人员,完善机构建设。

6) 职等与官等合一，使职务、责任与报酬结合起来，体现了按劳分配、公平公正的原则。

此外，职位分类对行政预算的编制、行政经费的节省、退休退职制度、管理方法的改进等方面也具有举足轻重的作用。

（2）缺点。

1) 成本高。从前面对职位分类制的分析可知，采用职位分类制进行分类是一项十分繁杂的工作，不仅花费的时间长、成本高，而且也不利于后期的管理。

2) 灵活性差。灵活性主要表现在对人才的引进、调动和培养上。由于职位分类制注重专业技能和专业素养，所以在人事行政的过程中都贯彻专业化的精神，这不利于专业型人才向管理型人才、开拓型人才方向发展，也使组织中的人员流动和调配受到很大的局限。

第二节　人事行政的内容

上至总统，下至平民百姓，看起来需要面对很多人，其实每个人真正需要应付的不过也就是七八个人。把身边这些人应付好了，日子就太平了。

——刘震云

人事行政的基本内容包括人事行政规划、公务员的选拔与录用、公务员的调配、人员培训与开发、人员考核、工资福利等几个方面。人事行政的这些基本内容相互联系，相互影响，相互补充，形成一个有机的管理系统。[①]

---

① 周庆行. 公共行政导论 [M]. 重庆：重庆大学出版社，2004.

一、人事行政规划

人事行政规划是指行政机构根据组织中的人力资源供给和需求情况、工作和岗位的需求状况，对组织中的职位进行相应的人员配备和调动。人事行政规划的目的是通过科学合理的计划，确保该设置人员的职位不空缺，不需要的岗位不占用资源。人事行政规划包括以下几个环节：职位的设置——职位的分类——拟定职位说明书和职务规范——评估现有人力资源——预测将来需要的人力资源——制定切实可行的人员调配、任免方案。

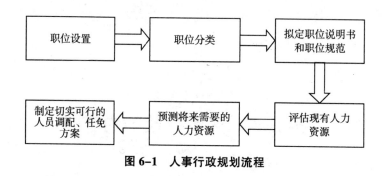

图6-1　人事行政规划流程

（一）职位的设置

职位是行政机构最基本的单位，它是职权和责任相结合的行政岗位。一般而言，行政机构主要是根据工作的需要设立相应的岗位，即"因事设岗"，而不是"因人设岗"。换句话说，工作和任务的需要是职位设置的根本依据。分析岗位职能并确定要完成的工作任务、岗位人员配置数量及素质能力要求、环境和设备的配置及要求，因此形成岗位说明书，依据文件选拔合适的人。

值得一提的是，职位的设置是动态变化的，影响其变化的因素主要有政治、经济、文化、社会等外部因素以及行政机构的发展战略、目标等内部因素。如在我国进行行政体制改革时，随着部分行政单位的关、停、并、转和部分新机构的成立，职位设置也或多或少地发生了一些变化，如工业和信息化部的设立。但是要防止随意乱设岗位，避免出现人浮于事、机构膨胀等影响行政效率的现象。

职务设置要遵循以下三个原则：

1. 系统原则

在行政系统中，职务仿佛一个个零部件，相互联系、相互作用，对行政目标的实现起着十分重要的作用。所谓"高屋建瓴"，系统原则就是要求我们在进行职务设置时，应该从整个行政系统出发，考虑到任何一个职务在行政系统中发挥的作用，避免出现岗位重置的现象。

2. 最低职位数量原则

这一原则告诉我们应该根据工作任务的需要来设置职位，但是并不是设置的职位越多越好。为了使组织以最少的耗费获得最大的效益，职位应该尽量的精简、简练，去除多余的职位，合并工作内容高度重叠的岗位，保留必要的最基本的职务。

3. 能级原则

在任何一个组织机构中，每一个职位都有其功能和作用，这些功能和作用就决定了职位的级别。因此，能级原则指的是在职位设置过程中，要按照能量等级、层次高低来分层设置各级职位，这样有利于进行系统化的管理，保证各司其职、人尽其才。

（二）职位分类

职位分类是指根据各个职位的业务性质、工作责任、工作量大小和难易程度等，运用某种方式对组织中的职位进行区分，使所有职位能按某种顺序排成一个系统的序列。职位分类为任职者的资格、培训方式和内容、薪酬福利、提升途径奠定了基础。职位分类能促进人事行政制度的科学化、标准化，使人事行政的过程和活动更加有效、便捷。有关职位分类的具体内容，本章的第一节对此进行了详细的阐述。

（三）拟定职位说明书和职位规范

在进行职位设置和职位分类之后，紧接着就要拟定职位说明和职位规范。职位规范是对从事某职位的公务人员必须具备的最基本的任职资格条件的规定和说明，它是以人为中心，解决什么样的人员才能胜任本职位工作的问题。而职位说明书则是对各级各类职位的工作范围、责任权利、工作内容、隶属关系、任职资格标准及条件等问题所做的书面说明和规定，它是以事为中心，对职位进行全面、系统、深入的说明。职位说明书比职位规范涵盖的内容要广泛得多，是对职位规范的进一步说明。

职位说明书和职位规范的制定在人事行政过程中有着十分重要的作用。职位规范不仅可以规范公务人员的言行举止，也对组织机构设计、职位评价、公务人员的培训和薪酬、奖金的发放等多方面的工作起着重要的参考作用。而职位说明书作为国家公务员录用、考核、培训、晋升等的重要依据，是行政人才管理的基石。

（四）对现有人力资源状况的评估

评估组织现有的人力资源，是为了了解组织当前的人力资源供给情况，并结合对人力资源的现有需求和潜在需求，确定选拔和录用行政人员的人数和质量。通常采用的评估方法有以下几种（见图6-2）：

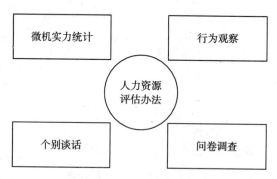

图6-2 人力资源评估办法

1. 微机实力统计

这种方法主要是借助计算机软件对单位的编制数、现有数、缺编数（简称编现超缺）、超编数以及单位人员的个人信息和工作信息等数据进行查询和分析。这种方法最大的优点就是快速、易于掌握，但是往往其提供的信息都比较表面化，对于行政人员的工作状况、动机和态度以及能力水平都难以直接了解。

2. 行为观察

这种方法是指行政管理者对公务人员的工作进行有意识的直接或间接地观察，在现实的环境中了解和把握有关人员的工作态度、敬业精神、工作状况、工作能力等情况。这种方法的优点是简单易行，缺点是容易受观察者个人主观意识的影响。

3. 个别谈话

这种方法是指行政管理者为了进一步了解被考核人员的情况，采取个别谈话的形式与被考核者进行面对面的交流。其优点是在谈话中能够发现一些平时很难发现的潜在问题，缺点是成本高。

4. 问卷调查

这种方法是指行政管理者或领导者事先将需要调查的内容以问答、判断等方式设计成问卷，然后邮寄或分发给被测评人员进行填写，最后收集、分析问卷的一种方法。这种方式有利于了解组织机构人力资源的现状、问题和意见以及管理人员的思想状况等。其优点是题目多、样本大，信息较为详细，而且成本低。

（五）预测将来需要的人力资源

任何事物都不是绝对静止的，而是不断变化的。因而，外部环境的复杂性和动态性决定了国家行政机关未来发展的不确定性。为了适应未来发展的需要，不仅要求行政管理者对国家行政机关人力资源现状进行评估和分析，而且要依据组织的发展战略、目标和任务，利用科学方法对未来人力资源供给与需求做出预测，制定解决人力资源供给和需求矛盾的方针。我国行政机构的预测和估计是通过制定和实施国家公务员队伍年度或五年建设规划的形式来完成的。在现实中，人力资源需求的预测应参考历史数据，总结单位中工作的负荷和相对应的人员数量质量，预测新阶段不同工作量可能需要的资源。依据以前和目前的职位工作情况和人力资源情况科学地计算出需求的趋势，为工作的新一轮展开做好准备。常用的一种预测方法是德尔菲法，它是一种直观型的预测技术，是专家集体咨询的方法，依据系统的程序，由多名专家背靠背匿名发表意见，并经过多次反馈，获得结果。

人力资源供给也是人力资源预测的重要部分，我国大部分行政人员都是通过公务员考试选拔，或者采用内部推荐的方式。供给预测应充分考虑社会职业结构、组织的目标、人员的素质和能力以及公开公正的选拔制度。

（六）制定切实可行的人员调配任免方案

通过上述步骤以后，就可以对组织现有的人力资源供给和需求情况有了周全的了解和深入的把握，这时就要根据组织的岗位设置结构和分类情况，对行政人员进行合理的配备或调动，这就是需要调配和任免方案的地方。调配或任免方案的内容一般包括该年度或下一年度拟调入人员多少、调出人员多少、拟录用公务员多少、辞退旧员工多少、离退休人员多少等。

二、人员的选拔和录用

人事行政的过程可以简单概括为三个步骤：行政人员的选拔和录用过程——对行政人员的管理过程——辞职、退休或辞退活动。其中，选拔和录用过程是其他两个环节的前提和基础，是人事行政中十分重要而且是首要的组成部分。因此，这一环节的效果好坏直接影响着公务员队伍的建设。人员的选拔和录用是指人事行政部门根据用人条件和用人标准，运用适当的方式、方法，合理地选择录用各级各类工作人员的活动过程。

行政人员的选拔和录用包括以下几个步骤：

（一）确定选拔范围和录用方法

要确定选拔范围，首先要根据人事行政规划的结果，确定空缺职位的数量，再对拟录取的行政人员提出任职要求。需要确定的选拔范围一方面包括拟录取人员的性别、个性特征、工作经验、学历背景，还不能忽略行政人员的道德素养、政治责任感和身体条件等情况。另外，对报名和面试的时间、地点和方式也要做详细的计划。人事行政部门还要明确规定选拔、录用的方式和方法，最后通过公告、广告、网络、新闻报刊、电视等媒体工具发布招聘信息，使潜在候选人了解组织的情况和人员需求。

（二）报名

待应聘者报了名之后，行政人事部门需要初步进行审核，看其是否符合最基本的要求，对大量应聘者进行筛选。初步审核的内容有以下三个：

（1）检验应聘者信息的真实性，这是最基本也是最基础的需要核对的信息。一般应聘者会提交基本信息、个人照片、身份证、毕业证、任职资格证书等有关证件证书，行政人事部门要凭借自身的工作经验和判断能力对递交的信息加以初步判断，避免疏忽。

（2）通过初步审核的应聘者，行政人事部门要给他们发送一份求职申请书或职位申请书，以便收集应聘者的全面的基本信息、求职意愿和动机以及联系方式等。

（3）对应聘者再次递交的资料，行政人事部门要继续进行深入的审查和考核。这一步骤的目的是搜索出具备良好素养、符合职位基本条件的候选人，故直接决定应聘者是否有资格进入笔试和面试环节。确定好候选人以后，要以有效的方式通知对方笔试和面试的时间、地点和相关准备事宜。

（三）笔试与面试

笔试与面试是吸纳人才的关键环节，因为此过程既是对应聘者基础知识和基本能力的考验，也是行政人员与应聘者进行面对面交流的机会，能最大程度地展示应聘者的实际能力水平。

1. 笔试

笔试是指通过纸笔测验的形式对应试者进行选拔的一种方式，它是一种最为常用的甄选人才的方法和手段。一般而言，主要是通过公开考试来考查应试者的知识和才能，并以考试成绩的高低作为依据，选拔用人单位所需的人才。考试作为一种甄别人才的手段在人类历史上很早就得到运用，并且发挥了重大的作用，如我国古代的科举制等。随着环境的不断变化与发展，逐渐形成了现代的考试制度。行政人员要通过笔试制度了解应聘者以下三个方面：知识的掌握水平和运用能力；应聘者的理解能力、思维方式和表达能力；适应能力、应急水平和心理承受能力等。

虽然笔试自古以来就是检验人知识和能力的一个重要手段，但是过于强调笔试的作用，不利于发挥人员的创造性和创新性。因此，笔试通常是与其他形式相结合，以便行政人事部门对应聘者的选择做出更为全面的判断。

2. 面试

面试是一种经过组织者精心设计，在特定场景下，考官或面试小组通过与参选者进行面对面交流的方式来测评应试者的知识、能力、经验等有关素质的甄选方法。这种方式有利于直接了解和把握参选者的外貌特征、智力水平、口头表达能力和人际交往技巧等基本情况，是人员选拔和录用过程中不可缺少的一个重要环节。在我国，国务院人事部门是国家公务员选拔和录用的主管机关，负责全国国家公务员面试的政策制定、管理与监督，负责国务院各工作部门录用国家公务员面试的组织工作；而各省、自治区、直辖市政府人事部门是本行政辖区国家公务员录用的主管机关，各市（地）级以下政府人事部门按照省级政府人事部门的规定，负责本行政辖区内公务员面试的有关管理工作。

一般而言，面试包括单独面试、集体面试、常规面试、情境面试四种主要形式。单独面试是指考官与应试者单独面试，是面试中最常见的一种形式；集体面试是指考官与多名应试者一起进行面试，要求应试者做小组讨论，并相互协作解决某一问题等，这种方式能直接考验应试者的组织领导能力、分析力和洞察力、沟通能力，也能反映应试者是否具有较全面的大局思维和长远的目光；常规面试是指考官和应试者面对面以问答形式为主的面试；情境面试是指面试考官和应试者一问一答的模式。

笔试和面试结束之后，行政组织将会对应聘者的答题情况和面试情况进行综合打分，按照"择优录取"的原则选择最符合要求的人员。值得注意的是，在录用之前要对符合要求的候选人进行履历调查，确保候选人提供的是真实可信的信息，另外候选人还要提交体检信息，只有身体状况符合条件的人员才能录用。

三、人员调配

行政人员的调配就是人事行政部门根据组织工作和组织发展的需要，对行政人员进行有目的、有计划的调整和配备，即是通常说的"人事变动"。人员调配依据"人一事"匹配和"人一人"匹配的原则，一方面让合适的人做合适的事，提高工作效率，一方面促进人员之间的交流沟通，使行政人员相互配合、相互学习，形成融洽的合作关系。公务员队伍人员调配一般包括以下三个方面内容：

（一）调入

调入的一般程序是：初步确定调入的对象；对拟调入对象的相关资料进行审查；向考核合格者所在单位发调档函或商调函，并进一步核实选调对象的档案资料和工作履历；在确认以上情况无误之后，按管理权限正式向选调对象所在单位发调函，如对方同意，则按权限办理调动手续。

（二）调出

调出的一般程序为：收到外单位发来的商调函或本人的调出申请后，由所在单位人事行政部门征求拟调出人员所在单位的意见，并结合所在单位人力资源情况进行综合考虑，最终提出调动方案报相关主管部门批准，意见批准则可办理调出手续。我国《公务员法》第 11 章第 64 条对公务员调动作了相关规定："国有企业事业单位、人民团体和群众团体中从事公务员的人员可以调入机关担任领导职务或者副调研员以上及其他相当职务层次的非领导职务。"

（三）公共行政部门内部人员的调整、交流和补缺

内部人员的调整可以通过内部选拔、内部推荐等方式来实现，这样可以把组织机构内的某些人员晋升或调任到空缺岗位上去，从而使得组织内现有人员有了变换工作和晋升的机会。另外，轮岗也是一种内部人员调整的常用方式，这种方式有利于培养组织全能型人才以及促进组织成员之间的交流。

一四、人员培训与开发

四、人员培训与开发

人员培训与开发是指人事行政部门通过有计划的培训、教育和开发等活动，提高公务人员的知识、技能和能力水平，改善员工的态度，以提高其工作效率，促进组织的发展和公务人员的成长。作为人事行政的重要一环，公务员培训与开发有利于提高组织的运转绩效、增强竞争优势，并且直接关系着组织高素质队伍的建设。实际上，培训与开发是存在一定差异的，主要体现在：①从时间上来看，培训主要集中于现在的工作，强调的是短期效果，而开发是为了员工未来的发展或为员工准备将来的工作而开展的教育，注重的是长期效果；②从内容上来看，培训主要是使员工掌握某种或某些专业知识和技巧，使员工具有完成某项工作所必需的知识和技能，而开发主要是培养和开发公务人员面向未来的素质、技能和能力。

（一）趋势

一般而言，各国公共行政制度在培训对象、内容、时间、方式、层次等方面都有详细的规定。随着国内和国际政治、经济、文化、技术等外部环境的迅速变化，再加上市场竞争越发激烈，公务员的培训与开发在人事行政中的地位越来越重要，从而使公务员的培训工作呈现出一些新的趋势。具体表现为以下三方面：

1. 全员化

即所有国家公务员都要参加培训，但具体的操作方法根据参训公务员的资历情况、知识素养、工作性质和参训时间等因素而有所不同。

2. 终身化

所谓"活到老，学到老"，公务员即便是在职期间也要不断提高自我学习的能力，积极接受组织的培训，不断学习新知识，跟随新趋势，以适应组织环境和外界环境日新月异的变化。

3. 高新化

即培训层次越来越高，培训内容越来越新、越来越现实。

（二）类型

从培训形式上来讲，公务员的培训可分为脱产培训和在职培训两种类型。其中脱产培训是指公务员在一定时间段内脱离所在岗位到指定机构接受培训；在职培训是指在不脱离工作岗位的情况下进行的培训与开发。

五、人员考核

考核就是指定期对行政人员的工作表现、业务成绩、道德素养等方面的业绩进行量化考核，对行政人员的整体水平做一个评估，目的是为了了解行政人员每个期间的表现和进步程度，一方面激励行政人员进一步改进工作中的不足，一方面能作为薪酬、培训、奖惩和晋升的参考。

（一）考核内容

考核内容包括以下几个方面：行政人员的工作业绩、业务成果是否达到期初规定的或预期的指标？是否有较好的工作能力水平和业务水准？被考核者是否具备良好的道德素质，是否遵守职业道德，有没有不断提高自身的品行修养？除了以上三个方面，还可关注是否注意加强身体锻炼，保持好的体能？等等。

（二）考核形式和方法

考核一般可以采取月度考核、季度考核、年度考核等定期考核的方式，还有随机考核、晋升考核等不定期的考核。考核可以通过单独谈话的方式了解被考核者的工作近况和思想动机，也可以通过民主评议、民意检测、民主投票等方式让组织成员参与考核的评定，或者通过工作观察的方法了解被考核者的工作情况、工作态度等。

（三）考核结果

考核结果根据组织的需要和实际情况分为几等，如可以分为优秀、良好、合格、不合格等。依据考核的结果和人事规定，应采取有效措施对行政人员予以相应的鼓励或激励，使业绩优秀的人员进一步提升自己，业绩平平的人员发现工作中的不足，继续改进和完善自己。

六、工资福利

工资福利是指国家结合国家的人事行政制度，根据公务员的职位、工作性质、工作情况、业绩水平等考核结果和对社会做出贡献的大小，给公务员发放相应的劳动报酬。公务员薪酬福利的规定制度是否科学、有效、合理，是否能满足行政人员的基本生活需求，既能对公务员起到激励的作用，又符合社会群众和人民百姓的标准，是政府做人事行政工作的时候需要重点考虑的问题。通过考察多个国家的公务员工资制度，可以发现以下几个共通的特点：

（一）同工同酬的薪酬原则

即是说，职位同等级别的行政人员按照薪酬体系中同等层次的规定领取薪酬，也就是说，即便工作内容不同、业务性质不一致，但只要处于行政组织中同等级别的岗位，所获得的工资是基本一致的。

（二）随着社会经济的发展工资会得到适当的提升

很多国家的公务员薪资起点都较低，但随着社会经济形势的发展，人们生活条件的提高，国家会逐步提高公务员的基本薪资，以满足公务员的基本需求，保障行政人员的生活稳定。并且，对于业绩优秀、得到提拔的行政人员，国家还会以不同的形式为其提薪或加薪。

（三）长久的保障

中国很久以来就有人称公务员是个"铁饭碗"，很大一个原因就是国家给予公务员的工资福利是长期稳定的。行政人员在职的时候可能基本薪资只是处于社会中层甚至低层水平，但退休以后，根据其工作时间、对社会进步所做的贡献、对百姓的奉献程度，国家会长期地回馈给退休干部相应的养老金，确保其晚年生活的安定。

除了基本工资，行政人员的收入还有一个重要的来源就是福利。公务员的福利是指国家为其发放的工资以外的报酬，包括保险、公积金、退休金、物价补贴等物质形式的报酬，还包括良好的工作环境、人文关怀、培训、激励等精神上的福利。发放福利的目的一方面是对基本工资的补充，确保行政人员的基本生活需求得到满足；另一方面是为了鼓舞公务人员的士气，激发其更高的工作热情。

此外，人事行政的内容还包括：公务员的激励与奖惩、公务员的管理与监督、公务员的辞退和退休等，在此不再赘述。

【案例 6-1】

办公人员增加了，效率反而降低了

A局办公室原先的人员配置情况是：老王担任正主任，负责主持办公室的日常工作；老张担任副主任，负责辅助老王主持管理办公室事务以及办公室具体工作；还有 4 名干事。办公室的运行机制就是由老王进行决策布置任务，由老张与其余 4 名干事具体执行，碰到较重要的事情时，老王会与老张商量后，再将任务布置下去。总的说来，办公室的工作在当时开展得比较顺利。

后来，局办公室的工作任务日益增多，人手忙不过来，于是老王要求局干部处为办公室增加办公人员。不久，干部处在局技术处物色到了工程师老赵，老赵40 多岁，长期从事专业技术工作，因工作勤恳踏实，曾两次被评为市劳动模范。大家也认为这是合适的人选，于是老赵被任命为局办公室副主任。

老赵到任后，主任老王重新划分安排了办公室 3 名领导的职责权限：由他统筹整个办公室的工作，原由他分管的办公室的一部分工作现在移交给老赵分管；干事小李、小陆的工作向老赵汇报，另外两名干事的工作向老张汇报；如果工作中遇到问题，老赵或老张解决不了时，再请示老王；为了更好地贯彻民主集中制的原则，今后办公室的重大事情都由老王、老张、老赵三人共同商讨决定。

但是不久之后，办公室的工作却出现了新问题：干事们比以前更忙了，同志之间的信息沟通不如以前顺畅了，而且很多紧急的问题因为要等三个领导一起决定所以会拖延时间。老赵也感到自己的专业知识在这里派不上用场，而且很多问题常常拿捏不定，大家工作中也出现了不愉快。这些情况使干部处的同志感到很纳闷：为什么把一个各方面素质都较好的同志充实到办公室领导班子中去以后，办公室的工作效率、工作质量反而没有提高呢？

政府机构行政效率的高低与行政人员的数量并没有直接关系，而是取决于行政人员的配置。案例中人员增加反而导致行政效率下降的原因是增加的人员未能使办公室的人员配置变得更合理。首先，老赵自身素质和能力不适合担当办公室的副主任，违反了行政用人中的"能位一致"原则；其次，增加老赵后加大了办公室的管理层次，影响了办公室内部的信息沟通。从这个案例中我们应该吸取的经验教训是：①根据实际工作需要增配人员；②坚持"能位一致"的原则；③尽量不要增加管理层次。

资料来源：http://www.etas.com.cn/zyzy/Administration/zyal/webinfo/2010/07/1278443471465772.htm.

本章小结

行政人事可以认为是国家机构中的人力资源问题，目前世界上的行政人事制度分为品位分类制和职位分类制，二者各有特点和优缺点。我国的职位制度结合了二者的优势。行政人事主要包括人事行政规划、公务员的选拔和任用、公务员的调配、人才资源培训与开发、绩效考核和工资与福利等内容。各环节都有科学的依据和实行的方法，但我国现阶段行政人事制度还存在一些瑕疵，实行中也有需要改进的地方，人事行政制度仍需进一步加强和完善，力求实现我国行政人事的规范化、科学化和高效化。

第七章　行政领导

一个入狱者的忏悔

某省某市原政协副主席李某因卖官受贿过百万被法院以受贿罪判刑。接受记者采访的时候，李某在忏悔声中吐露了"卖官真言"……

俗话说，"常在岸边走，哪能不湿鞋"，李某自从当上该县代县长，就一步一步踏上了这条路。1993年正好李某的大儿子结婚，低调的李某本不想大张旗鼓，只打算在家里举行个简单的婚礼仪式，但小县城毕竟瞒不住事，许多别有用心的人都来参加婚礼，送来了大大小小的礼金。即便李某拒收了，很多人又通过熟人委托或把钱塞进窗户等方法给他。李某最终还是没能抵抗住诱惑，走上了犯罪的第一步。他想：收了人家的钱，就得给人家好处，看谁送的礼多，给谁的回报就多。

为了回报这些送礼的人，李某在选人用人、升官提职上给他们铺了一条平坦的路。正在服刑的李某说，在调整干部时，组织部都要先考虑符合条件的人，然后把这些人员的名单和评估结果交给主管干部的副书记，副书记审核后，会把结果给他过目，没问题的话就将名单上报到常委会。所以，李某的手法是，如果想选用或提拔某些人，他就在干部评估之前召开书记办公会，以这些人的自身条件如年龄、工龄、学历、经历、职务等为基本标准，要求组织部按照这些标准去选人。如果选到的名单没有李某想找的人，他就以各种借口让组织部重找。可以说，没有给过李某好处的人根本没有入职或晋升的机会。

从表面上看，这是一个按正常程序走的人事选拔过程，实质早已内定，是一个不公平、不透明的黑箱。行贿者用金钱换来了自己想要的职权，李某在这种"正常程序"背后，人不知鬼不觉地做起了买卖。

贪官李某的这段"卖官真言"，道出了自己"程序其外，卖官其中"。李某的"真言"让我们思考：公正廉洁、两袖清风的行政领导需要什么样的素质？如何在利益诱惑面前保持自我？

【案例启示】李某的这段"卖官真言"，让人气愤，正如那句谚语："当官不为民做主，不如回家卖红薯"，行政领导如果不能做到公正廉洁、两袖清风，为民做主，那还有什么意义呢？如何在利益和权力的诱惑面前把持自我，不仅需要行政领导者具备优秀的素养，更需要制度的引导和监督。

本章您将了解到：

● 行政领导者的职位、职权和职责

● 行政领导体制

● 行政领导者的个体素质结构

● 行政领导者的素质群体结构

● 三种基本的行政领导方法

第一节　行政领导概述

胆子要大，步子要稳，走一步，看一步。

——邓小平

一、行政领导的含义和特点

行政领导是指负责人为了实现其行政目标，对行政组织内的群体或个人施加影响的活动过程，它是在一定的行政组织内，统御和指引行政人员实现一定行政目标的一种高层次的社会管理活动。行政领导具有重要的作用和地位，它在行政管理中能统一指挥，实现统一意志，是行政行为的指南和准则。

行政领导作为社会领导活动中的一种特殊类型，除了具有一般领导活动的特点外，还具有自己的特点：

（一）执行性

从行政领导活动看，行政领导具有明显的执行性。国家行政机关是权力机关的执行机构，它必须坚决执行权力机关的决定，按权力机关的合法决定、合法要求，迅速组织各种资源，依法行政、高效行政，实现权力机关意志。

（二）政治性

从行政领导的社会阶级属性看，行政领导具有鲜明的政治性。国家机构具有阶级性，行政机关的使命就是按照国家机关的意志执行权力，维护统治阶级的利益，实现国家阶级的统治职能。

（三）权威性

行政领导也是一种执行国家法律的活动，其权威性还体现在法律上的权威性。一切社会管理对象，对行政机关及其公务人员的法定行政行为都有服从的义务。

（四）综合性

行政管理涉及国家政治、经济、文化的各个领域和社会生活的各个方面，随着社会经济和科学技术的不断发展，现代行政领导面临着日趋复杂和广泛的行政事务，其活动内容必然要体现出政治领导、经济领导、文化领导和科学技术领导等综合性的特点。

（五）效率性

领导是对人施加影响，以最好的方式和最快的速度达到某种目的，实现利益。行政领导的效率对于行政管理来说更加重要，因为其行动牵系着大部分人，影响着行政管理班子，更与广大人民群众息息相关。

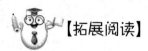【拓展阅读】

什么是领导

关于领导的说法有多种，西方在很多管理学的研究上都有关于领导学的说法。伯特兰·罗素在《权力论》中表示，领导就是要有有效的影响，对他人有足够的影响力，在社会上有威信，才能成为领袖和被追随者。伦理学作为哲学的一个分支，是关于道德的科学，它认为领导等于带领加上疏导。在管理论中，普遍被接受的观点是领导就是权力、职责和服务三者的统一。而在系统论者的眼里，领导由内外部因素组成，分别是领导者、被领导者和领导环境。这些观点虽然角度不同，但有一个共同点就是，承认领导就是对人类社会活动的指挥和控制。

二、行政领导者的职位、职权和职责

行政领导者是行政领导活动的主体，是行政领导活动中的组织者、指挥者、协调者和控制者。而职位、职权与职责是行政领导者实施行政领导活动必不可少的三个要素，也就是说，行政领导者是职位、权力和责任的综合体（见表7-1）。

（一）职位

职位是行政组织的基本单位或行政领导的工作岗位，是行政领导者获得职权和履行义务的基本依据。行政领导职位是权力机关根据有关法律或规定，按照一定的程序选举或任命的行政领导者所担任的工作岗位职务和责任。也就是说，职位是行政领导者行使职权、履行职责的前提。

行政管理贯穿于所有行政活动的环节中，包括行政决策与计划、行政组织建立、行政人事、执行与监督、评估与改善等，每个环节都属于行政管理不可或缺的内容，每个环节又都离不开管理。行政管理实质上是一个不断制定和执行政策的过程。

表 7-1　行政领导的职位、职权和职责

行政领导	含义	内容或分类
职位	行政组织的基本单位或行政领导的工作岗位	合法职位和非法职位
		常设职位和临时职位
		实授职位和实缺职位
		专任职位和兼任职位
职权	行政领导者担任一定领导职位而获得的具有法律效力的权力	法定权
		强制权
		奖励权
		专家权
		参照权
职责	行政领导者所应承担的责任和必须尽到的义务	政治责任
		工作责任
		法律责任

职位划分是根据职位的法律性质和任职状况对职位所进行的区分，它不同于职位分类。常见的职位划分有：

1. 合法职位和非法职位

合法职位是指按照法定程序确定设立的职位，如公务员制度规定的中央至各镇各乡的公务员职位是合法职位，相应的工作人员的选拔和工作职责与权力都有严格的规范；相反，不按照法定程序确定设立的职位则为非法职位。

2. 常设职位和临时职位

常设职位是指为完成固定的长期任务而设立的职位。以常设组织为例，如联合国的常设委员会目前有三个，均由安理会所有理事国的代表组成，分别是议事规则专家委员会、接纳新会员国委员会和安全理事会在总部以外地点开会问题委员会。为了临时性、突发性的任务而设的职位则为临时职位。临时职位的设置有可能是因为任务不是持久的，或者为了提高人员利用率或降低组织运作的成本，等等。

3. 实授职位和实缺职位

实授职位是指已经授予一定人员担任的职位；相反，则为实缺职位。

4. 专任职位和兼任职位

专任职位是指一个人只在一个职位上任职；一个有职位的人同时在另一个职位上任职，另一个职位就是兼任职位。近年来，包括北京、山东、河南、浙江在内的许多地方陆续发出关于党政干部兼任的通知，党政机关领导干部不得兼任行业协会领导职务，各地方大力规范社会组织，行业协会不得以营利为目的进行经营。

行政组织中的领导职位应该是合法的和实授的，同时应尽量减少临时职位和兼任职位。

（二）职权

老舍的《四世同堂》中有句话，"他的热心绝不会使他侵犯了校长或任何教员职员的职权，或分外多管些闲事"。什么是职权，职权是一种职位权力，行政领导者的职权是行政领导者担任一定领导职位而获得的具有法律效力的权力。行政领导职权是由国家法律授予的，国家要求行政领导者运用它所赋予的职权去实现一定的行政目标。行政领导者所拥有的职权是履行其行政领导职责的必要条件和前提，其大小受到其职位高低、职责轻重的制约。总而言之，行政领导者应当正确认识其职权范围，努力为国家和人民掌好权、用好权。

一般而言，行政领导的职权包括以下几种：

1. 法定权

法定权是指由组织中的职位所授予的权力，是由个人在组织中的地位决定的。在职位设计中提到的权力往往是指法定权。领导者可以是组织赋予的，也可以是在群体中自动产生的，而行政领导者往往属于前者。一般来说，职位的高低或重要性程度决定其法定权力的大小。法定权力往往对应着法定责任，法定权力越大，则承担的法定责任也就越大。如果权责不对等，很容易导致权力滥用（权大于责），或者不利于调动领导者的工作积极性（责大于权）。值得注意的是，"有职有权，无职无权"指的就是法定权力的产生和消失。

2. 强制权

强制权是指通过一些强制性如某种惩罚、剥夺某种利益的手段或方式来对他人施加压力，从而迫使他人做出某种行为的权力。强制性职务是由社会赋予个人的地位、权力等形成的。行政领导者的强制权主要体现在解聘、减薪、降级等方式上，也就是使用"大棒"来驱使员工努力达到其预期目标或者服从领导的安排。强制权属于一种消极的激励方式，虽然见效很快，但是从长期看，这种方式产生的负面影响如破坏信任、破坏组织成员之间的关系等往往要大于其正面的效果。

3. 奖励权

奖励权是以给予他人有价值的东西的能力为基础。奖励权与强制权相反，前者采取一种积极的激励方式，后者采取一种消极的激励方式，但其目的都一样，是为了实现组织的目标。奖励可以分为两种：物质奖励，如金钱、职位等；精神奖励，如表扬和鼓励等。大多数领导者都是将两者结合起来使用，这样可以更有效地调动员工的积极性，充分发挥员工的创造性。研究表明，常用奖励权的领导者要比常用强制权的领导者的成员满意度高很多，而且其团队凝聚力更大。很多因素对领导者奖励权实施的结果具有明显的影响，包括下属对领导者实施奖励能力的信任程度；领导者的奖励与下属需求的吻合程度；领导者所实施奖励力度的大小。以上三方面共同影响奖励权力的实施效果。

4. 专家权

所谓"专家"，就是指在某一个领域或某一个方面很精通的人，因而专家权就可以理解为由于具备他人所不具备的专业知识和技能而带来的权力。领导者能够得到员工的支持和赞同，主要来自他自身的魅力，而这种魅力既包括人格魅力，也包括专业魅力。这种专业魅力是由于领导者的专业技能而带来的一种影响力，这种影响力更加持久和坚定。专家权与领导者的职位无关，它的产生与领导者自身的素质有关。但是，并非所有的领导者都必须具备专家权。

5. 参照权

参照权是指由于领导者的自身魅力或个性特征而产生的一种影响力，属于一种偶像权力，也常常被称为明星权力。这种权力主要是指人格上的魅力，它能够博得下属的赞同，得到下属的支持，而且受到他们的尊敬和崇拜。领导者常常要在团队或组织中起到带头作用，要在员工面前树立一种良好的形象，成为员工学习的榜样。拥有参照权的领导者会使其员工发自内心地效仿他的行为，这对形成组织文化是十分有帮助的。但是要形成这种参照权并非一朝一夕之事，需要很长时间的用心培养才能造就，而这种权力如果利用不当就很容易毁于一旦，所以领导者对这种权力需要精心维护，切勿乱加利用。

在这五种权力中，法定权、强制权、奖励权属于职位权力，很大程度上是由组织的政策和程序所规定的。专家权和参照权属于领导者的个人权力，这种权力来源于领导者的专门知识和人格特点。有效的领导者不仅要靠正式职位所赋予的权力去影响下属而达到目标，同时也要依靠个人权力。

（三）职责

行政领导职责，是指行政领导者在充任某一职位、履行其职权的过程中，所应承担的责任和必须尽到的义务，它是随着一定职位的确立和一定职权的授予而产生的。职权是履行职责的方式和途径，职责是职权的本质内容。

行政领导者的责任主要有以下几个方面：

1. 政治责任

因为行政管理的过程和活动具有鲜明的政治性，所以行政管理者要承担起应有的政治责任。政治责任包括行政管理活动体现出来的性质、行政政策大方向和达到的社会效益。行政管理者要保证行政政策和执行过程方向的正确性，确保一切政治活动都是为了满足国家和社会的需求，并采取各种措施和手段为社会带来最优化的效益。

2. 工作责任

工作责任是行政领导者最基本的行政责任，它包括岗位责任与领导责任。岗位责任是指行政领导者在组织中所处的职位、拥有的职务要求他所承担的责任；领导责任是指领导者通过决策、计划、组织、用人、指挥、监督和控制等环节的工作，实现其领导组织发展的责任。

3. 法律责任

行政领导者的职位和职权都具有法律的有效性，必须在遵守法律法规和行政管理制度的前提下获得，行政领导者也要承担起一定的法律责任和义务，其对权力的操控和运用不能超越法律的界限。

行政领导者职位、职权、职责三位一体，不可偏废。有职无权，无法尽职尽责；有权无职，无法行使其权；有权无责，易滥用权力；有责无权，难有所作为。所以，在行政领导过程中，应当职、权、责三者一致。

三、行政领导体制

行政领导体制是指在行政体系内，有关上下左右各种机构、各级领导的地位、权限、领导关系、组织程序的法律制度。行政领导体制直接决定一个国家行政组织的最高行政首脑，以及最高行政首脑和行政领导决策机构、执行机构、监督机构和参谋辅助机构等国家机关之间的关系。从不同的角度，可以将领导体制划分为集权制与分权制、分级制与职能制、首长制、委员制与混合制。可参考本书第三章第一节对行政组织体制分类的介绍。

第二节　行政领导的素质

什么叫领导？领导就是服务。

——邓小平

一、行政领导者个体素质

行政领导者的素质是指从事行政领导工作必须具备的基本条件，以及在行政领导工作中经常起作用的内在要素的总和。江泽民总书记曾提出"以德治国"

的方略，"德治"具体到行政领导，也就是领导者的个人素养。行政领导者的素质结构包括行政领导者个体素质结构和行政领导群体素质结构两个方面，只有这两种结构形成合理、均衡的匹配关系，才能促进行政工作效率的提高。

行政领导者个体素质包括政治素质、知识素质、能力素质和心理素质四个方面（见图7-1）。

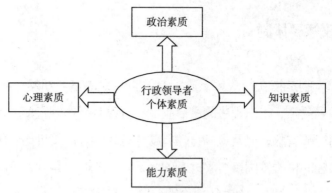

图 7-1　行政领导者个体素质

1. 政治素质

政治素质是指行政领导者对政治尤其是对自己所承担的政治义务和享有的政治权利的认识、理解、反应以及为之做出的行为等内容的总和。政治素质是行政领导者个体素质中最为重要的素质，主要涉及三个方面：政治意识、政治信仰和政治态度。另外，在不同的历史时期、不同的国家性质、不同的阶级，行政领导者政治素质的内涵也有不同。要提高自身的政治素质，可以从三个方面入手：

（1）有坚定的政治立场和崇高的思想觉悟，这是不可或缺的，也是最为重要的。

（2）树立公正、公平、廉洁的政治作风。领导的作风对领导个人的威望和声誉有直接的影响，对领导活动的成败，对党风和社会风气的好坏都有重要的作用。

（3）拥有良好的政治道德。只有这样，行政领导者才能真正做到"一心为民，一身为公"，才能真正地服务于社会，为公众谋福利。从古至今，民心所向都是国家兴盛的支柱，行政领导者要为了人民群众而奋斗。

2. 知识素质

知识素质是指行政领导者自身拥有的知识的多少、宽度以及知识的牢固性、灵活性等，主要包括理论水平、专业知识的掌握程度、知识的广博程度三个方面的内容。对于行政领导者来说，拥有合理的知识结构体系有助于提高其领导效能和水平。所以，现代行政领导者要形成"T"形的知识结构，既要具有较宽的知识面，什么都有所涉猎，又要在某一个领域或某一个方面拥有比较深刻的研究，即在某一方面很精通。这样才能够既能从宏观的角度观察和分析问题，又能深入问题或事物的本质，做到"兼顾全局，重点突破"，形成一个优化合理的知识结构体系。行政管理者除了要掌握和精通行政管理学科的知识，还要了解社会学、历史学、心理学、文学、法学、数学、工程学等方面的相关知识。知识的宽度和深度对个人思维方式的培养和能力的提升有很大的影响。扎实的理论基础对实践有很强的指导性。

3. 能力素质

能力是人们认识世界和改造世界的本领。能力素质主要是指行政领导者获取、运用知识并解决实际问题的能力，主要包括计划、组织、领导、协调、沟通等领导能力和学习力、洞察力、预见力、决断力、创新力和应变力等综合能力。领导力在行政管理的过程中是不可或缺的一种能力，它有利于行政管理工作的顺利进行，综合能力有利于体现行政领导者自身内在的魅力和影响力。行政领导者有的能力是天生就有的，但绝大多数能力都是经过后天的努力而形成的。所以，行政领导者应该在实践中不断地积累经验，并在积累经验的过程中不断地学习理论知识，从而做到"理论联系实际，理论运用于实际"，这样才能真正地将理论与实际融会贯通起来。

邓小平理论就是在深刻研究马克思主义的基础上，结合新中国成立后贫穷、落后的国情和"左"倾运动持续不断的现状，看到了社会主义不一定是马克思所写的模样，也可以有市场经济，也可以一部分人先富起来。邓小平理论的突破就在于灵活运用知识，跳出僵化的模式。

4. 心理素质

心理素质是指行政领导者的个人品质，它主要包括气质、性格、意志、个人魅力和威信等方面。作为一名行政领导者，应该是果断积极、敢为人先、坚持不懈的，拥有影响别人的能力。

（1）果断决策的气质。有人说，决策的能力决定一个人的领导能力。任何一个决策都是有时效性的。所谓"机不可失，时不再来"，在现在日益变化的环境中，如果优柔寡断、犹豫不决，那么很容易就导致错过良好的时机。

（2）开放的个性。在竞争日益激烈的时代，如果缺乏竞争的意识和竞争的精神以及敢为人先、善于争先的性格，那么就只能是被竞争所淘汰。随着信息时代的到来，各种信息越来越多，而谁能及时地得到准确的信息，就意味着谁掌握了主动权。所以，领导者没有一种开放的心态来面对各种变化，接受各种新的信息，那么很可能落后于时代的发展。《庄子·秋水篇》中写道："天下之小莫大于海，万川纳之。"行政管理者更要有宽广的胸怀容纳事物，担负重大的责任。

（3）坚韧不拔的意志。任何事情都不可能是一帆风顺的，要想获得成功，除了要付出艰辛的努力之外，还要在面对挫折和失败时，能够不气馁、不放弃，坚持不懈。

（4）个人魅力与威信。个人魅力最大的优点就是它能提高影响别人的能力，领袖气质、理性的说服力、善于帮助和教导别人，给人以安全感和信赖感，让人信之服之，乐于共事。威信，即威望与信誉，人格威信是一个管理者不可或缺的品质，只有具备这样的责任心和自信心才能得到人们的推崇与认可。

二、行政领导群体素质结构

行政领导群体的素质结构，是一个多序列、多层次、多要素的动态平衡体，它由年龄结构、知识结构、智能结构、气质结构和专业结构组成。

（一）年龄结构

年龄结构指的是领导班子中不同年龄层次的成员的配比组合结构。由于年龄结构包含了各年龄阶段的成员，而不同年龄阶段的人各有特点、优势和劣势，所以要特别注重这些成员比例的匹配，使新老成员之间能产生最大效果的互动，使领导班子更具有活力和创造力。合理的年龄结构能大大地发挥组织中每个成员的特长，并产生良好的群体效能。不同年龄段的领导者有不同的特点，主要体现为：年龄大的往往拥有丰富的工作经验，洞察力比较强；中年人思维敏捷、开拓性强；青年人通常精力充沛、干劲十足，而且创造性强等。各个年龄阶层的领导人才相互组合，才能在群体中各自发挥自身所长，并通过与他人充分交流沟通，使知识和智慧产生互换，使思想得以融合和创新，最终促进组织的进步和提高。

健康的行政年龄结构应该是开放的，使新鲜血液不断注入，正常的新陈代谢。一般来说，由于中老年人的阅历和资质，管理层次越高，平均年龄越大，年龄结构也会偏老。

（二）知识结构

知识结构是指行政领导班子中各种知识的合理构成。行政领导群体的知识结构充分体现了其组织的文化水平的高低，不同知识结构的领导群体，对同一事物有不同的理解。因此，整体而言，现代行政领导群体应有较高的文化知识水平，这样的领导团体能够从思想上或思维上达到共识；个体而言，一个好的领导团队的知识结构应该是全面的，既要有知识广博的人，也要有知识深刻的人，即"T"形知识结构。这样的领导团队才能更好地处理各种复杂的问题，发挥更好的工作效率。

（三）智能结构

智能结构是指行政领导团队内不同能力的合理构成。每个人的能力水平是存在差异的，自然，由不同人组成的群体的智能结构也会有所不同。而行政领导团队能力的高低主要取决于其智能结构的合理性。"1+1"可以大于"2"，也可以小于"2"，为什么呢？其主要原因就在于其"+"的方式不同，也就是智能结构结合的方式不同，导致整个团队的绩效产生差异。所以，要注意群体中人才的合理搭配。俗话说"人无完人"，每一个人都有其长处和短处，所以要合理地搭配各种人才，做到"用其长，避其短"，用一个人的长处来弥补另一个人的短处，这样的领导团队才能胜任日益变化的行政管理工作。

【案例 7-1】

学习型组织

美国学者彼得·圣吉在《第五项修炼》一书中提出学习型组织的管理理论。原因是经过大量的研究，彼得发现传统的组织内部存在一种阻力，将平均智商100 的个体放到一起，组织的智商会降到 80，导致企业成长过程中总会遇到"瓶颈"。

为了克服这个问题，彼得提出"学习型组织"的概念，认为组织应该是学习型的，面临多变的外在环境，组织应力求精简、扁平化、弹性因应、终生学习、不断自我组织再造，以维持竞争力。学习型组织具有以下几个特点（见图7-2）：

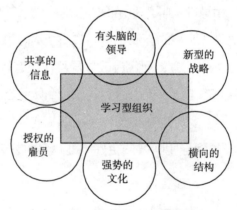

图 7-2　学习型组织的特点

资料来源：http://wiki.mbalib.com/wiki/%E5%AD%A6%E4%B9%A0%E5%9E%8B%E7%BB%84%E7%BB%87.

在这种组织中，团队需要建立共同的愿景，互相分享信息共同学习，力争组织平均智商高于个人智商。这就要求每个个体要超越自我，改变心智模式，学会站在组织的角度思考问题，用系统的观点看问题。

这种新型的组织对行政领导的要求又提到了一个新的台阶。学习型组织是从领导者的头脑开始的，领导者不但要理解这种组织结构，还要会良好地制定制度和设计系统，帮助他人实现自我，奉献自我。

资料来源：彼得·圣吉. 第五项修炼——学习型组织的艺术与实务 [M]. 上海：三联书店，2004.

（四）气质结构

气质是指一个人的心理结构，气质结构是指行政领导班子成员在不同气质类型方面的人员比例。人的气质可划分为胆汁质、多血质、黏液质、抑郁质四类，不同气质的人有不同的特点。胆汁质类型的特点是直率热情、精力旺盛、情绪容易激动、心境变化很快；多血质类型的特点是活泼好动、反应敏捷、喜欢与人交际、注意力容易转移、兴趣多且易变；黏液质类型的特点是安静稳重、反应迟缓、沉默寡言、情绪内化、注意力易集中、善于忍耐；抑郁质类型的特点是孤僻、反应迟缓、体验深刻、比较敏感、关注细节。所以，在组合领导者团队的时候，应该考虑到人的气质特点，将不同气质特点的人组合在一起，从而形成互补效应，提高领导团队的整体效能。[①]

（五）专业结构

专业结构是领导群体中各类专长的成员的配比组合。任何一个组织或团体都有其特定的社会功能。而任何一种社会活动，都不可能由一种专业的人单独完成，必须借助于精细的分工与高度的综合。所以，行政人员要具备一定的专业知识和专业素养，行政领导班子的组成要注意根据组织的需求，将不同专业学科的人才进行搭配。

---

① 魏永忠. 现代行政管理 [M]. 北京：中国人民公安大学出版社，2005.

第三节　行政领导方法

我们的任务是过河，但是没有桥或没有船就不能过。不解决桥或船的问题，过河就是一句空话。不解决方法问题，任务也只是瞎说一顿。

——毛泽东

一、调查研究

调查研究是指人们深入现场进行考察，探求客观事物的真相、性质和发展规律的活动，它是人们认识社会、改造社会的一种科学方法。毛泽东曾经说过："没有调查就没有发言权"，只有通过调查研究才能深入问题的本质，对问题进行全面而科学的分析，从而为制定科学的决策提供依据。客观规律通常通过各种复杂的现象表现出来，所以，事物的本质或规律通常要经过一个"去粗取精、去伪存真、由此及彼、由表及里"的加工的过程。如果对事物或问题不进行由表及里、由浅入深的调查研究，而仅仅认识事物的表象，或者通过主观的想象来分析问题，那么就有可能走入误区或者做出"南辕北辙"的决策。作为一名行政领导者，应该具有调查研究的精神和意识，并且深刻地认识到某一事物的本质，而不是浮于表面。

调查的最终目的是为了群众，调查工作要从群众中来、到群众中去，这是党的群众路线。要获得实际效果，就要坚持群众观点，走群众路线。群众生活的实际就是最基本、最真切的事实，要了解本质，找到问题的根源，就要深入基层，倾听群众的声音，这是行政调查最基本的原则。

进行调查研究的基本程序有以下五个阶段：准备阶段、调查阶段、整理统计阶段、研究分析阶段、解决处理阶段（见图7–3）。

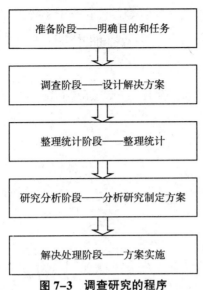

图7–3　调查研究的程序

在准备阶段，领导者需要明确调查研究的目的和任务，选择调查的单位和对象，从而确定调查研究的方向；在调查阶段，领导者需要设计研究的相关方案，确定调查研究的方法，并在调查研究的过程中，发现问题；在整理统计和研究分析阶段，主要做的是对调查的素材进行整理和统计，并对之进行深入的分析和研究，制订解决问题的方案；在解决处理阶段，主要是实施解决问题的方案和计划。

调查研究的形式主要有：问卷调查、典型调查、重点调查、个别调查、抽样调查、群体调查等。调查研究的方式一般分为两类：一是书面调查，包括发调查表、调查信、调查问卷等；二是口头调查，包括走访、开调查会、个别交谈、电话调查等。调查研究没有一种固定的模式，所以，领导者要根据调查的具体情况，灵活地选择适当而有效的调查方式。

二、系统分析

系统分析的方法就是将事物和对象看成一个动态的有机整体，分析整体与部分之间的关系，然后从中寻找解决问题的方法和途径。从行政组织内部看，它是由计划、组织、领导、协调、控制等各种职能子系统组成的集合或大系统，而且行政管理的整体效能是由各个子系统之间的协调与配合来实现的。从行政组织的外部看，它是隶属于社会发展系统中的一个子系统，与外部环境发生着各种各样的关系，这一子系统的发展受到所在外部环境的影响（见图7-4）。

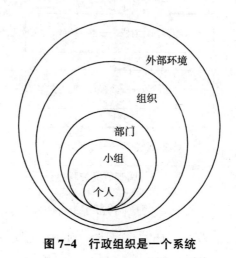

图7-4 行政组织是一个系统

系统分析的方法要求行政领导者拥有清晰的思路和全局观，在处理事情的时候要分清主要和次要，理清处理事情的先后次序，然后有条理地、由浅入深地解决问题。"80%的利润来自于20%的项目"，优秀的领导者会将主要的精力放在主要目标或任务的实现上，因为其他的工作都是围绕主要工作进行的，是为实现主要目标而服务的。

另外，从系统分析的方法可知，当部分与整体相违背或背离时，即使这个部分很好，领导者也应该加以慎重考虑。因为一个组织的能力或发展不是由最长的那块板决定的，而是由最短的那块板决定的。这也就是所谓的"木桶定律"。但在遇到短板的时候，组织也不是被动地照顾弱势因素，而是利用更新换代的方法用长板更换短板，或者将其补上，消除弱势甚至变弱势为优势。

三、合理授权

授权是指领导者授予下属一定的权力和责任，使下属在领导者的监督下有相当的自主权，并对领导者负有完成任务的义务和责任。授权有两个方面的作用：一方面，由于领导者的精力、时间、知识等是有限的，因而授权可以减轻领导者的工作负担，使领导者集中精力于有关企业战略或组织全局的重大事件；另一方面，授权可以很好地调动员工的积极性、主动性和创造性，同时也可以培养和提升下属的能力，发挥下属的潜能。领导者将权力下放给下属的前提条件有两个：一是领导者对下属的能力很了解，并且相信下属能够独立完成任务；二是领导者与下属之间的关系比较和谐。

值得注意的是，人各有所长，各有所短，故领导者在用人时应该"用其所长，避其所短"，而不能一味地求全责备。只有这样才能充分地调动员工或下属的积极性，为实现组织的目标承担自己的一份责任和义务。

【案例 7-2】

一个中部贫困县县长的履政模式

L 县是山西最穷的县，也是全国 592 个贫困县中最穷的 30 个县之一，人均收入、粮食产量都排在省最后。然而文某担任县长以后，却将反贫困工作做得有声有色。

文县长刚到任时，县里就发生了水泥厂工人罢工事件和一起农民罢种事件。事情解决之后，文县长就开始思考：L 县有着丰富的自然资源，可是懒惰和愚昧导致了人民贫困，内耗和腐败导致了该县政府的无作为，一味求稳怕乱，不思进取只等救济，而让 L 县发展无望。于是文县长决定出重拳，激活 L 县的发展动力。

为了盘活 L 县，文县长采取了四个大举措：①公开招标"卖"煤矿。将全县煤炭企业统一改制，或招标承包，或独资经营，或股份制经营，等等，并且每年为村民无偿提供 1 吨生活煤。②转让焦化厂，创建工业园。L 县有一座因为资金问题而停建的焦化厂，文县长将焦化厂零资产转让给太原两家大公司，这两家公司先后注入资金1.2亿元，扩大产能，新建煤矸石发电厂，项目的成功也为L县引来了更多企业投资。文县长又领导L县组建了三个工业园，吸引17家企业入驻。③县城改造，让民间资本参与市政。文县长从当年1500万元的财政收入中拿出600万元用于城市建设，同时向社会募集资金，让民间资本参与其中。在城市治理方面，文县长仅用半年的时间就将小城由原先的"脏乱差"变得井井有条。④解放农民，发展教育。文县长到任后带领农民增收，一是分两年减免农业税，二是建设塑料大棚、发展绿色农业创收。在教育方面，通过投入资金改建校舍、设立大奖奖励优秀教师、"以贫济贫"救助失学儿童等方式大力发展教育。

这些举措明显改善了L县人民的生活，加速了县域经济的发展。文县长这五年任期的工作为L县开了一个好头。有好的开始，相信L县的明天会更美好！

资料来源：陈世香，王志华编著. 行政案例分析 [M]. 武汉：武汉大学出版社，2007.

本章小结

行政领导的目的是指引导行政组织和人员共同实现组织的目标，它贯穿于管理的整个过程。行政领导者有其职位、职权和职责，用以明确领导者的工作岗位和级别、行政权力和应承担的责任。除了法定的权力和条件，行政领导者为承担国家的重任，必须具备领导素质，包括政治素质、能力素质、知识素质和心理素质等。在培养行政领导班子的时候，要注重行政领导的群体素质结构的平衡与协调，即要注重领导班子的年龄结构、知识结构、智能结构、气质结构和专业结构等几种结构的结合。

领导讲究一定的方法和工具，在行政管理中，一般要注意事先调查、系统分析、合理授权三个方面的工作。领导只是管理中的一部分，接下来还有许多环节需要进一步学习和探讨。

第八章　行政决策

三峡工程水位的论证工作

1986年，原水利水电部为"三峡工程"的建立设置了工程论证小组，该小组主要就三峡工程的地理气候、生态环境、结构设计、水电系统以及周边居民迁移、工程评估等问题进行集中讨论、策划和论证，由专家组组成，目的在于使三峡工作的展开建立在科学、合理、客观和安全的基础之上。

就拿三峡的水位问题为例，在论证工作展开之前原水电部主张水位选择150米，因为泥沙问题较简单，并且这个水位的设计可以减少周边居民的迁移率，再者水库回水控制在重庆市以下，淤泥不会影响到重庆市。但论证小组成立后，这个方案遭到了反对，一是水位在150米时，防洪库容不足，遇到特大洪水很可能不能保证下游的安全，水库就要超蓄，这样就造成库区以上的群众又得临时转移，如果问题不在开始的时候安排妥当，日后还是会出现而且解决起来成本更高；二是改善航运的利益不能及于重庆市，因而会影响航运的整体利益。

看来，泥沙问题和居民迁移问题是设计水位的两大关键。论证中，对于这两个问题，论证小组分别组织了专家组进行反复、深入的研究和设计。最后，论证小组决定，初期蓄水位为156米，这样虽然提高了居民迁移率但可预防后患，且便于检验泥沙淤积带来的影响；而最终蓄水位为175米，这样可全面满足防洪和航运的需要，也能相应地提高发电的效率。

资料来源：洪向华. MPA 最新案例全集（上）[M]. 长沙：湖南人民出版社，2002.

【案例启示】决策是行政管理的重要内容之一，它是行政行为的开端。没有决策的指引，行政工作将陷入混沌。行政决策要做到科学、民主，才能保证行政管理工作效率和效果的有效实现。

本章您将了解到：

● 行政决策的特点和类型

● 西蒙的四阶段论和彼得·德鲁克的六阶段论

● 定性决策方法和定量决策方法

● 六种行政决策理论

第一节　行政决策概述

制定政策是政治过程的决定性阶段。

——阿尔蒙德·小鲍威尔

一、行政决策的含义与特点

（一）含义

决策是指为实现某个特定目标而对未来行动方案进行选择的过程。这个定义里主要包含两个层面的含义：决策是一个过程，并非简单地理解为"拍板"，它需要不断修正、不断调节；要在多个备选的行动方案中进行选择。行政决策是指行政管理人员将决策功能运用于行政管理当中，为实现行政组织的目标而采取的制定方案、选择和优化方案并加以实施的过程，其目的是为了做出符合国家和社会发展需求、符合人民根本利益的政策抉择。

（二）特点

行政决策的特性具体包括以下六个方面（见图8-1）。

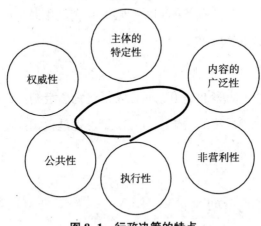

图 8-1　行政决策的特点

1. 行政决策主体的特定性

与其他决策不同，行政决策的主体是行政机构及其行政领导。

2. 行政决策内容的广泛性

与其他决策相比较，行政决策涉及的面很广，所产生的影响作用更大。行政决策的客体是辖区内的国家与社会的公共事务，涉及社会生活的政治、经济、科技文化、外交、国防等方方面面，这就决定了行政决策内容的广泛性。

3. 行政决策的权威性

行政决策的权威性主要体现在两个方面：一是行政决策是以国家的意志和公众的利益为导向而做出的，代表的是国家的行动；二是行政决策不是随随便便就做出的，必须依照宪法、法规来制定。而企业决策、社会团体决策则不具备这一特点。

4. 利益的公共性

从本质上说，行政决策是为公众谋取利益或者使社会利益最大化。也就是说，政府推行政策、做出决议都是为了满足最广泛人民的需求，代表社会和公众的根本利益。这就决定了政府的行政决策要为公众谋福利。

5. 行政决策的非营利性

行政组织的存在是为了为社会提供公共物质和服务，是为了提高社会效益，并不是谋求经济利益。这与企业决策不同，企业的战略决策往往追求利润最大化，行政决策则是追求公共利益得到最大限度的满足和最合理的分配。这是行政决策与其他决策最根本的区别。

6. 行政决策的执行性

行政决策不是为了决策而决策，而是为了达到一定的目的所设立的目标，一切围绕目标行动以寻找最终的结果。行政决策过程是权力运用的过程，是国家和群众意志的体现。

二、行政决策的类型

从不同的角度对行政决策进行分类，有助于揭示不同类别的行政决策的特点、作用和要求，做出正确的决策。根据行政决策的特点和实际需要，有以下几种主要的划分类别：

（一）确定型决策、风险型决策和不确定型决策

按照行政决策所具备的条件及可靠性，可以将行政决策划分为确定型决策、风险型决策和不确定型决策。

1. 确定型决策

确定型决策是指决策目标明确、决策的环境和条件确定、决策方法与决策后果是可知的决策。确定型决策是比较容易的一种决策，对决策者技术水平要求较低。如在 A、B、C 三种方案中选择完成速度最快、费时最少的决策，经过运算和合理推测，能较明确算出各方案的可行完成时间，再做排除选择，就是一个确定型决策。

2. 风险型决策

风险型决策是指存在确定的目标，面临两个以上的自然状态，未来出现的自

然状态虽不能确定，但根据已有信息资料进行计算可以预测其概率，因而决策结果不确定，决策者需要承担一定决策风险的决策。所以，风险型决策又是统计性决策，要估计结果出现的概率。

3. 不确定型决策

不确定型决策是指决策时所需要的各种信息无法具体确定，决策环境完全无法控制、决策的后果也难以预测的决策。决策结果更不确定，决策风险更大，对决策者的技术水平要求较高。

（二）个体决策和集体决策

按照行政决策主体的人数和权力分配情况，可以将行政决策划分为个体决策和集体决策。

1. 个体决策

个体决策是指决策权掌握在个体手中，即由单一的组织或个人做出的决策。也就是说，在对备选方案进行选择时，完全由领导者个人决定，其他行政人员只有建议、议论和批评的权利，没有决策权。中国共产党是我国的执政党，领导我国社会主义事业发展与前进，直接行使政府权力。其他政党接受领导，参与议政。在国家大事的决策中，共产党拥有最终决策权，其他政党有参政议政的权利和义务。

2. 集体决策

集体决策是指决策权掌握在两个或两个以上的个体手中，需要由其同时做出选择。如西方国家的会议决策方式就是由享有决策权力的一群行政官员，通过会议或集体表决的方式通过决策方案。

一般而言，重大问题的决策权应集中在两个以上的行政机关或两个以上的行政领导者手中。如关系到行政机关发展方向、影响全局性战略的问题，涉及因素复杂，影响深远，应由集体讨论决定。日常工作中属执行性、技术性或需要做紧急处理的具体问题，则单一行政机关或行政领导者或分工负责的领导者个人就能做出决策。

（三）中央决策、地方决策和基层决策

依据行政决策所涉及的行政层级的不同，可以将行政决策划分为中央决策、

地方决策和基层决策。

中央决策是指中央政府一级国家行政机关处理国家事务或全国性事务进行的决策；地方决策是指省、市等中间行政层级地方政府根据中央领导层的决策，结合自身所在区域的实际情况，具体地处理公共问题、做出决策；基层决策是指乡镇一级的行政决策，基层行政机关一般按照上级行政机关规定的管辖区域、管辖事务范围进行决策。如果与一般管理学内容相关联，中央决策、地方决策和基层决策分别对应组织决策、管理决策和业务决策。

【案例 8-1】

关于禁行电动自行车的思考

在 2004 年《道路交通安全法》出台之前，全国各地在电动自行车的"禁"与"不禁"的公共政策问题上各行其是，甚至在该法出台后全国不少地方仍然无视规定。很多城市认为电动自行车的通行造成了"污染"、"不安全"、"妨碍交通"等问题；但是一些城市则允许电动自行车依法登记后上路，哈尔滨、南宁虽然不允许电动自行车上路，但不禁止销售。

电动自行车"禁"与"不禁"的问题暴露出我国行政法治进程中存在的几个重大问题：其一，公民没有充分参与到行政决策过程中，行政决策缺少民主性与正当性。电动自行车的禁止与否涉及居民的利益，但政府在决策时并没有考虑居民共同使用道路资源和自由选择出行方式的权利。另外，"污染"、"不安全"等技术问题是否有充分的论证，也让人怀疑。其二，禁止电动自行车上路这一决策牵扯到千千万万利益主体，不仅涉及电动自行车的购买者和使用者的利益，还涉及电动自行车相关产业的生产者、销售者的利益，然而各种媒体却没有报道过因禁止电动自行车上路而引发的行政诉讼。这个现象从侧面说明了公民利益受到损害后缺乏获得法律救济的制度保证。其三，对规范性文件具有审查权的机关的不作为导致了执行机构的各行其是。《道路交通安全法》出台以后全国仍有不少地方无视该法的规定，以地方性法规或行政决定、命令、通知等形式禁止电动自行车上路，再次将规范性文件的审查问题摆到我们面前。

　　禁行电动自行车一事反映了我国行政法治的三大问题，限于篇幅，我们仅从公民参与行政决策的角度思考这一事件。该事件反映了我国行政决策的民主性与正当性，以及在现有的制度框架内公民参与行政决策过程的程度。禁行电动自行车会触动本来就复杂的利益关系，因此行政机关在做出"禁"与"不禁"的行政决策时，除了要尊重法律的优先性之外，还必须通过民主行政程序，充分考虑民意及相关因素，重新审视其拟定的行政目的及实现目的所需要的手段，以做出最终决策，而不能简单地以"污染"、"不安全"、"妨碍交通"、"城市交通发展战略"为由禁行电动自行车。

　　资料来源：http：//zg.china-b.com/sfks/flfg/20090907/297843_1.html.

第二节　行政决策的程序与方法

　　管理的一个基本规则就是必要的多样性规则。重要的是，要使决策能够在最需要的时刻，以执行者最易理解的手段和方式得到准备、通过和实施。

——阿法纳西耶夫

一、行政决策的程序

　　行政决策程序是指行政决策过程的逻辑顺序和工作过程。很多学者对行政决策的程序进行了分析和研究，但是不同的学者有不同的看法，依然没有一个定论。比较著名的决策程序理论是西蒙的四阶段论和彼得·德鲁克的六阶段论。

（一）西蒙的四阶段论

　　西蒙认为一个完整的决策过程包括情报活动、设计活动、抉择活动、审查活动四个主要阶段（见图8-2）。四阶段论从过程的角度为抉择限定了相当严格的条件：只有以情报信息为基础、以多种方案为前提、以审查修正为后续的抉择才谈得上是科学的决策。[①]

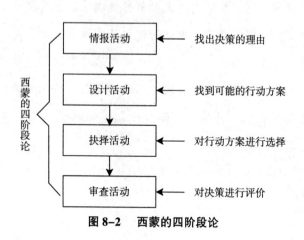

图 8-2   西蒙的四阶段论

1. 发现问题，确定目标——情报活动阶段

情报活动阶段包括两个环节：发现问题和设计决策目标。问题是应有状态与实际状态之间的差距，发现问题就是一个寻找差距的过程。但在现实中，这种差距无时无刻不存在，各种行政过程都可能存在或大或小的问题，对于行政决策来说，重大、紧急的问题就是重点需要发现和解决的问题，并且要给"差距"限定一个范围，明确超过预期多少才是需要克服的问题。

决策问题和原因找出后，就可根据客观需要和现实可能来初步确定决策目标。目标是指行政管理者所想要达到的目的和结果。目标的确立应该遵循SMART 原则，即明确的（Specific）、可衡量的（Measurable）、可接受的（Agreeable）、可实现的（Realizable）和有期限的（Timed）原则。确定目标是行政决策的关键步骤，只有明确了目标，才能指引决策的具体实施，才能有效对决策的实施过程加以控制和评估。

2. 收集信息，拟订方案——设计活动阶段

设计活动是决策的第二阶段，决策目标确定后，就要设计决策方案，来实现

---

① 赫伯特·西蒙. 管理决策新科学 ［M］. 北京：中国社会科学出版社，1982.

这些目标。决策方案是解决问题的具体方法和措施，也是实现决策目标的根本保证。任何备选方案都是由决策目标、环境变量和决策变量三个基本部分构成。其中，决策目标由情报活动阶段确定，环境变量和决策变量则由设计阶段给出。

每一种方案都具有可行性，但是存在不同的优缺点，决策者需要根据其目标选择最合适的方案。在制定备选方案时，应该注意：①备选方案应该在两个以上，通常备选方案越多，选择到最优方案的可能性越大；②鼓励员工积极参与到备选方案的制定过程中来，充分发挥集体的智慧和力量；③激发员工的创新精神，通过员工创新来制定出更为有效的备选方案。

3. 分析评估，选择方案——抉择活动阶段

在拟订了备选方案之后，行政决策者应该对这些方案进行评估和分析，然后根据所需达到的目标选择一个最优的方案。任何评估都是活动结果与预测目的的比较，这种比较可以从不同方面进行。其中，在方案评估中，需要重点注意的是方案的可行性，即在资源一定的条件下，是否能够达到经济合理、技术可行、条件允许和符合决策的目标。

对备选方案进行评估之后，就可以选择方案了。这是决策中最为关键的一步。需要指出的是，选择最优的决策方案无疑是决策者所追求的目标，但是在实际工作中，很难做到最优。一般追求的是"满意原则"，即只要找到符合或超过目标值的方案即可。总的来说，方案的评估和优选的过程是一个比较、对照、分析和选择的过程。

4. 实施方案，追踪反馈——审查活动阶段

在决策方案确定之后，便进入决策方案的实施阶段。决策实施是为实现行政决策目标而进行的行政实践活动，也可称为行政执行。决策的实施是决策过程中最为重要的一步，它直接决定了决策目标的实现。而且决策环境的分析、目标的制定以及备选方案、优选方案的产生等都是属于决策过程的前期准备工作。决策实施这一阶段的具体要求包括：①制订一个方案实施的计划，计划中包括人、财、物等的规划和配置；②使决策的执行者充分理解决策的内容、目标；③激励和引导员工为实现决策目标而努力；④要求员工进行事前、事中和事后的反

馈，不断调整实施的过程，总结经验教训。

四阶段论把决策的过程简洁明了地概括为四个过程，这为决策过程提供了最基本的思路，具有完整性。四阶段论提出的步骤均按照合理的顺序进行，一般在实施过程中顺序都不能颠倒。很多重大问题、非例行问题的决策都可以运用这种方法。但现实中的决策工作往往具有复杂性，通常需要考虑更多方面的问题，必须加上更多具体的步骤，不是简单的四个过程就可以解决的。

（二）彼得·德鲁克的六阶段论

美国管理大师彼得·德鲁克认为有效决策一般有如下步骤（见图8-3）：

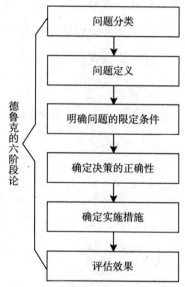

图8-3　彼得·德鲁克的六阶段论

资料来源：彼得·德鲁克. 创新与企业家精神 [M]. 北京：清华大学出版社，2007.

1. 问题分类

一般企业决策中的问题可以划分为四大类：

（1）普遍性问题，多数问题都可以归为此类。此类问题多通过表面事件表现出来，但是如果仅仅就事论事，而不去追究问题的根源，不仅问题得不到根治，而且会浪费大量的时间和金钱。解决普遍性问题要制定解决程序和规则，然后结合实际调整，从而达到解决问题的目的。

（2）对当事人来说是新的、独一无二的，但是曾经在企业出现过，同样具有普遍性。这类问题往往需要借鉴他人的先前经验。

（3）独一无二的问题，很少出现，没有先例可循，必须单独处理。

（4）隐藏的新的普遍情况，需要建立新的规则和程序解决，不能将其归为意外事件。

2. 问题定义

进一步搞清楚真实情况，确定哪些因素与之相关。如某公司推出了一种进口冻鸡肉，原来的销售渠道主要包括商场、超市、肉菜综合市场等，但销量较低，且一直没有增长。于是公司做了市场调研，发现原来冻鸡肉在市场上的主要消费群体——家庭主妇，她们虽然对冻鸡肉的质量有较高的要求，但该公司的冻鸡肉价格比零售市场的很多品种稍贵，再加上零售市场挑选范围广，该公司的冻鸡肉自然得不到家庭主妇的青睐。另外，公司又对其他消费群体做了调研，发现饮食业对冻鸡肉价格敏感度低于家庭主妇，而且对产品的质量要求更高，于是该公司最后决定把饮食业作为目标市场。

3. 明确问题的限定条件

明确解决问题、做出决策所要达到的效果和目标，有若干个目标的，目标不能相互矛盾。另外，如果在决策过程中，限定条件发生变化，要根据条件和环境的变化来调整决策。若实际情况出入很大，则需从长计议。

4. 确定决策的正确性

很多管理者都有个通病，就是在做决策时更偏向于考虑"什么样的决策才会被接受"，并花了很多时间和心思组织会议、参加会议，最后发现不管做什么样的决定都有人反对。这种做法虽然体现了民主性，但把决策的正确性建立在员工的个人感受上，容易陷入本末倒置的误区。正确的做法是，管理层先依据公司的战略计划做出正确的决策，然后再采取折中的办法让大家接受。

5. 制定实施措施

制定好决策之后就进入实施阶段，实施中要注意：①采取有效的管理手段，使责任落实到个人；②任务的执行者必须具有相应的执行力。为了确保实施的效果，要定期对执行者进行绩效考核，有必要的话要对考核的方式、方法以及奖惩措施进行调整，以衡量执行者任务完成的程度和力度。

6. 评估效果

评估是保证决策执行效果必不可少的措施。通过对绩效的监督、检查、控制和评价，决策主体可以判断决策执行效果与目标之间的偏差，并针对偏差的大小、原因采取切实的处理措施，缩短现实与目标之间的差距，以达到更好的效果。

二、决策方法

决策方法对推动行政决策的制定有显著的影响，科学的决策方法是提高决策正确性和合理性的必要保证。领导决策方法分为两大类：定性决策方法和定量决策方法。

（一）定性决策方法

定性决策方法是指决策者根据以往的工作经验、专业知识等而做出决策的方法。这种方法主要受决策者主观因素的影响，因而又称为主观决策法。定性决策方法主要有以下类型：

1. 头脑风暴法

头脑风暴法又称为专家会议法，是根据企业决策的目标和要求，组织有关方面的专家召开会议，经过专家们的集体讨论和分析而做出决策的方式。头脑风暴法强调专家之间的交流和讨论，试图通过激烈的讨论使思想碰撞、使智慧融合，最后产生新的思想火花，找到新的解决问题的途径。

头脑风暴法有几个原则：①自由思考，无拘无束地想出方法并畅所欲言，不管自己的想法是否荒唐。②延迟批判，发言者说话时其他与会者不可以提出批判，等到所有成员阐述完想法之后再做评论。③以量求质，这是一种从量变到质变的探索方法，收集尽量多的方案最后经过调整得出较好的方法。④结合改善，讨论的人各有所长、各有所见，要集合最多人的智力和想法互补。

这种方式的优点在于：各领域的专家具有一定的代表性，而且通过会议的方式进行讨论，能够集思广益，取长补短。其缺点在于：一是这种决策的有效性不仅取决于专家的经验和能力，而且受专家人数的影响；二是与会者容易受到个别权威的影响，而没有真正起到集思广益的作用。因此，采用专家会议法进行决策时，需要注意：参加会议的人数不宜太多或太少，一般以 5~10 人为宜；讨论时要让与会人员尽抒己见；决策者要虚心听取专家的不同意见。另外，为了保证会议的顺利进行，应该有一个好的会议主持者。

2. 直觉决策方法

直觉决策方法是指企业领导者完全凭经验、直觉进行决策，即通常讲的"拍脑瓜"式决策。这种决策方法受决策者的个人主观因素影响很大，但是对于这种决策方法的合理性，不能一概而论，必须具体情况具体分析。有的领导者凭借以往的工作经验、知识等做出的决策，不但简单、快捷，而且十分有效。但是有的领导者则凭其直觉做出草率的决策，导致组织蒙受严重的损失。直觉决策的正确与否受决策者以往经验、知识等的影响，但仍然存在很大的不确定性。另外，由于这种决策没有可靠的依据，而且通常是某一时间内头脑中的某一个观念或意识促使的，因而经过一段时间后，决策者很可能又改变主意。

3. 德尔菲法

德尔菲法又叫专家意见法，它是一种广泛应用于定性决策的方法，是由美国兰德公司于 20 世纪 40 年代提出并首先运用于技术预测领域的。德尔菲法主要是以匿名方式通过几轮函询调查来征求专家的意见，通过多次汇总和再函询来最终达到专家们的意见趋于一致。具体做法是：设计一组问卷，分发给不同的专家，每一位专家都以匿名的、独立的方式来完成问卷，将第一组问卷的结果进行归纳、整理与汇总，再设计出一份针对第一轮结果的问卷，继续分发给专家们来完成，往往第一轮结果会激发出专家们新的论证或者改变专家们的原有意见，如此反复下去以至专家们意见趋于一致，供决策者进行决策。德尔菲法得出的决策结果一般可靠性比较高，它有一个独特的优点，就是避免了讨论群体面对面的交流可能引发的争论，这些争论很有可能使成员间产生矛盾或冲突，这样反而会耽误决策的进度。另外，德尔菲法具有匿名性、轮间反馈性以及决策结果的统计性。

不过这种方法整个实施过程的工作量比较大，耗时长。

4. 市场调查法

市场调查法是一种简单的方法，应用范围非常广泛。它是指决策者深入市场中进行市场调查研究，将研究取得的信息与自己的经验和专业水平相结合来进行判断和决策。

(二) 定量决策方法

定量决策方法是指通过建立数学模型和利用计算机技术等来进行决策分析的方法。它把同决策相关的变量与变量、变量与目标之间的关系用数学模型表示，通过计算和比较，得出最优的决策方案。定量决策方法的类型主要有：

1. 确定型决策方法

确定型决策的客观条件是明确的，且其结果可以通过计算得出。简单的确定型决策可以直接推算出来，比较复杂的确定型决策一般采用盈亏平衡分析法和线性规划法来得出。

（1）盈亏平衡分析法又叫做本量利分析法或保本分析法，该方法的基本特点是，把成本分为固定成本和可变成本两部分，然后与总收益进行对比，以确定盈亏平衡时的产量或某一盈利水平的产量。

（2）线性规划法是指在线性等式或不等式的约束条件下，求解线性目标函数的最大值或最小值的方法。运用线性规划需建立数学模型，其基本步骤是确定变量、列出目标函数方程式、找出约束条件、找出最优可行解，这个最优可行解也就是最优解。

2. 风险型决策方法

风险型决策的客观条件不能肯定，但能够明确知道决策可能出现的结果，以及这些结果发生的概率。其基本思想是根据不同的效益以及发生的概率，通过相应的数学分析模型，计算出各方案的期望收益，从而做出决策。风险型决策的方法很多，主要可以采用决策收益表法和决策树法，二者都是通过求损益期望值来进行决策，只是期望值决策可以用表格和树状图来表示。决策收益表法又称决策损益矩阵，决策树法是指运用树状图形来分析和选择决策方案。决策树是进行风险型决策的重要工具之一，具有层次清晰、计算简便的特点。

运用决策树法进行风险型决策，一般包括三个步骤：

（1）绘制决策树。在绘制决策树之前，决策者应该十分清楚存在哪些备选方案，而且这些备选方案的结果如何。只有在明确了这些之后，决策者才能开始绘制决策树。也就是说，决策树的绘制过程实际上就是对未来可能发生的各种情况进行预测的过程。

（2）计算期望值。根据不同决策方案的发生概率和效益，运用一定的数学模型，计算出各个方案在不同情况下的损益期望值。

（3）比较各方案的期望收益值，从中选择期望收益值最大的方案作为最佳方案，其余方案一律舍弃。

决策树的构成如图8-4所示，决策节点衍生出若干种决策方案，每个决策方案形成状态节点，各状态节点引出几条概率枝，表示每种状态节点可能出现的各种情况的概率，概率枝的末端可计算出每种方案的收益或损失值。其中决策点用"□"表示，也可以用"[ ]"表示；事件点即状态节点用"○"表示，也可用"( )"表示；结果用"△"表示。

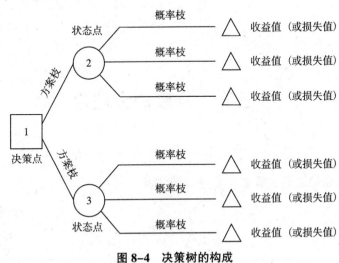

图8-4　决策树的构成

3. 非确定型决策方法

非确定型决策是指一种方案存在两种以上的结果，而结果的发生概率并不能明确。这类决策主要取决于决策者的经验、判断能力以及对风险的态度。非确定型决策方法有很多，较为常用的是大中取大法、小中取大法和大中取小法（后悔值法）。

（1）大中取大法，又叫乐观决策法。这种方法基于对客观情况持乐观态度，从最好的客观状态出发去寻找最优方案，因而它是一种比较激进的、冒险的决策方法。其具体的步骤是：先计算出每个方案的最大收益值，然后将每一个方案的最大收益值进行对比，选择其中最大的一个作为最优方案。偏好风险的决策者往往会选择"大中取大法"来获得最大的利益。

（2）小中取大法，也叫悲观决策法。这种方法基于对客观情况抱悲观态度，从最坏的情况出发去考虑决策方案，因而它是一种较为保守、稳妥的决策方法。其具体步骤是：先计算出每个方案的最小收益值，然后将每一方案的最小收益值进行对比，选择其中最小的一个作为最优方案。

（3）大中取小法，又称为后悔值法。这种方法是以各个备选方案的机会损失的大小来判断方案优劣的，其主要目的是使后悔值降到最小程度。机会损失也就是后悔值或遗憾值，是现实结果与理想结果的差距。最大后悔值等于最大收益值与最小收益值之差。

第三节　行政决策理论

除非决策能够落实，否则不能够称为决策。

——彼得·德鲁克

行政决策理论是集系统理论、运筹学、计算机科学等综合学科于一身的理论体系，用以指导和阐释行政决策。决策理论学派是基于决策理论的研究基础形成的，学派主要代表是诺贝尔经济学奖得主赫伯特·西蒙等人。

（一）理性决策理论

理性决策理论是由亚当·斯密提出的。这个理论认为经济行为的最大化原则是追求利润最大化。理性决策模型的条件是：信息完全；能够了解所有人的社会价值取向；能够准确预测全部备选方案可能产生的结果；能够正确选择最有效的决策方案。

理性决策模型认为，在决策中决策者总是能够在明确价值目标的前提下掌握所有可能的决策方案，并且能有效选择出最优方案。这种决策模型是一种理想化的模型，在现实中往往是很难实现的，因为市场中的信息缺失、信息不对称是不可避免的因素，在资源有限、人的精力有限等前提下，要实现理性决策所需承担的成本是十分高昂的。

（二）有限理性决策理论

为了避免理性决策在实际生活中具有的局限性，西蒙在分析批判"理性决策论"的基础上，提出了"有限理性决策模型"。他认为完全的"经济人"和"理性人"是不存在的，实际生活中的人是有限理性的。这种假设前提下的决策，往往是先找到符合最低限度要求标准的相应决策，再制定与这套标准决策持平或超出这种标准的决策方案。

有限理性的决策过程：①要确定一个反映管理者利益和背景的决策问题；②研究这个问题，提取本质特征，分析问题；③确定有限个决策指标以及各自的期望值；④根据这些指标和期望值拟订几个方案；⑤对几个方案进行评价并找到满意解。

（三）渐进决策理论

渐进决策理论是由美国著名经济学家、政策学家林德布洛姆针对理性决策模型的缺陷提出的一种决策模型。这种决策模型强调决策是一个循序渐进的过程，从量变引发质变，即政策的制定多半要采取渐进主义的策略。如我国的社会主义事业是一项崭新的开拓型事业，远大的奋斗目标是明确的，但如何实现目标，并没有一套成功的经验可以借鉴，需要我们不断地去探索。这种探索的过程就是一种"渐进决策"的过程（见图8-5）。

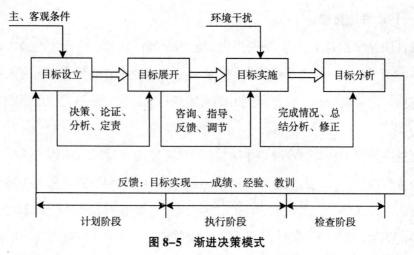

图 8-5　渐进决策模式

资料来源：http://baike.baidu.com/view/4544774.htm.

（四）系统决策理论

系统决策理论是由美国政治学家伊斯顿提出来的，他看重公共政策与外界环境之间的关系，把政策的制定与政治、经济、社会与文化等环境因素结合起来，用外界条件对公共政策进行考察和解释。

一般而言，系统决策模型由五个部分组成，即输入、黑箱、输出、环境、反馈。输入是指进入政策制定系统的各种信息。黑箱是指政策决策过程，通常涉及特定的政府体制，它接受输入的各种信息，加工成政策输出。输出通常包括两种类型：一种是制定出的决策是可见的，也称为"硬件"；另一种是决策者决策失败了，或没有考虑到真正重要的东西，这种情况下等于是在政策出台之前决策就已经流产了，很容易被人忽视。环境是指影响政策制定的一系列的主观和客观因素的总和。反馈是指环境因素对输出政策的信息反应。

系统决策模式描述了行政决策过程中的诸因素，即系统、环境、需求和支持的投入、转换过程、产出的政策以及反馈等，并解释了各个因素在整个行政决策运行过程中所处的位置、作用和与其他因素的关系，使人们对行政决策的过程有一个比较科学、客观和全面的认识。

（五）精英决策理论

精英决策理论是由托马斯·戴伊和齐格勒共同提出的，他们认为国家的公共政策是反映占社会统治阶级地位的精英们的思想和价值观的决策。

精英决策理论把人类社会看成一座金字塔，金字塔的最顶端就是社会政治精英，他们是社会的决定力量，想要改变社会，就要从塔尖入手，使优秀的人物做出开明合理的政治决策。

精英决策模型认为少数的统治者和杰出人物是统治社会的主体（见图8-6）。在这种决策模型下，公共政策主要不是反映公众的要求，而是反映精英的兴趣和偏好。这种模型的弊端是过分强调精英领袖在政治决策中所发挥的作用，忽视了公众参与政治的愿望和能力。一个稳定和发展的政治系统必须得到广大民众的支持和认同。

图8-6 精英决策模型

（六）集团决策理论

政治过程实质上是团体争取影响公共政策的行为过程。集团决策理论将公共政策看成是团体斗争的产物，是西方决策理论的主要模式之一。其基本观点是：有相同利益目标的人组成利益集团，各种利益集团广泛存在于社会生活中，它们经常会争夺不同的权力、利益。这种方式避免了任何单个团体的势力控制决策，形成了不同团体的相互制衡，从而维护社会的稳定和平衡。其弊端是，政府在制定政策过程中，完全处于被动地位。集团决策模型过分夸大了集团在政策决策中的重要性，而低估了决策者在政治过程中所起到的创造性作用，以及政治环境中其他因素对决策的影响，不符合决策的实际。

本章小结

行政管理的权力配置、执行与领导都基于决策的实现。

行政决策具有特定性、广泛性、权威性、公共性、非营利性、执行性的特点。行政决策按照不同的角度可以分为多种类型，常见的有确定型决策、风险型决策和不确定型决策；个人决策和集体决策；中央决策、地方决策和基层决策。

行政决策发展到今天已经形成了科学的程序和方法。行政程序一般有四阶段论、六阶段论，二者各有完备的体系。行政决策的方法分为定性决策方法和定量决策方法，为现实的问题带来了很多可行方案。行政管理决策还有多种相关的理论，为行政管理的实践提供了指导，但这些理论也存在一定的局限性，在实际的行政过程中有解决不了的问题，应用到我国的政党对国家事务的决策中仍存在需要进一步完善的地方。

第九章　行政执行

"土地延保"政策实施中的问题

"土地延保"的初衷是稳定农民的土地使用权，增加农民长期投入的积极性，但在政策实施的过程中，却出现了多起侵害、强占、强征农民耕地的违法事件。

2006年某日，肃宁县肃宁镇400多名包括公安、法院、肃宁镇委、镇政府、土地局、城建局在内的工作人员，擅自动用大型机械，强行清除、强征王玉良、王玉林等人的承包地。承包地的花草树木、大棚温室、工作用品和日用品等均被铲除和摧残。承包户农民非常气愤，与县、镇有关负责人进行了严厉的交涉，县有关部门领导竟将几位村民强行押入警车，把他们带到镇政府。王俊红因为被关押在城关派出所两天一夜，精神受到严重摧残，最终导致精神失常住进医院。

几日后，肃宁镇又再次调动公检法司、土地局、城建局、镇委、镇政府以及工作人员400余人，动用机械机车进入承包地强行施工，承包户农民出来阻止，有关部门工作人员就将68岁的老太太抓走，投入肃宁监狱，进行拘押。

这块承包地两个月前在肃宁电视台公开拍卖，但是承包户根本不知情，更没有得到任何补偿。当时正好碰上"两会"的召开，所以该地的拍卖和强征工作暂缓，"两会"刚刚闭幕，县、镇政府就以强硬手段，对该地进行强征强占、违法行政，甚至非法抓人，这种不合理的、违法的行为着实恶劣，让人心寒。

资料来源：http://www.tianya.cn/publicforum/Content/no01/1/276383.shtml.

【**案例启示**】案例中的县、镇政府没有经过指示、批准和协商就对土地进行强征强占，在行政执行过程中滥用了权力。强制关押承包户农民，并对无辜的村民动手，损害了农民的人身和财产利益，违反了基本的行政原则，属于违纪行政。

本章您将了解到：
● 行政执行的特点及分类
● 影响行政执行的因素
● 五种行政执行手段
● 四种行政执行方式

第一节　行政执行概述

政治体制本身不能保证成功，而是执行。

——郎咸平

一、行政执行的含义

行政执行的定义很多，概括起来有广义和狭义之分。广义的行政执行指全部的行政管理活动。狭义的行政执行是行政机关及其工作人员依照国家法律法规，贯彻落实国家权力机关的重大决策和党的路线、方针、政策，推行国家政务和实行行政决定，以达到预期行政管理目标的全部活动过程。

在理解行政执行的时候，应注意以下几个问题：

（一）公共行政执行是一个完整的过程

一般来说，它至少包括三个阶段：准备阶段，即计划执行行动、组织人员、筹备资源等；实际执行阶段，即按照执行计划方案进行实施；总结阶段，即总结经验教训，实施必要的奖惩，为再决策提供依据。

（二）法律、法规是行政执行的主要依据

行政人员必须依法行政，其行政执行的任何一个环节都必须遵循法律、法规的要求，从本质上说，行政执行的过程就是依法行政的过程。

（三）公共行政执行是一种创造性活动

在执行行政决策的过程中，行政人员必须根据自身资源、条件等特点来制定相应的决策实施方案，并根据环境的动态性来不断调整，使之适应环境的变化。这个过程也是一个再创造的过程。

二、行政执行的特点

行政执行涉及的面广、范围大，且过程具有复杂性，只有把握好行政执行的特点，才能实现行政决策的目标。行政执行具有如下特点（见表9-1）：

表9-1 行政执行的特点

行政执行的特点	主要内容
目的性	为实现行政决策的目标而进行的行政活动
强制性	建立在命令与服从的组织原则上，因而具有明显的强制性
时效性	以最快的速度在最短的时间内圆满地实现决策目标
灵活性	外部环境不是一成不变的，而是动态变化的
层次性	有许多机构和人员参加的系统工程

（一）目的性

行政执行紧跟着行政决策的步伐，其目的是为了使行政决策落实到位，实现决策的最终目标。所有的行政执行活动都应围绕着决策目标的实现而进行，而不能出现偏离决策目标的行为。没有明确目标的执行活动，是一种盲目的行为。行政实施必须严格服从决策目标的要求，因而具有很强的目的性。行政执行一般是为了实现执行党的各项政策与重大决策、国家权力机关的各项决定、中央政府的各项政策和决策。

（二）强制性

公共行政执行在某种意义上是一种执法行为，它是建立在命令与服从的组织原则上，因而具有明显的强制性。这种强制性主要表现在两个方面：一是行政执行主体必须服从行政执行机关，服从行政执行任务本身；二是对于公民、法人或其他组织不服从规定的，行政机关可以采取强制执行措施。离开了强制与服从，政府职能就无法实现，国家法律政策就难以贯彻到底。

（三）时效性

行政执行对时间的限定非常严格，一般要求在最短的时间内实现当下任务。这一方面是因为行政执行是依据行政决策的计划进行，在时间上不能有所耽误，否则会影响下一步计划的实施，甚至耽搁整个决策的进度，使决策目标难以实现。另一方面由于行政执行的每项任务一般都有明确的时间规定，超过了规定的时间就失去了执行的意义，所以要求行政人员在工作中要有强烈的时间意识，绝不能拖延执行或推卸责任。

（四）灵活性

在行政决策执行过程中，外部环境不是一成不变的，而是动态变化的，这就要求行政人员必须根据实际情况，因时、因地、因势制宜。另外，在不同的主客观环境下，行政决策执行的方式、途径、方法、手段也有所不同，不可能有固定的模式和公式。这就决定了行政执行过程是一个灵活多变的过程。我国有多个省、直辖市、自治区和特别行政区，小的乡镇就有几千个，各乡镇有乡镇街道委员会执行管理，这种基层的行政执行需要根据天时地势人为具体实施，当然前提是按照法定的程序和原则办事。

（五）层次性

行政执行的层次性主要体现在执行队伍的责任分工上。行政执行往往涉及许多国家机构和组织，所以行政执行队伍一般由相关机关单位和行政人员组成，根据人员所在的不同管辖区域和机构职能，对人员进行责任、权力和义务上的分工，这就将任务落实到个人，有利于行政执行工作的开展。一般来说，上层行政机构在执行过程中负责指挥，基层行政机关主要负责具体操作和实施。

三、行政执行的分类

从不同的角度，行政执行可以有不同的分类，这里我们主要从科学行政和法制行政两个不同的角度来进行阐述。①

（一）从科学行政的角度

根据不同的任务，行政执行可分为例行性行政执行和特定性行政执行。其中，例行性行政执行是指各行政机关为完成例行性、经常性任务所进行的行政行为。如传达上级指示，答复下级请示，检查各种工作情况及整理各种资料信息等。例行性的行政执行在行政执行中是最主要的活动，其发生频率最高，在众多行政执行中处于主要、主导的地位。

特定性行政执行是指各行政机关为执行特定的任务和计划而采取的各种行政措施。如为加强对某方面行政事务的管理而设立的临时管理机构，在地震、洪水、火灾、传染病流行、外敌侵略等突发事件或非常状态下所采取的紧急措施。

（二）从法制行政的角度

按其对行政相对人权利义务所引起的直接后果来分，可分为行政决定、行政检查、行政处置和行政强制执行等。

1. 行政决定

行政决定是指行政机关及其公务员经过法定程序，依法对行政相对人的权利义务所作的单方面处分行为，其具体形式主要有行政许可、行政奖励、行政命令和行政处罚等。

2. 行政检查

行政检查是指国家行政机关及其公务员依法对行政相对人是否遵守法律、法规和具体行政决定，所进行的关于行政相对人的权利义务的调查行为。

---

① 曾维涛，许才明. 行政管理学 [M]. 北京：清华大学出版社，2009.

3. 行政处置

行政处置又称即时强制，是指国家行政机关及其公务员在国家安全受到威胁、社会公共利益受到危害的紧急状态下，临时采取的一种执法行为。

4. 行政强制执行

强制执行是指特定的行政机关采取强制手段保障法律、法规和行政决定得以贯彻执行的一种执法行为。

四、影响行政执行的因素

行政执行是行政决策得以落实的必要手段，对行政目标的实现具有重要意义。而行政执行的过程会受到来自内外部因素的影响，从而影响到行政执行的效果。一般来讲，对行政执行具有重要影响的因素有：

（一）环境因素

所谓环境因素，是指执行某项政策时所处的国际环境和国内环境。一般来说，影响行政执行的环境因素主要包括政治环境因素、社会环境因素和心理环境因素三大方面。政治环境因素是指包括国家的政治体制和制度、政党制度、法律制度、阶级状况和政治性团体等在内的政治状态的多种因素的总和；社会环境因素是指一个国家总体的社会状况，如社会经济条件、生产力水平、社会文明程度、人口规模、民族风情等；心理环境因素是指国家和社会群众的价值观念、思想模式和情感特征等，如社会总体的道德观、法制观念、政治态度、消费观等社会心理因素。一般而言，政治环境越开放活跃，社会环境越有序稳定，社会群众越支持和信任政府，国家推行政策的难度就越低，执行起来就越顺利。

（二）任务目标因素

不同的社会公共事务，其事情的轻重程度、完成的难易程度以及工作量的大小也有所差异，因而完成不同行政任务所需的人力、财力和物力的数量也就各不相同，执行中受到的阻力也就不同。一般而言，决策所要解决的问题越简单，行政执行的难度就越小；相反，需要解决的问题越复杂，涉的单位或部门、人员、利益关系就越多，所需调整的行为量就越大，行政执行的技术要求也就越高。

(三) 决策自身的因素

决策自身的因素包括决策目标的可行性、战略的长远性、计划的可实施性以及是否满足社会广大人民的利益、是否得到社会公众的支持等。行政决策具有科学性、合理性和可行性，要符合现阶段国家的国情，反映社会发展的实际要求，政府才能受到广大人民群众的拥护，这样才能减少行政执行过程中的阻力。所以，在执行决策的时候，除了评估外在环境和条件的因素，也要对行政决策的特点进行分析，找到问题出现的原因。

(四) 政策本身的因素

行政执行活动的有效进行还取决于政策和指令的合法性、政策的正确性、政策的具体明确性以及政策的有效性等因素。在行政管理领域，许多政策不能达到预期的效果和目标，且在执行过程中举步维艰，这些在很大程度上与政策本身的缺陷有关。

(五) 执行主体因素

行政机构是行政主体的载体、行政机构的设置是否合理、组织架构是否完善、职责划分是否清晰，都会对行政执行的效果产生一定的影响。

从行政人员看，它主要包括行政领导者或管理者和一般的行政执行人员。行政领导者的素质、品格作风、领导方式等是影响行政执行的内在关键因素。行政执行人员的忠实精干程度、工作态度、团队整体素质的高低都直接影响执行的效果。

(六) 执行客体因素

行政管理主要针对国家事务和社会公共事务，行政机构的主要目的是为人民服务，那么在执行行政决策的过程中，不可避免地要受到人民群众的影响。因此，人民群众的文化程度、知识水平、政策水平、承受能力等都直接影响着他们对行政决策的理解和支持程度。如果行政决策不被群众理解和支持，那么在行政执行过程中就会遇到很大的阻力，很可能导致决策的失败。

（七）资源因素

任何一项任务的执行都离不开对资源的运用和整合，而行政管理的任务涉及国家和社会公共事务的方方面面，其执行过程更需要调动人力、物力、财力、信息和技术等资源。无论行政决策制定得多么周详具体，没有行政人员的执行、物资和资金的支持，没有充分的信息和可行的技术，行政执行也将步履维艰。

【案例 9-1】

行政执行的应用

通过一个诉讼案件举例说明政府机关的行政执行。

崔某是某乡党委书记，王某是该乡的武装干部。某日，崔某与王某在饭店喝酒与一名顾客发生争执，王某与崔某一起追到街上殴打那个顾客，当民警接到消息前来制止时，崔某竟煽动别人一起打民警。这一事件造成附近交通堵塞将近两小时。不久，该县公安局以扰乱公共秩序为由，给予崔某罚款 50 元的治安处罚，同时告知崔某如不服行政处罚，有权在收到决定书 5 日内向上级公安机关申请复议，或者在 5 日内向人民法院起诉。崔某既不交纳罚款，也不申请复议或提起诉讼。根据《治安管理处罚条例》第 36 条"拒绝交纳罚款的，可以处 15 日以下拘留，罚款仍应执行"的规定，公安局以崔某拒绝交纳罚款为由作出行政拘留崔某 7 天的行政处罚。

在上述案件中，县公安局对崔某案件的行政执行，使用了行政处罚。根据《公安机关办理行政案件程序规定》第 159 条："公安机关依法作出行政处罚决定后，被处罚人应当在行政处罚决定的期限内予以履行。"本案崔某在公安机关对其实施治安罚款 50 元后，拒不履行其义务，属于违法行为，依据《治安管理处罚条例》第 36 条："拒绝交纳罚款的，可以处 15 日以下拘留，罚款仍应执行。"本案县公安局做出行政拘留崔某 7 天的处罚决定，是行政处罚。

资料来源：http://www.examda.com/zj/zhidao/jichu/37839/.

第二节　行政执行的手段

刑罚的严厉程度应该只为实现其目标而绝对必需。所有超过于此的刑罚不仅是过分的恶，而且会制造大量的阻碍公正目标实现的坎坷。

——边沁

行政执行的手段是行政执行部门在执行过程中各种方法、措施的实际运用和实施。它是政府实现行政决策目标、确保任务达成所采取的措施和手段，能有效解决行政执行过程中遇到的问题，使行政执行过程更加顺利无阻。所以行政执行手段在行政管理中必不可少。行政执行手段多种多样，主要有以下几种：

一、行政干预

（一）含义

行政干预，又称行政手段，是行政执行中最基本、最常用的手段。行政干预通过国家的行政机构，采取强制性的命令、指示、规定等行政方式来实现行政决策的目标，完成行政管理。

（二）分类

行政干预一般分为事前干预即预防性干预、事中干预即工作进行中的干预和事后干预三种。事前干预一般是在行政执行活动尚未开始之前或是在部署某项行政执行活动时进行的；事中干预通常是指对行政执行过程中的失误或错误的纠正，或是对其不足的完善、补充，或是出现了新的情况，对原来行政执行计划进行某种程度上的改变，等等；事后干预是指行政干预发生在某一行政执行过程结束之后。后两种干预较为普遍。

（三）特点

行政干预的特点是：①强制性，行政干预是以国家权力为基础，强调上下级的领导与被领导关系，下级必须无条件服从上级；②指令性，行政执行的性质是指令性的，上级要求禁止，下级须无条件执行。

（四）手段及分类

由于行政干预手段的这两个特点，使行政执行人员能在接到命令时就以最快的速度完成上级指令的任务，所以行政干预具有行动快、效果明显的优势。但下级只能无条件服从上级，所以可能会打击下级的创造性和积极性，也减少了政府和群众沟通的路径和渠道。在社会主义市场经济条件下的行政手段，由行政命令手段、行政引导手段、行政信息手段、行政咨询服务手段构成，改变了过去单一的纵向的情况，其机制与功能也随之发生改变。

1. 行政命令手段

行政命令手段是指凭借国家政权的权威和权力，通过发布命令和指令等方式，由上级按纵向垂直的行政隶属关系，直接调节和控制下级的经济活动，带有强制性。

2. 行政引导手段

行政引导手段是指上级对下级的经济活动的控制，不采取命令的方式，而是指明方向加以引导，进行说服和规劝。

3. 行政信息手段

行政信息手段是指通过各种信息渠道和工具，提示下级在经济活动中按照上级意图自行抉择，从而达到宏观调控某种目标的方式。

4. 行政咨询手段

行政咨询手段是指行政系统的上下级之间或地方政府之间，就经济活动的某些疑难问题提供咨询服务，从而通告某种经济活动的科学性、可行性和完整程度，达到行政执行的预期目标的方式。

二、经济手段

经济手段是指政府在经济运行规律的基础上运用经济杠杆来管理和调节被管理对象行为的方法。经济杠杆是对社会经济活动进行宏观调控的价值形式和价值工具，主要包括价格、税收、信贷、工资等。从根本上说，就是利用各单位部门在经济方面的利益关系，制定有效的管理制度使它们之间建立起相互制约的关系，即是通过利益诱导对经济活动的主体进行间接管理。其特点有：

（一）以经济规律为基础

任何经济活动都按照经济的基本规律得以实现，行政机关在对经济活动进行干涉的过程中也必须遵循价值规律、市场体制、经济政策等基本规律和制度。只有尊重规律、掌握规律，才能发挥经济规律和制度在市场经济体制中的最大效用。现阶段我国政府要向服务型政府转型，利用宏观调控职能，支持企业充分实现自主经营、自负盈亏，使市场经济活动主体在市场竞争中自我成长、自我壮大。金融机构改革、货币政策等是常用的宏观调控手段。

（二）调节经济利益关系

通过调节市场上的企业、经济组织和个人等主体之间的经济利益关系，引导其市场行为，使其创造性、自主性和积极性得到最大限度的发挥，并做到自觉遵守行政决策制定的政策、制度和目标。

（三）经济手段多样

存在多种经济手段，如政府对税收、货物价格、信贷、利率等的调节和控制，以达到管理效果。

【案例 9-2】

"个税"调整

2011 年 6 月 31 日，十一届全国人大常委会第二十一次会议表决通过了"个税"修正案，将"个税"起征点由原来的 2000 元提高到 3500 元，9 月 1 日开始实施。这一修正案的规定给群众带来了惊喜。纳税起征点的上调与强烈的民意有很大的关系，3500元的决定结合了之前的群众投票和中央的谨慎决策，目的在于加大减轻人民税负的力度，顺应公众意见。

"个税"调整带来的减税效果十分明显，占我国收入人群比例较大的中低层工薪阶层，在这次改革中将大大受益，他们每月可以获得更多的减税，若按照"三险一金"占月收入比重20%左右计算，最受益人群的月收入水平为10000元到12500元。

虽然这次"个税"修订后"个税"有了较大变化，但这只是小步微调，我国全面实施综合与分类相结合的个人所得税制的条件尚不足，"个税"综合制改革仍待推进。

资料来源：http://www.cnr.cn/jingji/yaowen/201106/t20110626_508144713.html.

三、法律手段

法律手段是指行政执行部门依据法律的规定、程序和特点进行执行活动，以保证行政决策目标的实现。使用法律手段的主要目的在于：一是防止行政机关及其工作人员滥用职权，对以权谋私的公务人员进行法律制裁；二是保证行政执行工作的顺利进行，对那些妨碍干扰执行公务或影响机关工作的个人和单位进行法律制裁。

一般而言，法律手段的方式主要有行政决定、行政检查、行政处置、行政强制执行等不同类型。

中共十三大报告指出："为了巩固机构改革成果并使行政管理走上法制化的道路，必须加强行政立法，为行政活动提供基本的规范和程序。"之后，中共十六大报告提出了我国行政法制化的目标，报告中指出："坚持有法可依、有法必依、执法必严、违法必究，以适应社会主义市场经济发展、社会全面进步和加入世贸组织的新形势，加强立法工作，提高立法质量，到2010年形成中国特色社会主义法律体系。"紧接着，中共十七大报告明确指出："依法治国是社会主义民主政治的基本要求。要坚持科学立法、民主立法，完善中国特色社会主义法律体系。加强宪法和法律实施，坚持公民在法律面前一律平等，维护社会公平正义，维护社会主义法制的统一、尊严和权威。推进依法行政。"

四、激励手段

激励手段是指通过一定的鼓励方式来激发行政人员的内在动机，鼓励行政人员朝着所期望的目标采取行动的过程。这种激励通过客观的外界条件和环境的刺激，使人受其深刻的影响，从而使内心产生巨大的驱动力，并将这种驱动力投入工作中，努力实现其工作目标，以达到内心渴望的结果。激励的过程可以做如下简单的描述：人的需要引起人的动机——动机导致一定的行为——行为又指向一定的目标。

（一）分类

一般而言，激励手段可以分为正向激励和负向激励两种。

1. 正向激励

正向激励是指通过奖赏、赞扬、肯定等奖励的手段来满足行政执行人员的成就感和荣誉感，从而激发其工作积极性的一种管理方式。从奖励内容来看，应该注重物质激励与精神激励的有机结合，做到奖励及时，奖励与绩效相符，等等。

2. 负向激励

负向激励是指通过处罚、警告、否定、批评等惩罚的手段来制止和预防行政执行人员的违法乱纪行为。自古就有"论功行赏，论过行罚"，只有通过奖励和惩戒，将两方面的积极性都调动起来，才能将行政决策贯彻落实，最终实现决策的目标。

（二）原则

采用激励手段的时候，应注意以下几个原则：

1. 公平、合理，强化公平竞争制度

竞争是动力，前提是公平，公平竞争是行政人员积极性的保证。

2. 加强素质教育，强化自我激励机制

激励手段不只是外在的，更应该是人员内心的鼓励和持续动力，要通过精神

支持和鼓励让工作人员更加自豪和自信，从而提高自身素养和要求。

3. 科学民主，构建合理的考核机制

考核是评价工作的科学标准，建立多方面的考核机制，保证行政人员接受上级评估、同事评估、下属评估和自我评估。好的评估对工作人员有较大的激励。

五、行政诱导

行政执行中的行政诱导手段，指的是经济手段以外的其他诱导手段。它是用非强制手段使行政人员和管理对象自觉自愿地从事政府所鼓励的工作或活动。其方式有：启发教育、说服劝告、建议协商、标榜典范乃至舆论抑扬等。

（一）启发教育

启发教育是指在了解行政人员特点的情况下，从实际出发，因材施教。这种方式有利于激发行政人员的潜能，充分发挥其聪明才智。

（二）说服劝告

说服劝告主要是指通过以理服人、以情动人的方式感染、影响行政执行人员，使其服从上级的安排，从而实现行政目标的一种方式。

（三）建议协商

建议协商是指通过建议、协商的方式来鼓励行政执行人员参与所有与他们职务相关的活动，这样不仅能够使他们更清楚地了解所应完成的任务，而且有利于提升其完成任务的责任感，激发其工作积极性。

（四）标榜典范

标榜典范是指通过树立榜样、典范的方式来引导和规范行政人员的行为、思想等，从而更有效地实现其目标。

（五）舆论抑扬

舆论抑扬是指通过舆论的力量来规范行政人员的行为，对行政人员起到监督、警示的作用。

以上是常用的几种行政执行手段，当然不只是这几类。各种手段不是孤立

的，而是相互联系、相互制约和相互促进的。在这五种手段中，不论运用哪一种手段都必须严格遵守依法办事、依法行政的原则，只有这样，行政执行手段才能更好地为行政目标的实现而服务。

第三节　行政执行的方式

威与信并行，德与法相济。

——宋·苏轼

一、行政指挥

（一）含义

行政指挥是指行政机关及行政领导者运用其职权，通过下达指令、命令的形式，引导下属从事某项活动，以实现组织目标的行为或活动过程。行政指挥是行政机关进行行政管理活动的一种职能，是行政领导作用在行政执行过程中的具体体现。

（二）原则

1. 统一指挥的原则

统一指挥是行政管理中的一项重要原则。简单来说，统一指挥原则就是一个下属在完成任务的过程中只应接受一个领导者的命令。没有统一的指挥，就不可能有统一的行动，指挥不统一，就会使下级无所适从。另外，多头指挥就会使领导者之间产生不同意见，甚至造成相互猜疑和对立，最终影响目标的实现。

2. 明确指挥的原则

行政指挥的过程就是行政决策得以贯彻执行的过程，因此，行政指挥越明确，就越有利于被下属理解和执行。明确指挥原则要求明确规定命令的对象、内容和时间期限，如果含糊不清，就会影响到行政执行的效果。

3. 灵活指挥的原则

灵活指挥原则就是要求指挥者在行政指挥过程中不要墨守成规、呆板行事，必须根据实际工作的需要和内外环境的变化，灵活调度人、财、物等资源，从而保证计划的执行和任务的完成。但是，灵活指挥必须注意一个度的原则，适度的灵活指挥有利于及时调整执行方案，实现组织目标；相反，过度的灵活指挥则容易导致随意改变行动计划等"朝令夕改"的情况，不利于保持行政执行的一致性和权威性，从而影响行政指挥的合理性和有效性。

4. 适时指挥的原则

适时，就是掌握好指挥的时机，要在适合的时间和情况下，及时地下达行政指令，实施行政指挥。在行政执行过程中，应该把握好指挥的时机。所谓"识时务者为俊杰"，行政领导者在把握环境变化趋势的情况下，一旦时机成熟，便当机立断，决不能优柔寡断，贻误时机。

（三）行政指挥的方式

现代行政指挥的方式一般有四种：

1. 口头指挥

它是指领导者运用口头语言表达指挥意图、下达执行任务的方式。这种方式的优点在于简明、及时、灵活，便于指挥者和被指挥者直接沟通；其缺点是指挥的范围比较小，不利于保存和复查。运用这种方式进行指挥，要注意语言艺术，注意不同对象之间的区别。

2. 书面指挥

它是指通过正式的书面文字形式进行指挥。其优点是指挥范围不受时间、地域等的限制，有利于明确责任，而且易于保存，方便以后查询；其缺点是书面指挥是一种单方面的指挥，不利于指挥双方的交流和沟通。需要注意的是，在运用书面指挥时，要防止滥发文件的现象。

3. 会议指挥

它是召开动员会、交流会、总结会等形式传达命令、明确责任、分工协调的方式，也是一种传统的且运用广泛的指挥形式。这种指挥方式的优点是有利于各方的交流，同时还可以制定正式的文件；其缺点是会议的效率不高。运用会议进行指挥时，还要特别注意提高会议质量，尽量精简会议，避免"文山会海"的现象。

4. 现代通信指挥

现代通信指挥即运用现代信息网络系统传达上级指令和意图，下达工作任务。这种方式的出现主要是由于科学技术的快速发展以及互联网的迅速普及。指挥者要根据不同的情况，运用各种不同的指挥方式。不论采取何种方式，都要鼓励下属发挥创新精神，同时多作具体指导。目前很多组织常使用邮件、内部交流软件如 MSN 等，能及时下达命令或通知要事，覆盖面广且速度快，但缺点就是读者容易遗漏信息或产生歧义。

二、行政沟通

（一）含义

行政沟通是指行政组织之间、行政人员之间的意见交换和信息交流，从而在思想上和行动上达成一致，有利于提高行政执行的效率和效果。行政沟通也叫行政信息沟通，是指行政体系与行政环境之间、行政内部各部门之间、行政人员之间，为了有效地实现行政决策目标，采用正确的程序和方法，实现信息交换，从而相互了解，协调行动的过程。

（二）原则

为了最大限度地取得沟通效应，沟通时应当坚持以下三项原则：

1. 高效率原则

行政沟通所需的时间越短，且传递和反馈的信息量越大，即是高效率的沟通。要完成高效率的行政沟通，有三点是非常需要注意的：一是保证信息的真实性；二是有畅通无阻的沟通渠道的支持，使信息传递起来快速敏捷；三是运用现代化技术实现快捷、方便的沟通，如 E-mail、传真、远程视频等。

2. 高质量原则

这是指行政信息经过传递之后还能保持原来的完整性、真实性，即是说降低信息传递过程中的失真率，并且在传递的信息中，与行政活动无关的话题要避免。实际情况中，信息经过若干层传达后就会丢失一部分内容，为克服这个普遍的问题，信息交流的渠道方式尤为重要，要尽量减少传递的层次。

3. 民主原则

即行政沟通要让更多的行政管理人员参与进来，使更多的人拥有参与决策、商讨国事的机会，实现行政管理的民主化。

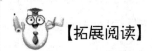

【拓展阅读】

行政学家伯纳德的行政沟通有效性七原则

全员知晓沟通渠道；正式渠道通达到人；沟通渠道简短直接；沟通程序与渠道匹配；沟通主管人员胜任；沟通渠道畅通无阻；沟通信息确实可靠。

（三）行政沟通的方式

1. 口头沟通与书面沟通

根据信息的交流形式，管理沟通可以分为口头沟通和书面沟通两种。

（1）口头沟通。

口头沟通是指以口头的形式进行信息的传递和交流。口头沟通的形式包括晤谈、演说、集会、讨论等。其优点主要在于：

1）传递信息及时。口头沟通是一种面对面的互动交流方式，既有信息的传递，也有信息的反馈，能够及时地解除信息传递中的误解。

2）直接的情感交流。口头沟通的过程实际上也是情感交流的过程，口头沟通有利于增进组织成员之间、上下级之间的关系，提高沟通效率。但是口头沟通也存在不足，主要是信息在传递过程中可能失真。

（2）书面沟通。

书面沟通是指以书面文字或符号的形式进行信息的传递和交流。书面沟通的形式包括信函、电子邮件、传真、平面广告、备忘录、网页、报告、报表等。其优点主要在于：

1）信息的准确性。书面沟通是实实在在的、可以核实的，而且在传递的过程中不会出现信息的失真。

2）可保存性。双方进行书面沟通是有沟通记录的，而且容易保存。若日后出现任何问题，都可查询记录。

3）经济性。书面沟通可以用于大型企业或单位的信息沟通，这比面对面的口头沟通要节省不少人力和时间。

但是书面沟通也存在一些缺陷，主要表现在：

1）缺乏信息的及时反馈。书面沟通不能及时获取信息接收者的表情、语气等表明态度的及时反馈信息，而且无法及时、有效地回答所有人提出的问题。

2）不可更改性。书面沟通的信息一旦传递出去就成为公开的事实，对之进行较大的更改是十分困难的。因此，领导者在进行书面沟通之前，应该做好全面的准备。

2. 正式沟通与非正式沟通

根据信息的沟通途径，管理沟通可划分为正式沟通与非正式沟通。无论是正式沟通还是非正式沟通，都对组织内信息的传递起着十分重要的作用。

（1）正式沟通是指按照组织结构所规定的路线或程序进行的信息传递和交流。正式沟通的形式有组织间的公函来往、组织内部的文件传达、组织会议、工作汇报、市场调查、参观访问等。正式沟通具有内容集中、信息量大、约束力强、易于保密、有权威性等优点，一般用于重要的信息传递或重大的组织决策等。但是正式沟通由于约束性强，因而往往比较刻板、乏味，沟通速度慢，而且不利于思想的交流和创新。

（2）非正式沟通是指在组织正式渠道之外进行的信息交流与传递，它是正式沟通的补充。非正式沟通的方式包括团体成员私下交流、朋友聚会时的交谈、小道消息的传播等。非正式沟通的优点在于传播速度快、涉及的人员面广、交互性强、方式多样、比较灵活，而且人们容易提前知道正式沟通中一般不提供的内幕消息，同时也满足了人们的情感交流和心理需要。其缺点表现为：沟通难以控制、传递的信息不一定准确、容易导致信息的失真，而且可能导致小团体或小圈子的形成，影响组织的凝聚力和团结力，不利于组织活动的完成。但是领导者也可以通过一定的手段借助非正式沟通渠道传播一些信息，为实现组织的目标而服务。

【拓展阅读】

小道消息

人们习惯将非官方发布而是道听途说的消息和传闻称为小道消息。小道消息是没有经正式途径传播的消息，往往传闻失实，并不可靠。

小道消息包括各种各样的观点、猜测、疑问、敌意、奉承等。一般多为焦点信息，内容多与组织中的人和事的利益相关。所以也有现代管理者认为，小道消息的传播是员工发泄的一种途径。但与谣传不一样，这二者的主观性、目的性本质上并不相同。

3. 上行沟通、下行沟通和平行沟通

根据信息的流动方向，管理沟通可以分为上行沟通、下行沟通和平行沟通三种。

（1）上行沟通是指信息从基层下属或员工流向高层领导的过程，即人们所说的"下情上达"。上行沟通一般包括工作汇报、请求支持、问题反映、建议书、意见书等。其优点是能够使上层领导者或管理者了解员工的情况，提高员工参与决策的机会，减少上下级之间的隔阂和误解，提高组织的创新力。其缺点是：一方面，随着执行链长度的增加，信息失真或信息被过滤的程度会增大；另一方

面，下级对上级的信任会对上行沟通产生很大的影响，如下属不信任领导者，那么有些有利于领导决策的信息就很难传递到领导者那里。

（2）下行沟通与上行沟通正好相反，是指信息从高层领导流向基层下属或员工的过程，即人们常说的"上情下达"。下行沟通一般包括上级向下级下达指令、公布企事业的信息、工作计划、政策、上级对员工的工作绩效的反馈意见等。其优点是沟通信息具有权威性，为工作人员提供了奋斗目标和行动指南，使组织人员的行动保持一致，实现组织的有序运作。其缺点包括两个方面：一是沟通链太长容易导致信息的扭曲和失真；二是上级的态度会影响下行沟通的效果，如上级高高在上、不可侵犯的样子，容易使下属产生畏惧，从而使下行沟通受阻或中断。

（3）平行沟通又称为水平沟通，是指处于同一组织层次的人员之间的信息传递和交流。平行沟通通常是指各个不同部门之间的沟通，主要是为了共同促进组织目标的实现。这种沟通的优点是有助于部门之间或工作人员之间的相互了解和合作，有利于信息的分享和问题的解决，各部门之间矛盾或隔阂的解除，加强组织之间的凝聚力等。其缺点是在平行沟通过程中，为了维护各自的利益，各部门之间易形成相互对立的局面。

三、行政控制

（一）含义

行政控制是指根据行政目标和标准，对各方面行政工作的检查与监控，以保证它们按照行政目标和标准的执行计划开展工作，并发现和纠正各种重要偏差的行为过程。行政控制有利于保证行政工作的顺利进行和行政组织的有效运转，有利于提高行政工作的效率，有利于维持社会的安定，在行政管理过程中起着十分重要的作用。

（二）过程

行政控制的过程一般包括确定标准、衡量绩效和纠正偏差三个步骤。

1. 确定标准

确定一个明确的执行标准是行政执行的首要步骤。标准是考核业绩的尺度，也是衡量偏差的标准。没有标准便谈不上控制，标准越明确，控制就越有效。一个可行的标准应包括六个因素：对象，即行政执行主体所控制的人、事、物等内容和范围；目的，即行政控制所要达到的目标、衡量任务完成的标准；地点，即按照规定和指令行政执行所管辖的空间范围；时间，指的是完成任务的时间限定，可以是具体完成日期，也可以是执行过程的行程安排；执行者，即执行标准的行政人员；方法，指达到该标准所采取的措施和手段。

2. 衡量绩效

衡量绩效是指通过对实际绩效与标准之间的对比，检查执行过程中出现的偏差，并弄清偏差产生的原因。行政执行要能按照决策计划的方向和进度落实到位，测量工作是必不可少的控制手段。在测量工作中，要做到客观、全面和精准，将误差控制在最小的范围内。测量的方法既可以选择全面测量，也可以选择抽样测量。但是，由于行政管理的特殊性，其业绩很难进行精确化的定量描述。

3. 纠正偏差

衡量绩效之后，就要对衡量结果显示的实际工作与决策计划之间的偏差进行有效的纠正，才能确保行政执行工作按照原定的计划和标准进行。根据不同的偏差及产生的原因不同，调整目标或修改控制标准、工作方法等。只有正确分析了产生偏差的原因，才能使纠正偏差的措施发挥作用。在纠正偏差中，常用的调节手段包括行政手段、法律手段、经济手段和思想教育手段等。

（三）类型

依照不同的标准可将行政控制划分为不同的类型（见表9-2）。

表9-2 行政控制的分类和主要内容

行政控制的分类		主要内容和手段
按控制形态	正式控制	依据有关的法律、规章、制度，实行的具有强制力的控制
	非正式控制	依据自己的观念或意识形态进行的非组织的控制
按控制使用手段	积极控制	通过各种奖励手段强化行为
	消极控制	通过惩罚手段抑制管理对象，使某种行为消退或减弱

行政控制的分类		主要内容和手段
按控制者和被控制者关系	直接控制	控制者亲自约束控制对象的行为
	间接控制	控制者与被控制对象之间不直接发生关系，而是借助于中介环节施以间接影响的控制
按是否需借助外力	内在控制	行政组织及其成员自觉地用行政管理规范指导、约束、检查自己的行为
	外在控制	运用各种力量从外部规范、约束组织成员的行为
按实施时间	预先控制	在计划实施的准备阶段就加以控制
	过程控制	在实施计划过程中，直接对计划执行观察、检查并纠正偏差
	成果控制	在行为完成之后进行的控制

1. 根据行政控制形态的不同，行政控制可分为正式控制和非正式控制

（1）正式控制又叫做强控制或硬控制，是行政控制主体依据有关的法律、规章、制度实行的具有强制力的控制。因而，正式控制具有直接性、权威性、强制性的特点。

（2）非正式控制又叫做非强制控制或软控制，是控制主体依据自己的观念或意识形态进行的非组织的控制。一般包括习俗、舆论、职业道德等。

2. 根据行政控制使用的手段不同，行政控制可分为积极控制和消极控制

（1）积极控制是通过各种奖励手段，如记功、晋级、加薪等鼓励和控制对象，来强化对其行为的控制。

（2）消极控制是通过行政过程中的惩治手段，使控制对象减少或不执行某种行为，通常可以通过批评、处分、惩罚等手段对控制对象加以抑制。

一般来讲，积极控制效果更好，消极控制影响工作人员的情绪，有可能适得其反。行政工作中要多鼓励少批评，但鼓励也要遵循适当原则，避免受鼓励者产生骄傲自大的心理。

3. 根据行政控制者与被控制者之间的关系，行政控制可分为直接控制和间接控制

（1）直接控制是控制者亲自约束控制对象的行为，如行政组织对其成员的个人行为施以直接影响的控制。

（2）间接控制是控制者与被控制对象之间不直接发生关系，而是借助于中介

环节施以间接影响的控制。在控制实践中，可根据被控制对象的个性以及控制事项的性质，灵活采用直接控制和间接控制的方式。

4. 根据行政控制是否需借助外部力量，可分为内在控制和外在控制

（1）内在控制又叫自我控制，是指行政组织及其成员自觉地用行政管理规范指导、约束、检查自己的行为。

（2）外在控制是指行政组织借用外界的力量，从外部对组织成员的行为进行规范和约束，如通过对法律、规章制度、组织纪律的宣传和教育等。

内在控制更持久、更稳定，外在控制不具有长期效果，有可能一种手段只适合使用数次，超过限度使用就会影响被控制对象的反应。

5. 根据行政控制实施的时间不同，可分为预先控制、过程控制与成果控制

（1）预先控制是指在计划实施的准备阶段就加以控制，以保证将来实际结果能达到计划要求，尽量减少偏差，做到防患于未然的控制方式。

（2）过程控制即在实施计划过程中，直接对计划执行观察、检查并纠正偏差的控制方式。现场控制是过程控制最常见的一种形式。值得注意的是，现场控制并非包办管理，而是针对工作中出现偏差的地方，指导下属改进工作。

（3）成果控制即反馈控制，也称事后控制。它是在行为完成之后进行的控制，尽力去检查事情是否按期待的方式发生，衡量最终结果是否有偏差。反馈控制主要是为了改进以后的工作和为以后制定新的决策而服务。

在行政工作中，我们更鼓励事先控制，未雨绸缪，如果条件不允许则考虑过程控制，避免事后检查工作，最后才考虑事后控制。一般来讲，控制的速度越快越好，越往后延迟工作量越大。

四、行政协调

（一）含义和作用

所谓行政协调，是指调整行政系统内各机构之间、人员之间、行政运行各环节之间的关系，以及行政系统与行政环境之间的关系，以提高行政效率，实现行政目标的行为。行政协调的主要目的和主要作用是要解决各个部门和人员之间所发生的矛盾和冲突。

一般而言，行政协调的作用主要表现为如下几个方面：①协调部门之间、行政人员之间的关系，避免内部冲突和矛盾；②减少各部门在人、财、物等资源上的浪费；③使行政人员各司其职，提高行政管理的效率，更快地实现行政管理的目标。

（二）行政协调方法

为了有效地进行行政协调，通常采用的协调方法有：

1. 信息沟通法

信息沟通法是指通过交流信息、传递资料、传阅通报和文件、交谈等形式，促进行政机关之间、行政人员之间、行政机关与行政人员、行政机关与公众之间的沟通和交流，最终实现精诚合作的协调方法。在行政执行过程中，常常会出现某些群体或机构的不配合现象，其中一个主要原因是信息流通不畅，导致信息不对称，从而引发矛盾的产生。常用的信息沟通法有座谈法等。

2. 利益调节法

利益调节法是指在行政执行的过程中，以利益为驱动力，针对人们所追逐的利益目标，采取一定的折中措施来消除利益矛盾，从而解除执行阻碍的协调方法。利益是众多矛盾产生的根源，如果利益的矛盾得不到很好的解决，那么很可能产生十分严重的后果。常用的利益调节法有"中间数"法、冷处理与热处理法、求同存异法。

3. 行政命令法

行政命令法即通过对与行政执行有关的各方采用必要的行政命令来实现行政协调的一种方法。在一些重要的、涉及范围广的政策执行过程中，没有一定的行政组织程序，不下达一定的命令或标准，不采取必要的行政措施，步调很难统一。具体方法有主体合流法、当面表态法等。

（三）行政协调技术

行政协调的手段多种多样，常用的有以下几种：

1. 主体合流法

主体合流法是指在协调某些存在分歧的问题时，协调者可以以比较正确的一方或几方的意见为主，撇开各方意见表面对立的地方，努力揭示它们内在的相同点。这种方法可以使双方找到彼此观点正确的共同点或者与对方相似的观点，最终使一方占据主体地位，另一方也同意其意见，达成共识。

2. 中间数法

中间数法是一种折中的方法，它是指在两方之间取中间值，使协调的主体各方都能接受权利再分配的结果。这种方法主要用于对非原则问题的协调，尤其是对于利益分配上的协调十分有用。

3. 冷处理与热处理法

所谓"冷处理"，就是在双方矛盾十分激烈但事情不紧急的情况下，将问题暂时搁置，等双方都冷静下来之后再进行处理。而"热处理"就是指在双方矛盾十分激烈且事情十分紧急的情况下，站在全局高度，权衡利弊，采纳利大弊小的意见，以行政手段裁定。

4. 当面表态法

当面表态法即行政各方召开临时会议，对于冲突或有歧义的行政问题当面谈判，共同找出合理的、折中的解决方法。这种方法适用于问题紧急、任务繁重且意见冲突较多的情况。为了达到协调的目的，会议过程中要注意以下几个问题：会议参与者需要对问题有较清楚的了解，并有较好的判断能力和决策能力；要有一名了解事态的人主持会议，由他把握好会议进程、合理安排讨论时间，使与会者充分表达自身的意见；经过一定程度的讨论后，主持人要对主要观点进行总结概括，引导与会者达成共识，得出客观的结论，找到折中的决策方案；对于方案中的细节问题，会议结果没有明确指示的，可在会后组织小会议另行讨论。

本章小结

行政人事、行政决策、行政领导最后都要落实到执行中，行政执行贯穿于行政管理的始终，具有目的性、强制性、时效性、灵活性和层次性的特点。从不同的视角可以将行政执行分为不同的类型。行政执行往往受到环境因素、任务目标因素、决策本身因素、政策本身、执行主体、客体和资源因素等方面的影响，因此在执行过程中应避免不利因素，利用有利条件。

行政执行要讲究合适的手段，常见的行政手段有行政干预、经济手段、法律手段、激励手段和行政诱导。

行政方式是影响行政执行效果的重要方面，行政工作要在遵循科学、合理原则的前提下实行，一般采用行政指挥、行政沟通、行政控制和行政协调的方式，其中各个方式又有具体的分类和手段。总之，行政执行都是为了把行政的政策和决定贯彻落实，并在工作中发现问题、反映问题，使行政工作进一步改善。

第十章　行政公关

特殊的宴会

"汪辜会谈"是 1993 年海峡两岸就经济合作、科技文化等领域的交流进行协商的重大会议，对促进两岸关系具有深远的意义。会谈后，汪道涵宴请辜振甫，这场极富中国传统文化特色的宴会更是令人难忘。

虽然是一次会晤，汪道涵和辜振甫的谈话倒像是两个情趣相投的普通老头，一起喝茶，一起看京剧。晚宴中的 9 道菜，汪老巧用菜名嵌入对台湾同胞的骨肉情：乳猪与鳝片取名"情同手足"，乳酪龙虾取名"龙族一脉"，琵琶雪蛤膏取名"琵琶琴瑟"，董园鲍翅取名"喜庆团圆"，木瓜素菜取名"万寿无疆"，三种海鲜取名"三元及第"，官燕炖双皮奶取名"燕语华堂"，荷叶饭取名"兄弟之谊"，水果拼盘取名"前程似锦"，9 道菜名连在一起就是：你我"情同手足"，同是"龙族一脉"，今夕"燕语华堂"、"琵琶琴瑟"和鸣，谱一曲"喜庆团圆"，祝大家身体健康"万寿无疆"，海峡两岸的"兄弟之谊"能"前程似锦"、"三元及第"。将中国文化和海峡两岸的情谊表现在餐桌上，这种智慧与心意令全场叹服。

宴请宾客最重要的莫过于精心筹备的一份菜单了，安排菜单除了要考虑到对方的喜好、禁忌外，能否很好地表达主人的宴请意图也是一个极具技巧性的问题，一份好的菜单与宴会氛围的布置不但可以表达对客人的尊重，同时还可以传达主人的心意。普通的宴请能达到这种效果，而这次宴请却传递出海峡两岸希望早日统一的共同心愿。

资料来源：http://www.62.whjy.net/viewNews.asp?newsId=455.

【案例启示】这个小小的历史事件反映的是行政公关实务。体现的是行政公关中的宴请问题。只是一个宴请问题就有这么大的学问，行政公关更是有丰富的内容值得我们学习。

本章您将了解到：
- 行政公关的含义、特征和任务
- 行政公关的六项主要业务

第一节　行政公关概述

有人问过我，公共关系最大的挑战是什么？我说是领导者意识，是在关键时刻挺身而出的职业意识、责任意识。

——黄晋

一、行政公关的含义和特征

要了解行政公关的含义，首先我们要知道什么是公共关系。公共关系就是社会组织自觉地运用各种传播手段，有计划、有目标、持续地开展各种活动，使社会组织与公众相互了解、相互适应和互惠互利，以便塑造良好形象的管理工作。行政公关是公共关系的一种，它是指国家政府采用各种传播手段，促进政府和社会公众之间的交流和沟通，使百姓有更多的渠道了解政府的政策和决议，有更多的机会参与政治生活，从而给予政府更多的支持、建议和监督。行政公关能使政府工作更加开放化、透明化，从而树立起良好的政治形象。

行政公关既具有公共关系活动的一般属性，又具有行政管理领域的独特性，主要表现在以下四个方面：

（一）主体的权威性

行政公共关系的主体是政府机关及其行政人员。与其他类型的公共关系的主体相比，行政公关具有明显的权威性。这种权威性的取得主要是因为行政机构是国家的代言人，为社会公共事务和国家事务而服务，它们依法拥有公共权力，在必要的时候能够采取强制手段来推行公共政策和决定，也能及时调动公共传播机构为之宣传和教育。

（二）对象的复杂性

行政事务涉及的面十分广泛，这便决定了行政公关对象的广泛性和复杂性。行政公共关系的对象是指行政工作中信息所要传递给的对象，一般包括内部公众和外部公众两个方面。内部公众是指政府行政机构内部的一切工作人员；外部公众泛指政府管辖范围内的广大公众，包括各族与各阶层的人民群众、各类企事业单位、各种社团组织等，此外还包括广泛的国际公众。不同群体对政府制定的政策往往持有不同的态度和期望，因而政府机关及其行政人员应该在了解行政公关对象的基础上，有针对性地开展公共活动。

（三）传播的优越性

虽然行政事务涉及的面十分广泛，但是行政机构在公共传播方面有着先天的优越性。政府控制着大众传播媒介，把握着国内社会舆论的绝对主导权。政府通过各种新闻、网络等传播媒体来反复宣传其政策和思想，从而提高行政公关的效果。但是，这种传播倾向于单向传播，即政府通过媒体将国家的意识传播给群众，但是群众的反应很难及时向上反馈。随着互联网的迅速普及，政府网络公关成为行政公关一种新的发展趋势，它为双向沟通提供了渠道。

(四) 目标的独特性

行政公共关系目标的独特性主要表现在三个方面：

1. 增进公众对政府的认知

通过行政公关，能使社会公众更多地了解政府的决策和政策、行政决策的目的和目标，以及政府机构设置、运作状况和行政人员组成情况等。认知是群众参与政治生活的基本，行政公关直接影响到百姓对政府的印象和看法以及可能采取的行动。

2. 提高政府的美誉度

政府通过行政公关不仅可以提高在本国的美誉度，而且可以在国际上树立良好的形象，获得良好的声誉。

3. 提高社会效益

行政管理的本质是最大化社会效益，因此提高社会效益是政府开展公关活动的最终目标。

【案例 10-1】

创建文明城市新广州

公交站台，志愿者举着"文明礼让你最棒"的大牌子提醒人们有序排队，身穿橙色衬衫的工作人员在有序引导乘客上下车。有些 BRT 的站台广播里还能听到"广州正在创建全国文明城市，请做文明市民……"

2008 年起，广州借助亚运会的高潮，再次提出了"创建文明城市"的口号，深入贯彻落实科学发展观。广东省委书记李长春同志提出广州市环境面貌应"2010 年一大变"，以建设"幸福广州"和国家中心城市为总目标，以《全国文明城市测评体系》为导向，坚持不懈地推进创建工作，让"城市天更蓝、水更清、路更畅、房更靓、城更美"，提高市民幸福感和市民文明素质。

创建文明城市是一个复杂的系统，广州市政府将努力的重点放在以下几个方面：①环境保护工作。至 2010 年，广州市凭借经济实力、产业成就和城市化进程被评为"国家级环保模范城市"。②治安问题。广州的治安一直是市民关注的问题，也是外人对广州最大的担忧之一。群众安全感是"创文"的一个重要指标。③民生。民富优先，民生为重，要解决"三农"、就业、教育、社会保障等问题。④政府工作的透明化。⑤市民文明意识，2010年3月起广州开始掀起"文明出行"的全面风暴，在各处公交、地铁站台都有公益广告……

另外，广州市政府还做了大量的宣传和鼓动工作，进一步为社会公众展现全市创建文明城市的伟大成就。如通过前期的征集活动，选出许多深受市民好评的、优秀的平面媒体宣传片；通过公共场合如公交、地铁的电视视频宣传公益广告和"创文"口号；通过电台音频使全市创建工作深入人心。整个市内营造出浓厚的宣传氛围，创建工作也在政府的大力宣传和推广之下变得家喻户晓。社会各界、广大市民更是紧跟政府的步伐，采取自觉、积极和主动的行动，对政府工作予以回应和支持。应该说，广州市政府此次的行政公关活动取得的成绩是令人瞩目的。

资料来源：http://www.gzajj.gov.cn/BrowseArticle.aspx?fArticleID=1000e96f-5719-43df-92fc-16d32c9e7fbd.

二、行政公共关系的任务

（一）把握公众舆论

舆论是社会上相当数量的人对一定社会问题所发表的意见的总和。所谓"众口铄金"，公众舆论的力量在行政管理中所起的作用是不可忽视的，因此，及时把握舆论的动向，引导舆论的发展是行政公共关系的一项重要任务。总的来说，包括了解舆论、引导舆论、纠正舆论三个步骤。了解舆论就是"从群众中来"，及时发现群众的呼声和意见；引导舆论是为了使舆论朝着预定的方向发展，消除隐患；纠正舆论是指当舆论的发展出现了大的偏离时，政府采取措施进行及时的纠正。

（二）拓展政府与公众的沟通渠道

建立完善有效的沟通渠道，有利于加强公众与政府的联系，缩短公众与政府的距离，密切领导干部与人民群众的关系，从而提高广大群众的积极性、主动性和创造性。一般而言，政府可以通过基层走访，召开调查会、研讨会，社会协商对话，公众咨询活动，还可以通过开放接待日等方式来开展社会沟通活动。随着电子政府的出现，网络也逐渐成为政府沟通的重要渠道。

(三) 创造"人和"的行政环境

"人和"的行政环境对行政机关和行政人员开展工作极为重要。只有创造一个"人和"的行政环境和条件，政府才能真正赢得公众的认可、好感、合作与支持。行政环境包括内外、两种环境，要创造"人和"的行政环境，一方面要多为老百姓办事，解决群众迫切需要处理的问题，创造一个和谐的外部环境；另一方面要在行政机关内部营造一个团结、合作、诚信、友爱的团队氛围，使全体公务人员与政府目标保持一致，增强政府的吸引力与凝聚力。

第二节　行政公共关系实务

为什么说公关应该是可信的？因为对进行公共关系操作的主体来说，所有对它的介绍、推荐、评价都是由值得信任的第三方给出的。

——叶茂康

行政公共关系的操作性业务非常广泛，这里主要介绍以下几个方面：①

---

① 夏书章. 行政管理学 [M]. 广州：中山大学出版社，2003.

一、深入群众了解民意

深入群众了解民意是指政府依靠群众路线，向公众调查对某些问题、某些人的态度和意见的一种方法。它在行政公共关系调查中应用最为广泛，其基本步骤是：确定调查目标，设计方案，抽样、拟定意见征向表，征询意见，整理分析，拟定调查报告（见图10-1）。

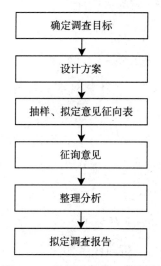

图10-1　了解民意的一般程序

在行政公共关系调查中，运用这种方法，可以针对人民群众共同关注的问题，进行广泛的调查，并将得出的检验结果进行合理的归纳。通常来讲，政府的每项关乎社会公共事务的重大决策，尤其是关注民生的决议，都要经过民意检测了解社会公众的心理倾向、政治态度，接收民众所提的意见，方能决定落实。这样才能确保决策的可行性和可靠性。

二、推广信息公开和办事公开制度

（一）政府信息公开

政府信息公开有狭义和广义之分。狭义的政府信息公开是指政府机关掌握的为履行职责而产生、收集、整理、存储、利用和传播的信息，主要包括如政府办事规则、办事结果以及政府文件、档案资料和会议等政府一般性信息的公开。而广义的政府信息公开是指与政府有关的所有信息的完全公开，它包括政府体系构成的公开、政府运作结果的公开等，涵盖了与政府相关的所有方面的信息。①信息公开是信息传播的基础，它保障了社会群众的知情权，使行政活动更加透明民主。

我国《政府信息公开条例》第 3 条对政府信息公开部门做了相关规定："国务院办公厅是全国政府信息公开工作的主管部门，负责推进、指导、协调、监督全国的政府信息公开工作；县级以上地方人民政府办公厅（室）或者县级以上地方人民政府确定的其他政府信息公开工作主管部门负责推进、指导、协调、监督本行政区域的政府信息公开工作。"第 5 条对政府信息公开的原则做了相关规定："行政机关公开政府信息，应当遵循公正、公平、便民的原则。"第 9 条对政府信息公开的范围做了相关规定："行政机关对符合下列基本要求之一的政府信息应当主动公开：①涉及公民、法人或者其他组织切身利益的；②需要社会公众广泛知晓或者参与的；③反映本行政机关机构设置、职能、办事程序等情况的；④其他依照法律、法规和国家有关规定应当主动公开的。"

（二）政府办事公开

政府办事公开包括公开办事制度、公开办事程序、公开办事结果和公开办事人员。政府办事公开增加了行政运作的透明度，扩大了群众的知情权、参与权、表达权和监督权，减少了办事拖拉、缓慢等低效率现象，同时也能有效避免因"暗箱"操作而产生的腐败问题。在当下媒体发达、信息传递速度快的时代，政

---

① 可平等.政府创新的理论与实践 [M].杭州：浙江人民出版社，2005.

府可以充分借助传播媒介的功能，实现信息公开、办事公开。如政府可以设置行政咨询台、电话服务和咨询热线，及时为百姓解答问题、提供基本信息；通过开通政府网络平台公布政府决策信息、办事流程和财务情况，与网民进行互动；通过用户量多的网上交流工具，如微博等，与网民进行交流和沟通，了解百姓生活，提供解决难题的办法和渠道；还可以编制行政办事手册或发布宣传，让公众了解政府决策议程以及办事效果；等等。总之，就是利用最广泛的传播使行政管理的组织和过程变得更加公开、公正和透明，使公众了解行政、参与行政、支持行政。

【案例 10-2】

办事公开——从细微处体贴百姓冷暖

厦门市近年来推行了办事公开制度，政府工作质量不断提升，也推动了各级各部门进一步转变职能，改进作风。具体包括以下几点：

（1）打造网上"阳光工程"。

厦门市地税局打造了一套网上"阳光工程"，纳税人可以通过网站或咨询电话轻松了解税收政策和涉税事项。机关局域网还公开了干部职工关心的接待费使用、领导干部用车、大宗物品采购、干部人事任免、评先评优等情况，工作得到了群众和职工的好评。如今，厦门市不少单位都实现了"网上公开"，把它作为办事公开的载体，努力实现网上审批，用"阳光工程"对付"暗箱"操作。

（2）公开的都是关乎群众切身利益的事。

政府在推行办事公开的过程中，特别突出群众关心的热点难点问题，把关乎群众切身利益的事作为公开的重点。村务公开、校务公开、院务公开等问题是事务公开的重点，通过网络将这些市民最为关心的问题与网民公开交流互动，主动接受市民和职工的监督，及时化解矛盾，营造了良好的办事氛围。

（3）港资企业实现工资透明化。

不仅仅是国有企事业单位，就连一些非公有制企业，也积极参与了厦门市推行办事公开制度的工作。如港资企业利胜电光源（厦门）有限公司，实行每月一次的员工代表例会，公布各项涉及员工切身利益的重大问题，并实现了工资透明化，同时切实解决一些劳资矛盾引起的问题。目前全市有近900家企业单位实行厂务公开，其中国有、集体及其控股企业，基本上都推行了厂务公开制度，全市厂务公开民主管理工作得到进一步深化。

资料来源：杨斌. 厦门：办事公开——从细微处体贴百姓冷暖，厦门日报，2007-2-9.

三、新闻发布

新闻发布是通过新闻媒介将政府的决策、措施、政务和工作情况向社会广大群众公开发布。新闻发布的主要目的有两个：一是回答公众普遍困惑的问题；二是让公众及时了解国家正在发生或已经发生的重大事件，避免产生大范围的社会恐慌。一般而言，发布新闻的主要媒介包括中央台和地方台的电视新闻、新闻发布会、记者招待会、电话采访、网络视频采访、官方网址消息发布、传真等。

一般而言，政府的新闻发布工作主要包括如下几个方面的内容：

（一）保证政府信息来源的通畅

与新闻媒体以及社会公共关系部门保持密切的联系，及时获取第一手可靠信息。

（二）做好新闻分析综合工作

当发生重大事件或谈及社会敏感问题时，政府部门要及时做好综合分析的工作。

（三）对于新闻界发来的相关提问要及时予以回应

政府要把新闻媒介当做与社会公众互动的工具，主动提供即时消息和新闻材料，借用新闻媒介的作用随时发布政府机关的近期消息和工作动态。并且，对于新闻界的疑问进行及时的回应和耐心的解答，避免外界猜测声音的扩散。

（四）例行的新闻发布

政府通过例行的新闻发布来告知公众正在发生或已经发生的重大事件。这种方式常常被派发新闻通讯稿所替代。

（五）发布记者招待会

必要的时候可以通过发布记者招待会的形式，公开对重大的专题、议题进行回应和解答。一般用在出现重大且非常重要的议题需要发布的时候，或针对某个专题进行讨论的时候，如"两会"后期对于社会各界和新闻媒介的问题的解答等。

（六）安排专访

就重大问题，安排新闻媒体对有关官员做深层次的访问。

（七）电子政务

在政府官方网站上及时公布信息和更新信息，充分发挥政府的服务职能。

四、公共危机处理

政府公共危机是指在政府管理国家事务中，突然发生的如地震、流行病、经济波动、恐怖活动等对社会公共生活与社会秩序造成重大影响的事件。公共危机经常发生，而且其发生是不确定的。如 2008 年 5 月 12 日，在四川汶川发生的大地震。虽然危机的发生是不确定的，但并不是说我们在面对这些危机时束手无策。相反，应该想方设法地预防危机的发生、降低危机产生的损失，这就要求政府要提高公共危机处理的效率，建立公共危机管理体系。值得注意的是，政府在面对危机时所采取的态度和方法，对政府形象的塑造往往会产生很大的影响。一般情况下，处理危机事件的时候，主要的公共关系步骤有（见图 10-2）：

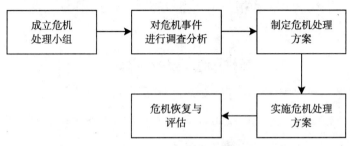

图 10-2 公共危机处理的过程

（一）成立危机处理小组

在危机发生之后，应迅速成立危机处理小组，对危机事件进行诊断和处理。危机处理小组的成员应包括行政机构的高层管理者、危机事件涉及的相关部门和人员等。

（二）对危机事件进行调查分析

行政公关人员应该及时调查分析，迅速了解事件发生的原因、事件可能产生的后果、事情的发展趋势以及公众对事件的反应，并形成基本的调查报告，为危机处理提供基本的依据。同时，政府机构应利用有效的传播媒介向公众公布事件真相，避免影响进一步扩大。

（三）制定危机处理方案

根据危机事件的调查报告，危机处理小组应该尽快确定其处理方案。危机处理方案中应首先明确危机处理的目标以及原则，并给出解决危机的策略、与受害者及相关公众的沟通方式、对受害者的赔偿措施等。同时，向公众和媒体公布政府应对危机的方案和措施。

（四）实施危机处理方案

在制定出危机处理方案之后，紧接着就必须进入方案实施阶段，这个阶段是危机公关工作的关键。

（五）危机恢复与评估

在危机事件的事态基本控制后，政府就应着手进行危机后的恢复工作，以尽快消除危机的负面影响。同时，政府还应对危机处理小组的工作效果进行评估、总结，从中吸取教训、积累经验，为以后的危机处理工作提供参考。

【案例 10-3】

泰州国税局的危机公关

2010 年某月，一名 ID 为"税务会计"的网友在泰州最大的门户网站"泰无聊"上发了一个帖子，披露国税局窗口工作人员的服务态度恶劣，并不断自行回帖使帖子保持在论坛的上方位置。帖子在网上引起了轩然大波，不到两天的时间就有 2000 多人点击、84 个回复，并被转发到其他影响更大的论坛上。不久"泰无聊"网站禁止网友继续对该帖进行回复，并给"税务会计"发私信说国税局的领导已经知道并高度重视此事，望能息事宁人。"税务会计"没有服气，他又在网上发了另外一个帖子，同样引起了网民们的关注。

这两个帖子勾起了许多网友愤怒的情绪，许多人跟着帖子发泄对国税局的不满，甚至攻击公务员体系乃至社会体制，也有个别网友对"税务会计"进行抨击的。

在此过程中，泰州市国税局并没有让势态持续蔓延。在第一个帖子发出的时候，市国税局工作人员以他人身份发表回复，希望引导舆论，化解矛盾，但见效不大。几日后，国税局官方对"泰无聊"网站进行公关，于是该帖被禁止回复，但"税务会计"又增发新帖子，坚持向税务局讨个说法，并得到了众多网民的支持，此时国税局才意识到封帖和回避解决不了问题，必须正面应对此事件。国税局接连两次与网民进行正面对话，但一开始态度不够谦虚真诚，网民们似乎不买账。

国税局反思到自己的问题所在，马上发布了第三个回帖，内容如下："你好！有这么多朋友关注我们的国税事业，特别是纳税服务问题，真的很感谢。谢谢你的提醒，我们的联系方式刚才已经与'税务会计'公布了，我们密切关注与重视网络对我们的监督。有批评才有进步，有这么一些关心、支持、鞭策我们工作的朋友，我们有理由相信，我们的工作一定会取得不断的进步，我们的纳税服务必将更多地获得广大纳税人的理解与支持。我们的联系方式为：0523-86****09，欢迎来电提出意见与建议，谢谢！"与前两个回帖相比，这个回复表现出国税局的低姿态，得到了网民比较积极肯定的反应。很快，国税局又发出第四个回复："各位网友，大家好！感谢朋友们对国税办税服务厅服务工作的支持与监督。……目前，我们已对因服务质量问题对纳税人造成影响的当事人进行了严肃的批评教育，并通报全体工作人员杜绝此类事件再次发生……谢谢大家！"从文字内容上来说，这一个回复应该是出自局内公文专家之手，这从一个侧面反映了泰州国税的领导真正重视了这件事。面对国税局此番的动作，"税务会计"和众多网民并未表示不满，事态得到控制，形势逐渐变好。

从泰州市国税局服务大厅的危机公关中，我们可以看到现代社会中，网络已经成为不可忽视的舆论阵地。这里有更便捷的投诉渠道，更直接的真情流露，更强大的信息搜索，其中最可畏的是网络强大的传播能力。但网络也像一把"双刃剑"，所有的企业和组织必须用十二分精力去对待网络，驾驭它并为我所用。对于行政机关而言，同样需要重视网络，把握网络时代的公关特点，有效利用网络进行公关，化危为机。

资料来源：http://blog.sina.com.cn/s/blog_69bba3ff0100mh0m.html.

五、信访工作

信访工作是政府与人民群众联系的桥梁与纽带。我国的《信访条例》第2条指出："信访，是指公民、法人和其他组织采用书信、电话、走访等形式，向各级人民政府、县级以上各级人民政府所属部门反映情况，提出意见、建议和要求，依法应当由有关行政机关处理的活动。"信访的形式一般是群众百姓直接前去政府与行政人员主动沟通，说明在社会生活、政治生活中遇到的问题，提出建议或需求，即是"送上门来"的工作。这种方式与正常的行政程序大不相同，属于越级沟通，但对于政府更直截了当地了解公众百姓的生活和需求、与群众面对面沟通更有效。因此，政府应该认真处理群众来信，接待来访者，倾听人民群众的意见、建议和要求，充分发挥信访工作事前监督的作用。

（一）信访事项

我国《信访条例》第8条指出，对下列信访事项，可以向有关行政机关提出：对行政机关及其工作人员的批评、建议和要求；检举、揭发行政机关工作人员的违法失职行为；控告侵害自己合法权益的行为；其他信访事项。

（二）信访工作程序

（1）接待与受理：根据信访工作的原则和信访事项的具体内容，对信访案件进行区别与分流，该受理的立即受理，不属于本职受理的则转交相关部门进行处理。

（2）立案与呈报：对于内容简单的信访件，信访工作人员可以按相关规定自行处理；对于内容重要的信访件，则立案之后呈报上级处理。

（3）办理：上报上级领导批示后的信访件，由原经办的信访工作人员按"分级"和"归口"原则进行分流，大致有承办、交办、转办三种情况。

（4）调查处理：对信访内容进行调查处理，得出结论，并提出具体的处理意见。

（5）检查督办：来信进入处理程序后，应按期检查督促处理措施的落实。

（6）回复立案：将有关处理意见和措施及时回复来信者，并加盖公章；同时将处理意见和方法记录备案。

随着各种信息沟通媒介的发展，信访形式变得多样化，如市长电话、市长专邮、各种专项的热线电话、电子函件、传真通信等。为了使一般老百姓能有机会直接与政府官员沟通，也可以建立行政首长接待日制度（如市长接待日、局长接待日等）或专访接待制度（如离退休人员专访日、知识分子专访日等）。

六、政府形象管理

政府形象是指社会公众眼中看到的政府的政策决策表现、执行力表现、政务公开程度和行政人员的行政素质等行政现象的整体形象和评价。政府形象是国家行政机关展现出来的整体风貌、组织特征以及政务活动状况给群众百姓留下的印象和产生的影响。良好的政府形象是政府赢得公众信任和支持的关键因素，在一定程度上决定了政府的成败。所谓政府形象管理，是指政府为了塑造和维护政府形象而采取的一系列决策、组织、指挥和协调的活动。

政府形象管理是政府内在素质和外在表现的全面管理，其内容主要包括：政府总体形象设计、政府工作全面质量管理、政府政策形象管理、政府领导者形象管理、政府公务员形象管理、政府环境形象管理、政府传媒形象管理、政府行为形象管理、政府绩效管理、政府危机管理、政府公共关系管理、政府形象管理的组织机构等内容。

政府形象的管理是一个系统完整的过程，这一过程主要包括以下几个步骤：

（一）形象调查

调查内外部公众对政府的认知、态度和印象，包括调查政府在公众中的知名度、美誉度和信誉度等，明确政府在社会公众中的形象。

（二）形象设计

经过政府的形象调查之后，就要考虑社会群众的需求和意愿，根据国家政府所处发展阶段的状况和战略决策的目标，从长远的角度出发，对政府形象进行新的定位，确定政府形象所要达到的效果和目标，对政府形象加以设计。形象设计可以包括形象标志设计、行政人员着装的设计和行为举止的规范等。

（三）形象树立

实施制定的政府形象设计方案，为政府塑造良好的社会形象。

（四）形象评估与检测

对行政形象管理的效果进行评估与检测，并将检测结果及时向上级报告。

本章小结

行政公关是指国家政府采用各种传播手段，促进政府和社会公众之间的交流和沟通，使百姓有更多的渠道了解政府的政策和决议，有更多的机会参与政治生活，从而给予政府更多的支持、建议和监督。行政公关具有主体的权威性、优越的传播性、对象的复杂性和目的的独特性等特点。公共关系是为了把握群众舆论、保持政府与群众的联系，从而创建良好行政环境。

目前，行政公关的手段有多种，常见的有深入群众了解民意、推广信息公开和办事公开制度、新闻发布、公共危机处理、信访工作和政府形象管理等。

第十一章　行政监督

以权谋私、某乡乡长被免职

2000 年某月，某乡乡长段某及副乡长李某被审计部门查出在财务上以权谋私、收支存在严重问题，被罢免职务、开除党籍。

原来，这位乡长跟副乡长久拖工资不发，让干部们很是恼火，最后决定向上级反映情况，导致这个下场，真是罪有应得。该乡原本经济条件不错，年财政收入也很高，但段某和李某上任后，不但把该乡搞穷了，还欠下一笔巨额外债，甚至好几个月没给干部职工发工资。干部职工对此事深感怀疑，便前去质问乡政府，乡有关领导没辙，只能暂时承诺过年前补发两个月工资，以此平息风波。但到了过年之际，却没有发工资的消息，职工干部们终于按捺不住，于是要求对乡领导进行经济责任审计。

县委和县人大知道后，委托了县审计局全面审计该乡的财政收支情况、主要领导的任期经济责任。半个月下来，事情终于水落石出。经查明，这一年来，该乡实际开支远远超过预算，很多项目成本高昂，造成严重的收支不平衡；另外，该乡财政存在很大漏洞，支出把关不严，再加上段某、李某等人利用这些漏洞营私舞弊，导致违规现象泛滥。这件事情引起了县领导的高度重视，县委、县人大也令有关部门对该乡存在的问题进行相应的处理，对段某、李某等人进行严厉的处置。这样总算平复了职工干部和人民群众心中的怒火。

【案例启示】 审计是行政监督的一种，行政人员代表行政机关实施具体行政行为，因此应该建立健全完善的行政监督体系，使民众的利益不受侵犯，同时也可以更好地维护政府形象。

> **本章您将了解到：**
> ● 行政监督的分类
> ● 行政监督的五种方式
> ● 我国的行政监督体系
> ● 我国行政监督体制的不足及建议

第一节　行政监督概述

党和人民在监督，万目睽睽难逃脱。

——陈毅

一、行政监督的含义

所谓行政监督，是指在公共行政管理过程中进行的监察、督促和控制活动，是各类监督主体依法对国家行政机关及国家公务员在执行公务和履行职责时的各种行政行为所实施的监察、督促和控制活动。

行政监督的主体是指在行政管理的过程中监督他人的组织单位或人员。按照监督主体的不同，行政监督有广义和狭义之分。狭义的行政监督是指行政机关内部上下级之间，以及专设的行政监察、审计机关对行政机关及其公务人员的监督。广义的行政监督泛指执政党、国家权力机关、司法机关和人民群众等多种社会力量对国家行政机关及其公务人员的监督。行政监督的客体是国家行政机关和公务人员。行政监督的任务是行政监督机构对国家行政机关及公务人员的行为进行监督，从中发现并纠正违反法律、法规的行为和活动，预防和纠正公共行政活动中可能出现或已经出现的偏差，从而保证行政目标的有效实现。

二、行政监督的分类

行政监督可根据不同的标准进行分类。通常的分类有（见表 11-1）：

表 11-1 行政监督的分类和内容

行政监督分类		主要内容
根据监督职责划分	一般监督	上级行政机关根据行政层级隶属关系对下级行政机关的监督
	职能监督	政府上级各职能部门或直属机构对下级相应的职能部门实施的业务上的监督
	主管监督	政府专设的监督机关对其他行政机关进行的监督
	特种监督	除了主管监督以外的各种专业性的监督
根据监督主体的性质划分	内部监督	行政机关自身所进行的监督
	外部监督	外部的监督主体对行政机关实施的监督
按照监督时间划分	事前监督	在进行活动之前而实施的监督
	事中监督	在行政活动或工作进行过程中而实施的监督
	事后监督	在行政活动发生之后而实施的监督

（一）根据监督职责来划分

根据监督职责可以划分为一般监督、职能监督、主管监督和特种监督。一般监督是指上级行政机关根据行政层级隶属关系对下级行政机关的监督，它包括同一行政机关上下级之间的监督和不同行政机关之间的监督。职能监督是指政府上级各职能部门或直属机构对下级相应的职能部门实施的业务上的监督。主管监督是指政府专设的监督机关对其他行政机关进行的监督。特种监督是指除了主管监督以外的各种专业性的监督，是相对于一般行政监督而言的。

（二）根据监督主体的性质来划分

根据监督主体的性质可以划分为内部监督和外部监督。内部监督是指行政机关对自身所进行的监督。外部监督是指外部的监督主体对行政机关实施的监督，主要包括国家机关的监督、政党的监督和社会监督。

（三）按照监督时间来划分

按照监督的时间可以划分为事前监督、事中监督和事后监督三种。事前监督是指在进行活动之前而实施的监督，如对活动的计划、方案进行审查。事中监督是指在行政活动或工作进行过程中而实施的监督，如对活动是否按计划实施、是否出现了难题等内容进行监督。事后监督是指在行政活动发生之后而实施的监督，此时结果已经发生，无法改变，但是可以总结经验教训，防止以后出现同样的失误。

三、行政监督的方式

行政监督方式是行政主体在实施行政监督时所采用的监督手段和具体方式。采用何种监督方式，对实现行政监督的目标十分重要。以下主要介绍几种较为常见的监督方式。

（一）质询

质询是指立法机关向政府部门了解其工作的情况，受质询的机关必须负责答复。一般而言，质询可以分为口头质询和书面质询两种方式。因各国具体制度不同，立法机关是否有质询权主要依宪法而定。我国《宪法》第 73 条规定："全国人民代表大会在全国人民代表大会开会期间，全国人民代表大会常务委员会组成人员在常务委员会开会期间，有权依照法律规定的程序提出对国务院或者国务院各部、各委员会的质询案。受质询的机关必须负责答复。"

（二）弹劾

弹劾是指立法机关对政府高级官员个人的犯罪或者严重失职行为进行控告或制裁，追究法律责任，罢免其职务的一种行政监督方式。监察院对于中央及地方的公务员，认为存在失职或违法行为，必须提出弹劾案。监察院弹劾公务员或司法、考试人员，须由监察委员 1 人以上提议，9 人以上审查及决定，才得提出；弹劾总统、副总统须有全体监察委员 1/4 以上提议，全体监察委员过半数审查及决议，向国民大会提出。在美国，弹劾是国会监督政府的一种最严厉的方式。

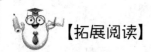【拓展阅读】

弹劾

弹劾始于 14 世纪的英国，当时是作为根据"群众呼声或舆论"提起刑事诉讼的一种方式，1376 年英国的议会树立了第一批公认的弹劾案例。弹劾的对象通常为王室大臣之类的政治人物。

但发展到后来，人们认为弹劾作为一种政治审判，难免草率。至 1806 年起英国已不再使用弹劾，美国也用得较少。

（三）不信任表决

不信任表决是立法机关对政府实施行政监督的极端形式。在内阁制国家里，议会议员对内阁个别成员或内阁全体成员认为有违法失职、严重决策失误等情况而不能信任时，可以采用不信任表决的方法，迫使其辞职。在总统制国家中，行政机关与议会分别设立，彼此没有相互监督的义务，因此议会没有权力推翻行政机关。

（四）审核

审核是指议会对行政机关所作的重大决策、颁布的重要行政政策或高层领导的任命进行审核和检查，以便及时发现问题的过程。议会审核在一定程度上避免了行政机关滥用权力、以权谋私现象的发生，对行政机关及其公务人员起到监督和控制的作用。

（五）调查

调查是指立法机关为了了解政府行政活动中的某些问题，对某些行政机关或公务人员进行调查，并写出调查报告，然后经审议辩论后做出决议，从而对政府工作起到监督作用。调查的方式主要包括一般调查、专案调查、联合调查、专题调查、现场调查、向知情人调查等。

【案例 11-1】
陕西周至县土地违法案件调查

2004 年 5 月，监察部和国土资源部派出联合调查组，对陕西省周至县土地违法问题进行了调查。经查，在 2002 年，周至县政府在土地未经依法批准使用的情况下，与开发商签订合约，出让土地 6000 亩给开发商用于建设生态园，并收取开发商 2000 多万元。2003 年 5 月，周至县政府在没有办理手续的情况下，对某地段进行强制拆迁，动用警力，引发了警民冲突。此外，周至县政府还在未经允许的情况下违法征地圈地，组织建设，并且征地用地中还存在补偿低于法定最低标准及拖欠征地补偿费问题。

周至县政府未经依法批准实施征地占地，不依法补偿并拖欠征地补偿费，违法动用警力造成严重后果，县政府有关领导负有直接责任。依据《中华人民共和国土地管理法》、《中国共产党纪律处分条例》、《关于违反土地管理规定行为行政处分暂行办法》的有关规定和国土资源部、监察部的建议，陕西省责成有关方面按规定程序给予原县长、原常务副县长党内严重警告处分，并责令其辞职；给予副县长行政撤职处分；给予原县长助理行政警告处分。同时要求土地该退还农民，依法赔偿。

监察部和国土资源部在陕西省、西安市政府及有关部门的配合下，对陕西省周至县政府土地违法问题进行的调查，主要体现了行政监督系统中的内部监督。不但包括了内部监督中的一般监督、职能监督，更体现了内部监督中特设监督机构的监督，即行政监察。

资料来源：http://wenku.baidu.com/view/6230afc72cc58bd63186bd59.html.

四、行政监督的原则

行政监督的原则是指行政监督应当遵循的基本准则和指导思想，它对行政监督的实施起着指导和规范的作用。行政监督的原则主要体现在以下几个方面：

（一）合法性原则

合法性是行政机关从事行政监督的必要条件。合法性原则是指监督机关必须通过国家法律制度的制定和运用，来制约和监督行政人员和行政机关依法行政。合法性原则是依法行政原则在行政监督领域中的延伸和体现。

（二）经常性原则

经常性原则是指行政监督不能只是偶尔抽查，必须是持续不断的监督。这样既可以防止一些行政机关或行政人员投机取巧、铤而走险的行为，同时也可以及时发现问题，避免损失进一步扩大。因此，行政监督必须贯彻经常性的原则，防止出现漏监、失监的现象。

（三）广泛性原则

广泛性是指行政监督主体的广泛性、管辖范围和监督对象的广泛性。其中行政监督的主体包括行政组织内部的监督主体和外界的监督主体，内部包括国家权力机关的监督、司法机关的监督、行政机关内部的监督，外部监督主体泛指社会监督、人民群众监督、媒体监督等；管辖范围的广泛性是指行政机关监督的事务之多，包括了对行政管理各个环节的监督，并且针对各个环节所采取的行政手段和措施也多种多样；监督对象既包括对行政管理主体的监督，又包括对行政管理实施对象的监督。

（四）公开性原则

公开性原则是指行政监督主体在行使监督权时，除涉及国家机密、个人隐私和商业秘密之外，必须将监督的有关事项向被监督的行政机关、公务员和社会公开。这样有利于人民群众参政议政，实行民主监督，也有利于防止某些行政人员以权谋私。

（五）公正性原则

公正性原则是指行政监督机关和监督人员应该尊重客观实际，避免和克服工作中的主观性和片面性，并且对任何监督对象都一视同仁、一律平等，不允许出现超越法律和法规的特权。简单来说，公正性原则要求行政监督机关和监督人员公平公正地处理问题。

第二节　行政监督制度

我国已经形成了较系统和多元化的行政监督体系。但由于种种障碍的存在，它的能量远未释放出来。行政监督仍然是我国政治生活中的一项薄弱环节。

——王世娟

一、内部行政监督

（一）含义

内部行政监督是指国家在行政机关内部设立的专门行政机关，根据国家的法律法规，对国家行政机关及其工作人员的行政行为进行全面的监察、监督和指导。简单来说，内部行政监督就是行政机关的自我监督。行政内部监督的主体是依法设定的专门监督机关或部门，对象是行政机关及行政人员。内部行政监督的职责主要是检查行政部门及其公务人员行为是否合法，并监督行政部门的绩效和办事效率。

（二）类型

从各个国家的行政监督可以得出，内部行政监督主要分为三类：一般监督、业务监督和专门监督（见图 11-1）。

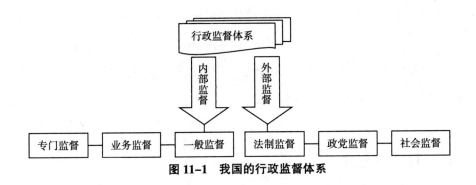

图 11-1 我国的行政监督体系

1. 一般监督

一般监督是由在行政组织中的权利关系而产生的一种监督，主要是指行政组织中的上级对直属下级实施的监督，即上级机关对下级机关行使职权实行监督，以及行政机关内部行政领导人对其下级工作人员的一般监督。在我国，国务院对全国一切行政机关的监督，地方各级人民政府对其工作部门的监督，各级政府之间、各职能部门之间的监督都属于一般监督。政府机关内部自我监督的主要形式有工作指导、工作报告、工作督促、审查、检察、调查等。

2. 业务监督

业务监督是指政府各部门就其所主管的业务范围对其他部门所进行的监督，分为主管监督和职能监督两种。主管监督是指政府主管部门对下级政府相应的工作部门、有隶属关系的企事业单位的行政管理活动和其他管理活动实行的监督。职能监督是指政府具体职能部门就其所主管的工作，在各自职权范围内对其他部门实行的监督。前者是指上级行政管理者（上级行政机关）对下级行政执行者（下级行政机关）的业务监督，后者是指部门之间的业务监督。

3. 专门监督

专门监督与广义的一般监督相对应，由政府设立的专门机关独立行使监督权，对所有部门的行政工作实行专业性分工的监督。专门监督通常包括行政监察和审计监督两种：行政监察是指行政机关内部设立的专门监察机关对国家行政机关及其工作人员的行政行为进行监察和监督的活动；审计监督是由国家专门设立审计机关依法对行政机关的财政财务收支活动、经济效益和财经法纪的遵守情况进行的审核和稽查。不同国家的行政监察体制也有所不同，有的在行政机关内部设置独立的专门监察机关，如中国和日本；有的在行政机关内部设置专门的监察职位来行使监察权力，如美国；有的则是行政机关在社会聘用独立身份的监察人员行使监察权力，如加拿大。

【拓展阅读】

西方行政监督体系的组成

（1）立法机关的监督，包括人事监督、财务监督、质询、调查、弹劾、投不信任票等方式的监督。

（2）行政机关的内部监督，一是以公民请愿、诉愿为核心的自身监督，二是在行政部门内部设立专职监督检查机关进行监督。

（3）司法机关的监督，包括违宪审查监督和行政诉讼监督。

（4）社会及新闻媒介的监督，主要是利益集团和社会舆论两种。

二、外部监督

外部监督是指行政机关以外的主体或部门对行政机关及其行政人员实施的监察和监督。一般而言，外部监督具有监督主体的多样化、监督的范围全面化、监督活动的及时化等特点。

外部监督主要包括法制监督、政党监督和社会监督三类。

（一）法制监督

法制监督是指有关国家机关、社会组织和团体以及公民个人通过法定的程序和方法对行政机关及其行政人员的活动和行为实施的监督，这种监督是一种最规范、最有效的监督，是最基本的监督方式。根据国家权力主体的不同，法制监督可以分为立法监督、司法监督和监察监督三种形式。立法监督是指国家立法机关依法对国家行政机关及其行政人员实施的监督；司法监督是指国家司法机关依法对国家行政机关及其行政人员实施的监督；监察监督是指国家监察机关依法对国家行政机关及其行政人员实施的监督。

（二）政党监督

政党监督是指国内的政党对行政机关及其工作人员的监督，它是一种外部监督，在行政监督体系中有着十分重要的作用。在我国，政党监督是指中国共产党和各民主党派对国家行政活动的监督。政党监督可分为执政党监督和非执政党监督两种。执政党监督实际上涉及执政党如何控制和行使公共权力的问题，包括政党与立法机关、政府和司法机关等国家权力机构之间的关系。西方国家执政党是议会党团，非执政党是在野党；我国的执政党是中国共产党，非执政党是参政党。

（三）社会监督

社会监督是指公民个人、社会团体和社会组织等社会行为主体根据法律、法规的规定对政府及其行政人员实施的监督。社会监督的形式多种多样，主要表现为政协监督、团体监督、公民监督和舆论监督四种类型。

1. 政协监督

政协监督是通过民主党派、无党派人士、人民团体和社会各界人士就国家政务提出意见，做出评价的监督方式。

2. 团体监督

团体监督是指通过社会各种团体如工会、共青团等就国家管理的相关事务向有关行政机关发表建议和意见的监督方式。

3. 公民监督

公民监督，又称群众监督，是指公民根据其法定权利对任何国家机关及其工作人员的行为与活动进行监督的方式。

4. 舆论监督

舆论监督是以大众传播媒介为载体，以反映群众呼声，为公众提供及时、可信的舆论信息为手段，对社会政治经济生活和决策机构提供咨询和实行监督的一种社会行为。

【案例 11-2】

牙防组的消失

牙防组，全国牙病防治指导组的简称，是 1988 年经卫生部批准成立的牙病防治组织，主要责任是指导检测口腔疾病体系的建立和健全、参与公共卫生事务。但从 2005 年起，牙防组陆续曝出丑闻，这个曾让消费者信任的机构让人大感失望。先是媒体曝出牙膏认证市场混乱，指出牙防组缺乏必备人员和办公条件，而且标准不公开、不透明。然后是清华大学法学博士李刚等人经过大量调查，指出牙防组并不具有认证口腔保健品的资格。还有资料显示，牙防组通过违规认证获取金额至少 218.5 万元，并且和国家牙病防治基金会在财务上有密切关系，牙防组违规借用牙防基金会的账户，进行了诸多违规操作。……关于全国牙防组的争议一直持续着，最终国家认证委负责人表示，牙防组没有认证资格，并要求牙防组停止认证活动。直到 2007 年 4 月事情才有了结果，牙防组被撤销。

牙防组为何能逃脱监管生存 20 年？一个原因是在这期间内部机构调整造成监管难；另一个原因是中国认证行业以前一度有些混乱，国务院各部门形式和做法不尽一致，制度不统一。事情最终是由公众引发并促进解决的，资料的曝光、李刚博士的挺身而出、公众的质疑和舆论，体现着社会舆论在政治生活中拥有强大的能量。

资料来源：http://politics.people.com.cn/GB/1026/5748302.html.

三、我国行政监督体制的不足和完善

从当前我国行政监督现状看，行政监督机制不完善主要表现在以下几个方面：

（一）行政监督体制多元无序

从形式上说，行政监督体制多元化是一种比较好的监督体制，有利于监督的全面性和及时性。但是由于我国仍然处于社会主义发展的初级阶段，各方面还不成熟，行政监督体制多元化无法发挥其真正的效果。另外，我国是一个人口众多、资源庞大的国家，行政监督主体虽多，但缺乏监督的凝聚力和合力。

（二）专门监督机构缺乏独立性

任何权力机构缺乏独立性就意味着其权力无法正常发挥，有效性低。我国现阶段大部分的行政监督都是内部行政监督，外部行政监督欠缺或者其作用不是很大。而内部行政监督机构是本行政机关的一部分，通常受到同级行政机关和上级业务部门的双重领导，以至于受到双重控制，从而使行政监督机构的意见受制于行政领导，无法起到真正监督的作用。

（三）行政监督法规不完善，缺乏可操作性

行政监督的法规对行政监督的内容、责任、行使权力等做出的明确规定，有利于社会各种力量进行合理的监督。随着我国不断的发展和进步，各个方面的法律法规仍然存在着缺陷和不足，行政监督的法治法规也不例外，主要体现在某些法律法规太多和某些法律法规不足两个方面。这两个方面都会降低行政监督的可操作性。另外，行政行为本身的抽象性以及难以测量性也使得行政监督缺乏可操作性。

此外，我国的行政监督还存在外部行政监督乏力、公共行政监督的形式单一以及行政监督程序缺乏可透明化等一系列的问题。

针对以上的不足和缺陷，行政监督可以进行如下改善：[1]

（1）建立行政监督体系的协调机制，充分发挥整体监督效能

要充分发挥多元化的行政监督体制的优点和作用，就必须协调好各个行政监督主体之间的关系，不仅要明确各主体的责任和义务，而且要建立一种合作关系，使行政监督形成一种整体效应。另外，要减少各个监督机构的重叠，这样不仅可以节约成本，而且也有利于提高效率。

（2）健全以权力约束权力的行政监督制约机制

要充分发挥行政监督的作用，就必须使监督机构或部门拥有独立的权力对行

---

[1] 李保清.对完善我国行政监督体制的几点思考，山东人大工作，2003.

政机关实施监督，从而形成一种权力相互制衡的关系。行政监督机构虽然在行政机关的管辖范围内，但是并不直接受制于行政领导或行政机关，而是具有独立的监督权和权威。

（3）健全行政监督的法律机制

完善的法律机制是正确实施行政监督的重要保证和前提，是进行行政监督的重要依据。我国有关行政监督的法律，一方面缺乏相应的监督法律，存在滞后性；另一方面是已有的监督法律法规存在各种法律漏洞，不够完善。所以我国首要的工作就是要加快监督法的立法进程，明确规定监督主体的权力和责任、内容和范围、对象和方式、惩罚措施等内容，使监督有法可依。

此外，要完善我国的行政监督体制，还必须加强行政机关的监督意识，完善群众与舆论监督机制，强化社会及新闻媒体的监督，加强行政监督人员的伦理教育，提高行政监督的透明度等。

本章小结

权力的行使少不了监督，监督能防止权力滥用。行政监督不单是社会群众的监督，也需要权力行使者的监督，更需要强有力的制度约束。行政监督按不同的视角划分为多种类型，常用的监督方式包括质询、弹劾、不信任表决、审核和调查。

我国的行政监督制度包括内部监督和外部监督：内部监督有专门监督、一般监督和业务监督；外部监督有法制监督、政党监督和社会监督。我国目前的监督体系还存在一些不足，更科学、合理、规范和精简的监督制度还需要更多的努力去建设和完善。

202

第十二章　公共财政

重庆首创追加财政预算听证制度

2004年，重庆市正式启动追加财政预算听证制度，即如果项目超出预算，需要追加费用，必须过听证会这道关，这在全国尚属创举。自2003年下半年开始，重庆市财政局就在内部尝试预算追加听证，建立了从听证准备、听证会议、听证确立和指标公示、追加预算等程序。实行听证制度的目的是为了使财政公开化、透明化，真正管好、用好纳税人的钱。

记者在听证会上看到，评议员都颇具"挑刺"的本领，提出的问题个个尖锐。如某高校申请追加教学综合楼装修及设备经费预算，评议员就提出：重复计算的工程量和超标的装修，该不该剔除？修楼的时候已批了装修费，为何又要申请装修费？对于陈述人介绍该校有收费依据，但并未向学员收取费用时，评议员指出为什么该收费却不收费，留个缺口让财政来补贴？该项目申请的费用被一番猛砍后终获通过，但被要求所购设备全部纳入政府采购。

重庆市人大常委会预算工作委员会主任罗先成接受记者采访时表示，此举主要是保证对预算追加的科学、公正，使财政资金取之于民，用之于民。

资料来源：http://news.sina.com.cn/c/2004-03-04/10301962158s.shtml.

【案例启示】政府公共财政花的是纳税人的钱，近几年政府财政公开的呼声越来越高。建立一套合理的政府财政公开机制，使包括预算、财政收支、政府审计等在内的工作更加合理科学、公平公正，真正用好纳税人的钱，是我国进行政府体制改革所要迈出的最艰难的一步。

本章您将了解到：

● 政府预算

● 预算会计

● 财政收支

● 政府审计

第一节　公共财政概述

一个国家的财政史是惊心动魄的。如果你读它，会从中看到不仅是经济的发展，而且是社会的结构和公平正义的程度。

——温家宝

一、公共财政的含义和特点

"公共财政"一词来源于"Public Finance"，意思是国家行政机关为满足社会公共需求对公共产品和服务进行分配的政府收支模式或财政运行模式。公共财政既是行政机构的财政收支运行模式，更是社会公众的财政，它必须与市场经济体制的运行相适应。

与其他财务相比，公共财政具有如下特点：

（一）公共性

公共财政的主要目的是解决公共问题，实现公共目标，满足社会的公共需求。换句话说，公共财政的责任就是要满足社会公共需求和广大人民群众的经济利益，凡不属于或不纳入社会公共需求领域的活动或事项，公共财政原则上是不介入、不参与，这也就将公共财政的活动范围与私人活动范围区别开来。如国家每年拨出一定经费用于教育、医疗卫生、国防科技、城市建设、民生等，这些经费都属于公共财政，受益于广大人民。

（二）非营利性

非营利性是指公共财政应该以满足社会需求和追求社会公共利益为导向，而不能以盈利为目的。这主要取决于公共财政的来源，古人云："取之于民，用之于民"，公共财政的收入来源于人民群众，公共财政的支出就必须用于满足人民群众的需求。

（三）法治性

公共财政具有法治性，是因为政府的财务行政受到法律的约束，其行为和活动都要在遵循法律规定的前提下进行。公共财政的法治性主要体现在以下两个方面：一是政府的财政行为受到社会公众、国家权力机构的监督，受到相关法律、法规的限制；二是公共财政收入与支出建立在严格的法律基础上。由于市场经济活动都要受到宪法法律的规范和约束，而财务行政是政府参与市场经济的最直接的体现，其过程更要具有法治性。

（四）强制性

政府是公共财政的分配主体，是政府凭借公共权力进行的活动，因此具有强制性。公共财政的强制性主要体现为，在市场经济体制下，政府依法通过强制的方式来对企业和个人征税。一般而言，政府财政的强制性大小直接与财政收入的结构紧密相关，当财政收入在很大程度上来源于税收时，财政的强制力会很强；当财政收入主要来源于政府投资的收入时，财政的强制力则比较弱。

（五）补偿性

企业和个人通过纳税而减少的自身可支配的利益，将从政府提供的公共服务中获得弥补，这就在纳税与公共服务之间形成了一种利益补偿的关系，这就决定了公共财政具有补偿性。但是这种补偿与企业或个人的投入是不对等的，也就是说，并非缴税越多，所享受的公共服务越多。

二、公共财政的职能

在市场这只"无形之手"的作用下，常常会出现失灵的情况。为了弥补市场调节的不足，政府这只"有形之手"往往要介入社会经济运行中，以达到社会资源的合理配置和经济的平衡发展的目的。一般而言，公共财政的职能主要包括如下几种：

（一）优化资源配置职能

优化资源配置是指政府在公共财政运行的过程中，要将人力、财力、物力和技术等社会资源进行合理整合和分配，从而使资源得到有效的配置。前面谈到，公共财政的主要目的是解决公共问题，实现公共目标，满足社会的公共需求。例如，那些投资大、建设周期长和投资回收慢的基础产业和部门是私人企业或部门无力投资的，但对国民经济的发展又十分重要，因而只能借助政府的财政力量来实现。总的来说，在实现公共目标和满足公共需求的过程中，需要政府介入市场通过财政收支活动来弥补市场调节的失灵与缺陷，实现社会资源的有效配置，从而达到社会利益的最大化。

（二）调节收入分配职能

调节收入分配职能是指政府通过公共财政在一定程度上改变和调整市场分配格局，从而协调各种利益分配关系，以达到社会公平、公正的分配原则，最终促进社会稳定和经济的发展。其主要内容包括：

1. 调节个人之间的收入分配关系

即政府通过税收和社会再分配的方式来缩小个人之间的收入差距，调节个人之间的分配关系，实现社会公平。

2. 调节部门及产业间的收入分配关系

即政府通过财政投资、财政补贴等来调整不同产业和部门的资源流入量，从而调节不同产品和行业间的收入分配关系。

3. 调节地区间的收入分配关系

即中央通过对地方实行转移性支付制度，使不同地区，如东西部、南北部等地区之间的收入差距缩小，促进各地区经济的和谐发展和社会整体的稳定，推动区域经济均衡发展。

（三）稳定经济增长职能

稳定经济增长职能是指政府通过税收、公债、转移性支出、投资等财政政策，从而实现充分就业、物价稳定、经济增长及国际收支平衡等目标。稳定经济增长职能的方式有以下四种：

（1）在不同的经济发展阶段和市场经济形势下，灵活地采用切实有效的财政措施，保持社会总供给和总需求的平衡，一般包括财政紧缩政策和财务扩张政策两种。

（2）通过政府对特殊行业的财政投资和补贴，促进这些行业的快速发展，从而为社会经济的发展奠定良好的基础，如农业、通信、石油、能源等提供公共服务和公共设施的基础产业。

（3）通过发挥累进的个人所得税、失业救济金等制度的作用，使社会经济活动保持基本稳定的状态，如在经济萧条的时期，累进的个人所得税使政府税收日趋下降，有利于经济逐渐回暖。

（4）对由于市场经济体制不成熟而造成的社会问题、道德问题、污染问题、生态问题等负面效果进行控制和调节，从而促进社会与经济的可持续发展。

【案例 12-1】
上海浦东新区财政在社会保障事业中发挥的作用

20 世纪 90 年代初，上海被规划为 21 世纪带动中国经济腾飞的"龙头"，上海市政府认为上海经济"龙头"的建设重心在浦东。而当时，浦东还是处于一个"半农村"状态。随着规划的执行，大量资金、技术、人口涌向浦东，浦东经济得到迅速发展，但这对浦东的社会保障体系也提出了更高的要求。浦东新区社会保障系统的建设压力还有一部分来自于居民对发展之后利益重新进行调整分配的要求，如何分配利益才能保证公平让所有人共享发展成果，如何减少居民对利益分配的期望与现实之间的落差，成为浦东建设者亟待解决的重大课题。

　　自新区建立以来，浦东新区财政在社会保障方面的支出逐年增加，社会保障支出占财政支出的比重也逐年增加，从 1993 年的 5% 到上升为 2000 年的 12.8%。新区财政用于社会保障的资金主要有用于行政事业单位的社会保障资金和困难企业及社会特困人员的社会保障资金。新区财政还设立了"安民帮困"基金，纳入每年新区的财政预算，实行财政专户储存。在财政的支持下，浦东新区社会保障覆盖面逐年扩大，支出形式也呈现多样化，支出结构更加优化，社会保障系统逐步建立完善起来。浦东新区自主创新的社会保障体系缓解了经济高速发展中贫富分化的矛盾，对浦东的经济、社会平衡发展起到了巨大的作用。

　　资料来源：诸敏蓉，梁鸿，程远，徐麦琏，李海蕴. 公共财政在社会保障发展中的贡献与作用：浦东案例 [J]. 市场与人口分析，2003，9 (6).

第二节　政府预算

凡事预则立，不预则废。

——《礼记·中庸》

一、政府预算概述

（一）含义和内容

　　政府预算又称为财政预算，它是指政府为实现其职能，经法定程序批准的国家年度财政收支计划。政府预算反映了行政机构整体的活动范围和政策方向，反映了国家政府的施政方针和社会经济政策，同时也是对社会资金进行有计划、有秩序的分配和使用、调节社会经济生活的主要手段。政府预算的内容包括：预算收支的种类、数量及收支性质和作用；各级政府处理财政收支问题时的关系；执行和实现收支计划的法定程序、具体措施和规章制度。

根据《中华人民共和国预算法》规定，我国预算由中央政府预算和地方预算组成。中央政府预算由中央各部门（含直属单位）预算组成，同时还包括地方向中央上交的收入额和中央对地方返还或者给予补助的数额。地方预算由各省、自治区、直辖市总预算组成。省、自治区、直辖市；设区的市、自治州；县、自治县，不设区的市、市辖区；乡、民族乡、镇四级总预算构成地方各级总预算。地方每一级总预算都是由本级政府预算和汇总的下一级总预算组成，由于乡、民族乡、镇这一级预算只有本级预算，而无汇总的下一级总预算，因此，乡、民族乡、镇级总预算即是指乡本级预算。地方各级政府预算是指由本级各部门（含直属单位）的预算组成，同时，还包括下级政府返还或者给予补助的数额。

（二）原则

1. 公开性

公共财政的公开性体现在政府的财务预算、财务支出和收入、财务执行等情况要适当地通过公开的平台向百姓群众公布，让人民了解行政财政的基本状况，让纳税人了解所缴税收的去处，使公共财政得到社会公众的监督。

2. 可靠性

可靠性原则一方面是指政府对财政的预算、收入和支出的实际情况都要经过精细的、科学的、反复的计量，确保财政的估算和计算保持在精准的范围之内，不得超出规定的误差限定；另一方面是指政府对每一项财政收支的具体情况都不得作假，更不能随意编造，财政执行的单位、部门和人员不得为了私利多报、少报。

3. 合法性

政府预算要按照规定的立法程序进行审批，它反映了国家财政资金的来龙去脉，必须遵守宪法法律的约束和规范。政府预算的合法性体现在政府预算的成立和执行结果都要经过立法机关的审批。

4. 统一性

地方政府的预算与中央政府的预算联合组成统一的全国性的预算。所以不论是地方政府还是中央政府,其财政过程都要用统一的预算科目,并且每个科目都要按统一的口径、程序计算和填列秩序执行。

二、政府预算管理的基本模式

政府预算管理的基本模式主要有如下几种 (见表 12–1):

表 12–1 财政预算的几种模式

基本模式	概念	内容或分类
分项排列预算	以预算支出的若干特定目标为核心,采用分项排列的方法依次列出特定目标的预算资金,由拨款机构加以拨付	总科目、一级科目、二级科目、明细科目等
规划—计划预算	将目标规划、计划制订和预算编制融为一体	规划、计划、预算、系统
目标管理预算	注重预算项目执行的效率,而不是主项目与各备选项目之间的选择	说明单位的基本任务;确定预算的主次目标;设定可供考核的指标;列出具体的时间进度以供监督
零基预算	一切预算支出从零开始,在综合平衡的基础上编制费用预算	提出预算目标;确定各项目的重要程度和开支的先后顺序;在各项目之间进行择优分配
绩效预算	以项目的绩效为目的,以成本—效益分析确定的支出费用为基础而编制和管理	由绩、效和预算三个要素构成

(一) 分项排列预算模式

分项排列预算模式是以支出科目为基准进行的预算模式,即是说,围绕预算支出的几项特定目标为核心,采用分项排列的方法对这些用于特定目标的预算资金有顺序地依次列出,并由拨款机构加以拨付。分项排列预算模式的优点是简便明了,易于操作,一般按照总科目、一级科目、二级科目、明细科目等分类记录,可以一目了然地看出预算资金在不同项目中的分配情况。表 12–2 为管理费用例子说明二级明细科目。

(二) 规划—计划预算模式

规划—计划预算模式起源于美国,它是将财政的目标规划、预算计划和预算

表 12-2　管理费用二级明细科目

一级科目	所属二级科目	核算内容
管理费用	工资	公司管理部门及相关后勤人员工资
	职工福利费	员工共餐、医疗费用、体育用品、餐补……
	折旧费	管理部使用的固定资产每月计提的折旧
	修理费	计算机、打印机等办公用品、办公楼、宿舍装修费、安装费等
	中介代理费	人事档案代理费、招聘中介费
	⋮	

编制结合起来的一种模式。规划—计划预算模式的内容包括：①目标规划，即确定预算若干项目的目标；②计划，即从若干特定目标中选出最紧迫且最重要的目标，分析其成本收益，并设计和拟订实现各目标的备选方案；③预算，即要实现这些目标的年度成本；④系统，上述预算的三个过程是形成一个相互联系的系统。规划—计划预算模式的优点是它是按设计的方案进行预算，且综合了支出的成效进行考虑，对提高预算效率有一定的作用。

（三）目标管理预算模式

目标管理预算模式的侧重点是各个预算项目的执行力和完成项目的效率，与其他几个模式不同的是，它并没有在各个项目之间进行抉择。目标管理预算模式的要点包括四个方面：各个单位的基本任务；明确规定财政预算的主要目标和次要目标；提供参考指标，注意上级领导和下级单位要充分沟通和交流，确保指标的可行性；依据设定的指标，安排好具体的时间和项目进度，对过程进行监督。

（四）零基预算模式

零基预算是指政府在编制成本费用预算时，将预算的基准设为零，根据预算期的现实需求和潜在需求，对每项所支出的费用的内容和额度进行考量，测量其是否合理，是否符合预算的管理规定。即是说，该模式不考虑过去的会计期间所发生的费用项目和金额，而是在综合平衡的基础上编制费用预算。零基预算有个区别于其他预算模式的特征，就是它不受过去的、历史的预算安排和执行情况的影响，而是建立在成本—效益分析的基础上，根据实际情况的需要和可能性来编制预算。零基预算的基本步骤是：第一，确定预算目标，明确各个单位或部门在预算期间的费用开支项目和额度；第二，对各单位部门申请的每一费用项目进行成本一效益分析，根据各项目的紧急程度和重要程度，确定开支的先后顺序；第三，将预算期间实际可分配和使用的资金按照所申请的各费用项目的先后顺序，确定它们可获得的资源额度。

（五）绩效预算模式

绩效预算模式，从字面意思就可以知道是以项目的绩效为支出的标准，即政府通过成本一效益分析法，确定的各项支出费用的预算管理模式。绩效预算由绩、效和预算三个要素构成。绩是指项目的业绩目标；效是指用于衡量财政支出所获得的成绩和项目完成效果的具体指标；预算是指为了达到项目的预测业绩所需的资金和资源的配置额度。

第三节　预算会计

天下未乱计先乱，天下欲治计乃治。

——杨时展

一、预算会计的概述

（一）定义

预算会计是国家政府为了满足社会经济发展的需求，以预算（政府预算和单位预算）管理单位为中心，以财政预算收支核算为重点，对分配于各级政府部门、行政单位和非营利组织机构的，用于社会再生产过程的资金的运作过程和运作结果进行核算的会计体系，其中预算管理中心一般包括政府预算和单位预算。预算会计以货币为主要计量单位，它有责任和义务对各级行政部门和单位的经济业务进行强制性、连续性、突发性的监督和检查。预算会计的主体是各级行政单位、各级事业单位和各级人民政府财政部门，其客体是预算会计所要核算和监督的内容。

（二）要素

预算会计要素包括资产负债表要素和收入支出表要素。其中负债表要素包括资产、负债和净资产，收入支出表要素包括收入和支出两个方面。

1. 资产

资产是行政组织和单位、非营利组织依据规定所占有或者使用的，可以货币为计量单位的包括财产、债权和权利等在内的经济资源。

2. 负债

负债是行政组织和单位、非营利组织依据规定需要承担的，能以货币为计量单位，需要付出资产或劳务予以偿还的债务。一般包括借入款项、应付账款、其他应付款、各种应缴款项等项目内容。

3. 净资产

净资产是行政组织和单位、非营利组织依据规定所占有的资产净值，这种资产净值在数量上与会计主体资产减去负债后的差额是一致的，包括固定基金、结余等。

4. 收入

收入是行政组织和单位、非营利组织在会计管理活动中依据规定所取得的非偿还性资金。收入一般包括拨入经费、预算外资金收入、其他收入等。

5. 支出

支出是行政组织和单位、非营利组织单位按照规定的预算范围，对资产的使用、处置和拨出等导致的耗费和损失，一般包括拨出经费、经费支出和自筹基建支出等。

二、预算会计的组成体系

国家的每一级行政单位都应设置相应的预算会计。预算会计组成体系主要由财政总预算会计和单位会计两大部分构成。

(一) 总预算会计

总预算会计，即财政总预算会计，是各级财政机关核算、反映、监督总预算执行和其他经济活动的会计。其对象是各级预算内、外资金的集中、分配和执行结果。总预算会计的分级，是由国家预算的分级所决定的，不同的国家有不同的预算会计的分级。下面以中国为例，介绍总预算会计的形式。

中国的国家预算是根据统一领导、分级管理的原则建立的，分为中央预算和地方预算。总预算会计的构成与国家预算体系相一致，由中央总预算会计和地方总预算会计组成（见图 12-1）。地方总预算会计又由省（自治区、直辖市）总预算会计，设区的市（自治州）总预算会计，县（自治县、不设区的市、市辖区、

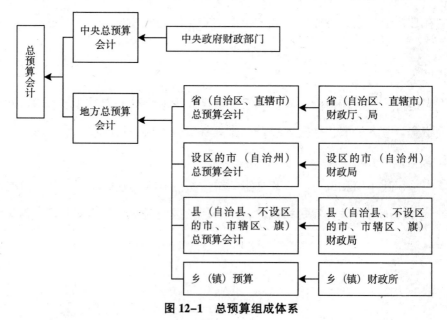

图 12-1 总预算组成体系

资料来源：庞贵永，周立宁，何立民等. 预算会计 [M]. 北京：中国物价出版社，1998.

旗) 总预算会计，乡 (镇) 总预算会计组成。从上可知，总预算会计可分为中央、省、市、县、乡五级。其中中央总预算会计承担中央部门和全国各部门的预算资金的会计核算任务；地方各级政府总预算会计承担自身所管辖的地区和各主管部门及所属单位的预算资金的核算任务。此外，任何一级独立的总预算都要在政府的财政机关设立总预算会计。

(二) 单位预算会计

单位预算会计，简称单位会计，是各级行政单位核算、反映和监督各单位预算执行情况和其他资金活动情况的专业会计。其对象是各级单位预算内、外资金的领拨、使用及其结存。

单位预算会计是根据各级行政机构的建制、经费领报关系和预算管理层次来划分的，共分为三级 (见图 12-2)：

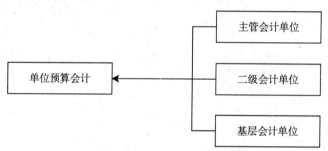

图 12-2 单位预算会计组成体系

1. 一级会计单位

即行政单位或部门向同级财政部门领报经费，并发生预算管理关系的主管会计单位。

2. 二级会计单位

即向所主管的会计单位领报经费，并发生预算管理关系的下级会计单位。

3. 三级会计单位

即向上级会计单位领报经费并发生预算管理关系的基层会计单位，基层会计单位没有下属会计单位。

向财政部门领报经费，下面无所属会计单位，在经费领报核算上视同基层会计单位。个别中央主管部门系统的所属单位层次多于三级的，其主管单位与基层单位之间的中间层次，都作为二级会计单位管理。

单位预算会计的分级，与同级总预算会计是横向关系，是同级总预算会计的一个组成部分，其关系如图 12-3 所示。

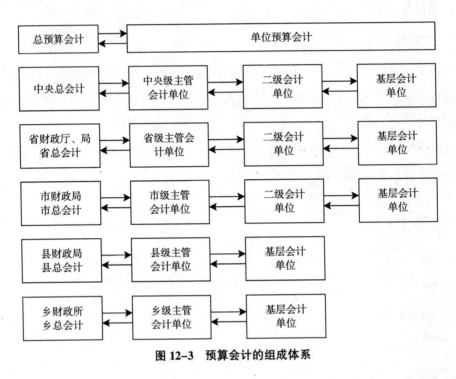

图 12-3 预算会计的组成体系

第四节 财政收支

历览前贤国与家，成由勤俭败由奢。

——李商隐

一、财政收入

（一）财政收入

财政收入，是指政府为满足财政支出的需要从社会取得的一切货币收入，一般收入来源包括公民个人、家庭和企业等。财政收入是衡量国家财力和政府在社会经济活动中职能范围的重要指标，也是国家为满足社会公共需要，实现国家的政治职能、经济职能的物质基础。公共财政收入的规模直接决定了政府参与社会公共活动的范围，影响公共财政收入规模的因素有一个国家的经济发展水平、经济效益水平和其财政分配政策。通常，公共财政收入按其形式可以分为税收和其他收入两大类。税收作为国家财政收入的主要形式，是重要的组成部分。

（二）税收

1. 定义

税收是国家为了实现行政职能，凭借其政治权力，在遵守宪法、法律规定的前提下对社会产品和资金进行的一种分配。税收是国家获取财政收入的基本途径，也是国家筹集资金费用、调节社会经济的重要工具。

与其他财政收入相比，税收具有强制性、无偿性和固定性的特点。强制性是指税收的征收必须依靠国家的政治权力进行，并且以法律的形式加以规定和限制，纳税人必须依法纳税，一旦超越法律的规定就要接受惩罚；无偿性是指政府所得税收归国家所有，不再直接归还给纳税人，也不用直接向纳税人支付相应的报酬或费用；固定性是指征税的主体、客体和纳税标准在征税之前就有了明确、固定的规定。

2. 分类

根据不同的分类依据，税收可以分为不同的种类：

（1）按税收的管理和使用权，可分为中央税、地方税、中央地方共享税三种。中央税是指由中央政府依法征收和支配的税收，如关税、消费税等；地方税是指由地方政府依法征收和支配的税收，如营业税、个人所得税等；中央地方共享税是指由中央政府和地方政府依照法律规定共同征收和支配使用的税收，如增值税、证券交易税等。

（2）按税收征收对象的不同，可分为流转税、收益税、财产税三种。流转税是以商品流转额和非商品流转额为课征对象的税种；收益税是以纳税人的收益额或所得额为课征对象的税种；财产税是以纳税人财产的数量或财产的价值额为课税对象的税种，如遗产税、赠与税等。

（3）按税收的计税标准，可分为从价税和从量税两种。从价税是指以课税对象的价值或价格为依据来计算税额的税收；从量税是指以课税对象的重量、数量、容积、面积等可定量测量的指标为计征标准征收的税收。

（4）按税收与价格的关系，可分为价内税与价外税两种。价内税是指按含税价格计征的税种；价外税是指按不含税金的计税价格计征的税种。

（5）按其他标准，还可以分为：经常性收入与临时性收入；直接收入与派生收入；强制性收入与非强制性收入；等等。

（三）其他财政收入

其他财政收入主要包括国营企业利润上交、债务收入、预算外收入、能源建设收入和规费等收入。国营企业利润是指国营企业的销售收入减去成本和费用以及税金后的余额。债务收入是指政府凭借其信誉，以国家的名义，采用信用方式所筹集的财政资金，它包括国内公债收入和国外借款收入两种形式。预算外收入是指国家财政预算之外的资金收入，包括属于各级地方财政部门掌握的农业税附加、工商税附加等收入。能源建设收入是指国家从各地区、各部门、各单位预算外资金中征收能源交通重点建设基金。规费等收入是指国家财政在税收等主要收入以外的零星收入，它在财政收入中所占的比例很小。

二、公共财政支出

公共财政支出，是指在市场经济条件下，政府为提供公共产品和服务，满足社会共同需要而进行的财政资金的支付。

（一）公共财政支出的分类

1. 按经济性质分类

按经济性质可将财政支出分为生产性支出和非生产性支出。

（1）生产性支出是指国家财政集中的资金直接用于生产经营领域，从而获得经济效益的支出。

（2）非生产性支出是指国家财政用于非生产经营领域，不直接创造物质财富的支出。

2. 按最终用途分类

从静态的价值构成上可将财政支出分为补偿性支出、积累性支出与消费性支出。从动态的再生产角度考察，则可分为投资性支出和消费性支出。

（1）补偿性支出是指补偿物质生产部门生产经营过程中劳动资料消耗的支出；积累性支出是指增加固定资产的支出；消费性支出是指用于个人和社会共同消费方面的支出。

（2）投资性支出通常用于满足政府一般职能部门进行日常政务活动的需要而进行的支出；消费性支出是指政府对各部门及公共事业的投资拨款。

3. 按国家预算收支科目分类

按国家预算收支科目可将财政支出分为一般预算支出、基金预算支出、专用基金支出、资金调拨支出和财政周转金支出。

（1）一般预算支出是指国家集中的预算收入进行有计划的配置和使用而形成的支出。

（2）基金预算支出是指用基金预算收入安排的支出，主要是对数额较大的政府性基金和地方政府按照规定收取的各项附加等安排的支出。

（3）专用基金支出是指专用基金收入按规定的用途安排的支出。

（4）资金调拨支出。资金调拨一方面是指各级财政单位之间依据规定对资金进行有必要的调配和拨出，一方面也指本级财政单位对各项资金的调集，这两方面所形成的支出即是资金调拨支出。

（5）财政周转金支出是指地方财政部门在财政周转金运行过程中支付的资金

占用费、手续费及管理机构的费用。

4. 按财政支出经济性质分类

按财政支出经济性质可分为购买性支出和转移性支出两种。

购买性支出是指政府支出本身将形成对产品和劳务的需求的这类财政支出；转移性支出是指政府所付出的本身并不能直接满足产品和劳务需求的支出，这种支出一般表现为资金的无偿、单方面的转移，政府不能直接从中获得物品或服务。一般包括补助支出、捐赠支出和债务利息支出三种。

(二) 原则

政府在安排公共财政支出的时候，应当遵循以下几个基本原则：

1. 经济效益原则

经济效益原则是指公共财政要达到资源配置最优化的效果，实现社会经济的效益最大化。最简单的衡量方法，就是财政支出所获得的社会效益要超出其造成的社会总成本。

2. 公平原则

即财政支出在用于提供公共服务和公共物品、提供补贴和调节利益再分配的时候所产生的效益对社会各阶层来说都是公平、公正的，尤其要注重低收入阶层利益的实现。

3. 稳定原则

这个一方面指公共财政的支出应保持有序、稳定和可持续的状态，一方面指政府的公共财政支出要有利于维护社会经济秩序的稳定，防止剧烈的经济波动的发生。

第五节 政府审计

政府不怕揭露问题，揭露的目的是促进这些问题的纠正。

——李金华

一、政府审计的概念

政府审计是指政府审计机关对各级行政单位部门的会计账目、财政和财务收支情况的检查、审核和监督，确保公共财政过程的真实性、合法性和有效性。政府审计的实质是对受托经济责任施行的结果进行独立监督的过程。西方的审计内容除了真实性和合法性审计外，还非常注重向经济和效率审计、项目效果审计的方向发展，这三者也被称为绩效审计（又称"三E"审计）。"三E"是指经济性（Economic）、效率性（Efficiency）和效果性（Effect）。

二、政府审计的内容

政府审计机关的主要工作内容一般包括预算审计、预算外审计、国有资产审计、金融审计、国家建设项目审计、社会保障审计、外国援助或贷款项目审计等（见表12-3）。

表12-3　政府审计的内容和手段

政府审计的内容	审计手段
·预算审计 ·预算外审计 ·国有资产审计 ·金融审计 ·国家建设项目审计 ·社会保障审计 ·外国援助或贷款项目审计	·审计分析 ·审计检查 ·审计调整 ·审计报告

（一）预算审计

预算审计是指国家审计机关对地方各级政府的财政预算编制活动所进行的审查监督，是属于对预算所作的可行性研究的一种审计。

（二）预算外审计

预算外审计是指国家审计机关依据法律和国家的有关规定，对各级国家机关、事业单位和非营利组织所收取、安排和使用的尚未纳入预算管理的财政性资金的审计和监督。

（三）国有资产审计

国有资产审计是指国家审计机关依据规定，对特定的国有企业的财务收支情况进行审计和监督，一般是指对国有资产占有控股地位或主导地位的国有企业。

（四）金融审计

金融审计是指国家审计机关对中央银行、国有金融机构及它们设置的分支机构的各项财政收支情况进行审计监督。

（五）国家建设项目审计

国家建设项目审计是指国家审计机关对某些特定的项目进行审计监督，主要是指以国有资产投资或融资为主的基本建设项目和技术改造等项目。

（六）社会保障审计

社会保障审计是指国家审计机关对社会保险基金、社会救济基金和社会福利基金、社会捐赠资金等以服务社会公共事务为目的的基金会的财务使用情况进行审计监督。

（七）外国援助或贷款项目审计

外国援助或贷款项目审计是指审计机关对国际性组织、外国政府援助或贷款项目的资金使用情况的审计监督。

三、政府审计的基本方法

政府审计的基本方法主要是审计分析、审计检查、审计调整和审计报告四种。

（一）审计分析

审计分析是指审计机构或人员运用系统方法对审计对象的具体资料和内容进行分类、分辨。审计分析具体运用的方法有比较分析法、比率分析法、平衡分析法、因素分析法、指数分析法、结构分析法、趋势分析法等。

（二）审计检查

审计检查是国家审计机构或审计人员依据有关规定对被审计对象进行审查、数据核对及账目审核的过程。审计检查是政府进行审计的主要手段，常用的方法包括顺查法、抽查法、倒查法、详查法四种方法。

（三）审计调整

审计调整是国家审计机构或审计人员根据对被审计对象的审计结果进行纠正、改进和调整的方法。在审计结束后，审计机构不能忽略了根据审计的结果对财政收支进行相应的、正确的调整，其目的是通过审计调整，纠正过程中发生的错误，使被审查对象的财政状况能够如实反映。

（四）审计报告

审计报告是审计人员向审计部门或审计单位主管领导部门和被审单位，以书面文件形式报告审计结果，并提出意见和建议。审计报告要注意，审核的内容必须与审核的目标相一致，数字要准确无误、真实可靠；另外，得出结论的过程必须谨慎精细，符合实际情况，不得弄虚作假。

本章小结

公共财政是国家一切活动的经济支持。公共财政使政府这双"有形的手"得以实现，优化社会资源配置，调节收入分配，保证公平公正，促进经济稳步增长。

行政财政包括预算、预算会计、收支和审计四大模块。财政预算要在遵循一定原则的基础上实施，常见的预算模式有分项排列预算模式、规划—计划预算模式、目标管理预算模式、零基预算模式和绩效预算模式。预算会计是财政计算的主要工具，由专门的要素构成，并且有统一的体系便于记录和整理。财政收支分为收入和支出两个部分，各有主要来源和出处，要保证国家事务活动的正常运行，必须保障税收、债务、国企营业收入等构成的财政收入。财政支出也有多种类型，要合理分配利用。审计是对国家财产的保护和财产用法的监督，有基本的内容和科学的方法。

目前，我国的公共财政还有许多问题，贪污、腐败现象仍然存在，提高行政效率，体制的改革还有很长的路要走。

第十三章　行政效率

行政人员素质与行政效率

为提高行政人员的素质和施政能力，近日某市政府出台了关于加强市政府领导班子自身建设的意见，对学习和调研、改进工作方法、坚持勤政廉政等方面提出了明确要求，目的在于加强行政人员自身素养，提高行政效率。

在学习方面，市政府强调首先必须务实，循序渐进。以学习政治、法律、经济、行政管理内容为主，每年确定一个学习重点，并规定每人每月利用工作日学习一天，利用休息日学习两天以上，全年统一组织若干次专题讲座，年终对重点学习内容进行统一测试，将测试成绩作为综合考评的一项内容记入档案。

在调研方面，强调超前参谋。具体要求每年初将秘书长和各科室确定的调研课题告知大家，定期督促检查，年末根据成果或转化产生的效果、社会评价加以奖励。

在工作方面，政府强调务实创新。市政府机关建立了"思想政治工作连锁责任制"，实现各位秘书长、办公室各级行政负责人以及办公室工作人员三者之间的信息交流和互动。秘书长班子定期召开例会听取工作进展情况报告，发现问题及时解决，调整工作部署。工作评估时，结合述职方式和问卷形式，让机关工作人员和各部门共同打分，达到接受全面监督的效果。

在廉政工作方面，以身作则是最大的原则。通过建立内约其心、制约其权、规约其行、惩约其过的制度，实现严于律己的管理。

这些举措得到了行政人员的一致赞同，大家鼓足干劲，加强学习和修养，为改善优良工作作风和自我素质的提高做出努力，进而树立起为政清廉、务实高效的政府形象。

资料来源：http：//edu.qq.com/a/20061023/000236_1.htm.

【案例启示】影响行政效率的因素很多，行政人员的素质只是其中一个方面，但是行政人员作为行政管理中最活跃、最具能动性的因素，对行政效率的提高起着非常重要的作用。

本章您将了解到：
- 行政效率的含义及要素
- 行政效率测定的标准
- 行政效率测定的三种方法
- 提高行政效率的方法
- 我国行政效率低下的原因分析及建议

第一节　行政效率概述

公共行政的目的，就是在官员和雇员的处置下，对各种资源加以最有效能的利用，使公共计划得以最迅速、最经济、最圆满地完成。

——怀特

一、行政效率的含义与特点

（一）行政效率的含义

对于什么是行政效率，国内外学者众说纷纭，解释很不统一。概括起来，目前对行政效率含义的理解主要有以下几种观点：

1. 机械效率观

行政效率是指在一定时间、空间内行政活动付出的代价与取得的成果之间的比率。在这种观点下，时间、经费和人力就是决定行政效率的三大要素。用等式来表示其中的关系如下：

行政效率 = 产出/投入 × 100%

从这个公式我们可以看出，产出与投入的比例越大，行政效率就越高；反之就越低。

2. 功能效率观

功能效率观的行政效率是指行政管理所产生的社会功能的程度，即是说，社会功能的大小决定了行政效率的高低。功能效率观一方面强调了行政耗费与社会功能之间数量上的对比关系，另一方面强调了行政效果与行政目的之间质量上的对比关系。该观点更重视后者的结果，因为前者强调的只是数量大小的关系，后者才反映了行政效率的方向问题。

功能效率用公式表示如下：

行政效率 = 行政社会功能/行政消耗 × 100%

这个等式说明，行政社会功能越大、行政消耗越小，行政效率就越高；反之，行政效率就越低。

3. 系统效率观

该观点认为行政效率是整体的、系统的效率。它是数量与质量的统一、功能与价值的统一、宏观与微观的统一。这个观点支持以最低的投入获得最高的产出，以达到整体上的最有效益。系统效率的这"三个统一"是分层有序的，包括领导决策层、管理职能层和操作执行层。

综合以上几种观点，我们认为行政效率是指所获得的社会效益与所消耗的人力、财力、物力和时间之间的比率。简单来说，就是行政效果与行政活动的消耗之间的比率。

【拓展阅读】

行政效果、行政效能、行政效益的区分

行政效果是通过行政手段最终达到的现实成果；行政效能是指在实施行政行为时，以较小的行政资源投入来实现最佳的行政工作目标，达到资源配置的最优状态；行政效益是指行政活动中产生的符合社会需要的社会效果与在此活动过程中的耗费的比例。

(二) 行政效率的特点

1. 方向性

行政效率不仅要关注投入与产出之间的比率大小，而且要保证行政活动方向的正确性，即必须符合国家意志和人民的要求。要实现行政目标，不仅要讲求行政效率，而且要注重行政效果。这样，在把握了方向的正确性的前提下，再谈效率就会达到事半功倍的效果；否则，只能给社会带来消极的影响。

2. 关联性

行政效率和行政效果、行政效能、行政效益是相互联系、相互影响的。行政效果关注的是行政活动对行政目标的实现程度，行政效能注重的是组织实现目标的能力，行政效益强调的是行政活动对社会产生的价值，而行政效率关注的是行政活动的投入与产出之间的比例关系。可见，行政效能是行政效果、行政效益得以实现的基础，行政效率必须以行政效果、行政效益为前提。

3. 价值性

行政管理是国家权力机关的执行机关依法管理国家事务、社会公共事务和机关内部事务的活动，是国家一种的组织活动。在行政管理中，效率在很大程度上取决于行政活动的社会价值。但政府行为与企业相比，行政产出的价值往往不能用同样的尺度去衡量，只能通过行政产出的价值来判断行政目标的实现所做的贡献。

4. 相对性

行政学所处理的是相对效率的问题。在行政管理活动中，很难用一个标准来衡量其效率，就算能找到这样一个标准，也没有什么硬性的规定来说明产出就一定要少于投入。我们只是在几个可选的方案中，经过对比挑选最优的一个进行而已。

二、行政效率的要素

行政效率一般包括效益要素、经济要素和时间要素（见表 13-1）。

表 13-1　行政效率的要素

行政效率的要素	
效益要素	是否符合人民利益和社会发展要求以及国家的基本方针政策
	是否符合科学规律和现实条件
	是否符合法律的、计划的和技术的要求
	在一定时期内完成的行政任务的数量
经济要素	少花钱，多收益
时间要素	完成行政任务的基础条件
	一般人类劳动的一种自然尺度
	具体行政活动的现实尺度
	行政工作要讲究时限

（一）效益要素

通过行政管理活动所获得的社会效益，是评价与测量行政效率的关键因素之一。通常效益是实现政府管理目标的程度或公共职责的履行程度。行政效率的决定因素包括以下四方面：[①]

---

① http://jx.offcn.com/html/2012/gg_0801/10616_6.html.

（1）行政活动的总方向和性质，即是否符合人民利益和社会发展要求，是否符合国家的基本方针政策。

（2）各项行政决策的质量，即是否符合科学规律和现实条件。

（3）各种行政工作的质量，即其结果是否符合法律的、计划的和技术的要求。

（4）在一定时期内完成的行政任务的数量。

上述四个因素不是各自独立的，而是相互联系、相辅相成的。它们共同对行政管理的效果产生影响，决定国家政策方针是否符合社会和百姓的需求，是否能达到维护社会稳定、提高人民生活水平的效果。所以在对政府的行政效率做出评价时，单从某个角度看问题、忽略了其他因素的影响有可能导致片面的看法。要将行政管理活动的方向和行政决策、行政执行的质量结合起来，探索评价效率的最全面的方法。

（二）经济要素

效率强调的是投入与产出之间的比例关系，因而必须遵循经济原则，即"少花钱，多收益"，也就是说，在尽量降低成本的同时，提高收益。由于行政管理的产出受到社会公众的需求影响、外界环境和客观条件以及行政机关本身的决策计划和能力等因素的制约，所以政府的行政工作要综合各个方面的问题进行考虑，不能随意扩张任务量。经济要素在行政效率中主要表现为行政的投入量。从经济角度讲，提高行政效率最主要的方法就是减少投入，即减少行政费用的开支，通过节俭的手段提高效益。

（三）时间要素

在进行行政管理的活动过程中，不能不考虑所消耗的时间。时间是完成行政任务的基本条件，是具体行政活动的现实尺度。行政效率与时间的关系主要体现在如下几个方面：

（1）任何活动都需要花费时间，行政活动同样离不开对时间的需求和限定。时间是达成行政管理目标的基础条件。

（2）时间是一般人类劳动的一种自然尺度。所以人力、物力、财力和技术的消耗都等同于消耗劳动，而衡量劳动的自然尺度就是时间。

（3）时间是行政管理中具体活动的现实尺度。行政管理过程中的任何一项任务或活动，都有一个现实的时间尺度限定和衡量其完成的效果。

（4）行政工作要讲究时限。任何一项任务都是在一定的期限内完成的。超出这个期限，就很可能给国家造成严重的损失，但是这并不意味着提前完成任务的意义重大。

提高行政效率必须树立正确的时间观念，做好时间管理工作是提高行政效率的重要途径之一。如何衡量时间要素对行政效率的影响呢？即在其他条件相同的情况下，在同一时间完成更多的任务量，或者同种任务量花费的时间更短，就是行政效率高；反之则是效率低。当今时代，时间就是金钱，时间就是效率，把握好对时间的利用，争取高效率的产出，对行政机构来说亦是必不可少的。

第二节　行政效率的测定

绩效的分析工具是经济理论，对经济、效率和科学的追求始终是品评公共政策的标准。

——奥斯特罗姆

一、测定行政效率的标准

（一）行政工作的质量标准

1. 行政决策层的工作质量

决策是管理工作的基本环节之一，决策的正确与否直接影响管理目标的实现。行政决策层即高层行政管理者，如市长、厅长等，他们的主要职责是制定和评价组织的目标、战略和政策，对涉及全局的问题或项目进行决策等。从以往的研究可知，衡量决策质量的标准主要有三种：方向标准、优化标准和法律标准。方向标准是指政府的行政决策、行政执行要符合国家意志、人民要求和社会发展的需要；优化标准是指行政管理的过程中要选择最优效益的方案落实；法律标准是指行政决策是否符合法律的要求和程序。

2. 中间管理层的工作质量

中间管理层在行政机构中起到一个承上启下的作用，其主要职责是将高层管理者制定的战略和政策分解为可操作的具体任务并组织基层部门予以实施。从其工作内容出发，可知中间管理层工作质量的衡量标准主要包括：对上级命令的理解和接收的速度和程度、执行的力度、对下属的领导力和号召力、与下属的信息沟通程度、管理系统内部的协调力以及如何对待和解决突发事件等。

3. 具体执行工作层的质量

具体的执行层直接面向第一线的组织成员，他们所接到的是具体、明确的指令，工作目标比较明确，其主要职责是带领和指挥一线工作人员有效地完成工作任务。由于不同部门的执行层所需完成的工作任务有很大差异，因此在测量执行层的工作质量时必须根据其任务制定不同的测量标准。一般的标准有：是否制定和实施了严格的工作程序执行标准；行政人员和组织的执行力如何；是否有强有力的监督制度；工作成果是否符合预期目标；行政服务效果如何；服务对象满意度是否达到要求；等等。

（二）行政工作的数量指标

每一个行政机构的职责都是不尽相同的，因而在衡量行政效率时，必须根据具体的行政岗位、工作任务等情况来设定反映工作量的指标。很多时候数量指标可以更清晰直观地看出工作效率。在前面提到，行政效率不仅关注投入与产出的数量大小，而且更强调行政活动方向的正确与否。因此，行政工作的数量指标只能作为衡量行政效率的一种参考标准，而非决定性指标，必须结合行政工作的效益和质量来共同考虑。如从行政决策层看，其工作大多由抽象的脑力劳动构成，很难用量化的标准来衡量其工作效果。因此，行政决策层的工作量只能是作为一种参考，没有实际的意义。总的来说，管理层级越高的，其工作效率越不能用工作数量来衡量。

图 13-1 描述的是厦门市社区居委会每天的工作量和工作内容。在这个事例中，根据数量指标可以看出，人员的工作量偏大，大部分人超过了 8 小时的标准日工作时间，加班常有。耗时这么多，但实际服务性工作较少，大多是行政层面的工作。这些统计数据对行政人员下一步工作计划具有指导性意义。

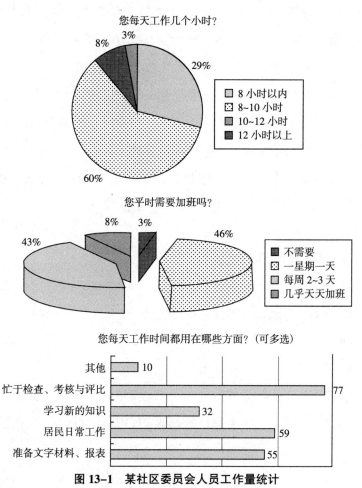

您每天工作几个小时？

- 8 小时以内
- 8~10 小时
- 10~12 小时
- 12 小时以上

您平时需要加班吗？

- 不需要
- 一星期一天
- 每周 2~3 天
- 几乎天天加班

您每天工作时间都用在哪些方面？（可多选）

其他	10
忙于检查、考核与评比	77
学习新的知识	32
居民日常工作	59
准备文字材料、报表	55

图 13-1　某社区委员会人员工作量统计

资料来源：蔡崇达，邵凌丰.社区居委会的负担重在哪？[N].厦门日报，2006-12-18.

（三）行政工作的时效标准

时间是完成行政工作的基本条件，而一切效率的问题都离不开时间这一因素。一般而言，时效标准包括速度和时限两个方面的内容。从速度这一因素来看，完成同一项工作或任务所需时间越少，效率越高；相反，效率越低。但是，时限与速度不同，它强调的是在一定期限内完成，超出这个期限，就可能造成严重的损失，但是提前也不一定有积极的意义。

（四）行政费用指标

行政费用的显性指标，数据易得，计量起来方便快捷，但要注意在计算行政费用时，不能忽略了隐性费用的影响。一般有两种基本尺度：①人力消耗的尺度，也可以理解为劳动、工作时间的尺度，通常用工作时间来衡量，如工作日、工作小时。②物力和财力消耗的尺度，通常以货币形式进行计算。

对上述两个指标的使用有两点需要注意：一是注意简单劳动与复杂劳动创造出来的劳动价值有所不同，所以对第一点的计量要区分不同知识水平、技能水平和工作性质的行政人员的工作区别；二是注意物力和财力的消耗不能完全依据市场价格计算，因为物资有计划物资和非计划物资、供应充足和供应不足的物资的区别，对不同特点的物资价格的衡量也不一样。

二、行政效率测定的方法

测量行政效率的方法有很多种，主要包括三种类型：直接测量法、间接测量法和综合测量法。

（一）直接测量法

直接测量法是指对行政效率的有形因素进行评估，并直接运用行政效率公式测出产出与投入的方法。它主要包括预期效率比较法、行政费用测定法和时效评估法三种。

1. 预期效率比较法

预期效率比较法是指在确定各种备选方案的产出和投入之后，对行政效率进行预期测定，然后比较各个备选方案，选择最优方案的方法。测量行政效率的公式为：

行政效率 = 产出/投入 × 100%

如方案 A 预计产出 6 万元，投入需要 2 万元，方案 B 预计产出 6.5 万元，投入需要 3 万元。则方案 A 的行政效率是 3，方案 B 为 2.167，A>B，故选择方案 A。

这种方法适用于行政领导决策层。行政决策是行政管理的核心环节，行政决策的质量直接决定行政工作的效率。

2. 行政费用测定法

行政费用测定法是指对行政经费的合理性和所发挥的效益进行测定，从而衡量行政效率大小的方法。其公式可以表示为：

行政效率 = 行政效益/行政经费（行政开支）× 100%

这种方法主要适用于行政管理层及执行层。一般而言，行政费用测量法主要有三种：单位费用测量法、人均费用测量法和计件费用测量法。

3. 时效评估法

时效评估法是指通过实现预定目标所需的时间来衡量行政工作效率的一种方法。任何任务或工作的完成都需要一定的时间，时间的长短在很大程度上反映了行政工作的效率高低。

（二）间接测量法

间接测量法是指通过测量行政效能和行政效益的大小来衡量行政效率的高低。一般而言，间接测量法主要包括功能测量法和标准比较法两种。

1. 功能测量法

功能测量法是指用行政效能来衡量行政效率的一种方法。具体做法是：首先，确定各种行政功能的目标以及理想标准和最低标准；其次，确定每一种标准以及主次目标的权数；最后，根据实际情况评分，以分数高低来反映行政效能的高低。

2. 标准比较法

标准比较法是指将行政活动的效果与一般公认的或某些专家规定的标准进行对比，从而反映行政效率高低的一种方法。通过标准比较法得出的结果只有两种，一种是比标准高，一种是比标准低。当行政活动的实际效果低于标准时，则其效率低；相反，则效率高。这种方法也可以按等级来确定分数，并确定一般标准分。

将行政活动的得分与行政费用进行对比，即可得出行政效率的高低（见图13-2）。

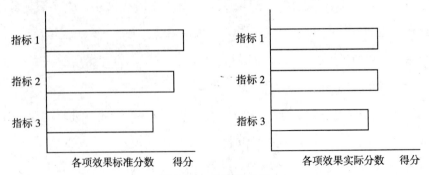

图 13-2　标准比较法

（三）综合测量法

综合测量法是指测量行政效率的各组合因素之间的相互作用对行政效率的影响的方法。这种测量方法主要包括三个步骤：一是确定各组合因素的权数；二是测定组成行政效率的各个因素，确定各个因素的权数；三是将各组合因素进行加权综合评分，最终综合所得的分数的高低代表行政效率的大小。

如评价开会的效率，首先确定会议行政功能的目标和各自的高低分，可以包括开会时长（1~4）、成员出席率（1~5）、发言时间（2~7）、建议个数（2~6）、达成一致的人数（2~6）、分工时间（1~2）六个功能。然后假设最高权数是8，按照各个指标的重要性假定权重分别为3、4、8、7、7、2。实际情况的分述如表13-2所示。

表 13-2　行政功能测量法

行政功能	权重	实际分数	权重×满分	权重×实际分数
开会时长	3	2	9	6
成员出席率	4	4	16	16
发言时间	8	8	64	64
建议个数	7	7	49	49
达成一致的人数	7	7	49	49
分工时间	2	1	4	2
理想分数总和	—	—	191	—
实际分数总和	—	—	—	186

从算出的结果看出,实际情况 186 分,距离满分有 5 分,总体效果良好,但有个别功能项还需要改进,如开会时长、发言时间和分工时间,应总结经验采取措施。

对行政效率进行定量测定,只有相对的准确性。所以在运用这些方法时,必须要以定性分析为基础,充分估计许多非定量因素的影响。

第三节　行政效率的提高

行政科学中,无论是公或私,基本的善就是效率。

——古利克

一、影响行政效率的主要因素

行政效率本身不是行政管理中的一个环节或过程,而是行政活动的综合反映。因此,行政活动中每个要素及其相互关系,都能影响行政效率。行政管理系统自身是一个大系统,同时又是社会大系统中的一个子系统。因此,行政效率的提高受到行政系统内外因素的制约。

(一) 内部因素

内部因素直接影响着行政效率的高低,主要包括以下几个方面的内容:

1. 行政人员因素

行政人员是行政管理活动的主体,对行政效率有着直接的影响作用。行政人员因素主要表现在两个方面:

(1) 行政领导的素质。行政领导的素质涵盖面非常广,主要包括品德素质、知识素质、心理素质、身体素质、能力素质等方面。行政领导是行政管理活动的决策者、组织者、指挥者，领导水平的高低，直接决定着行政目标的实现程度。

（2）一般行政人员的素质。行政管理是由行政机关工作人员组织实施的，其政治思想、工作态度、业务能力、知识水平、道德素质、思想观念等方面直接影响着行政效率的高低。

2. 行政组织因素

行政组织是行政管理活动开展的基础，对行政效率的提高有着重大的影响。影响行政效率的组织因素主要包括如下几个方面：

（1）行政机构的设置。由于行政机构是国家进行行政管理的主要机关，其机构设置、结构、编制和活动是否适应社会、经济发展的需要，是否符合国家政策的方向，对行政管理的效果和效率有着直接的影响。

（2）行政职位的设置。行政机构内部各种职位设置由机关的功能、地位和职责范围等因素决定，并且必须从系统的角度来考虑职位设置的合理性和有效性。

（3）行政管理方法的使用。科学的管理方法能够使行政工作达到事半功倍的效果，从而提高行政管理的效率。

（4）行政管理过程与环节。行政管理过程主要由计划、组织、领导、协调、控制、反馈等环节构成。这些环节的顺利进行有利于最大限度地减少内耗，提高效率，从而实现行政组织的目标。

（二）外部因素

一般而言，影响行政效率的外部因素主要包括如下几个方面：

1. 政治因素

政治因素主要包括一个国家的政治制度、政党制度、国家机构、政治意识形态等。国家的政治环境越稳定，人民对政府的支持度越高，行政管理的效率越能得到提高。

2. 经济因素

经济因素主要包括国家的生产力发展水平、分配制度、消费制度、生产制度等。"经济基础决定上层建筑，上层建筑要适应经济的发展。"因此，一个国家的经济环境决定了其行政管理的系统发展，同样，行政管理系统必须适应该国的经济类型和发展水平。

3. 文化因素

文化因素主要包括民族传统、习俗、价值观、信念、道德观、行为准则等。文化因素制约着行政系统的组织形式和活动方式，在行政管理过程中起着十分重要的作用，因此，也影响着行政效率的提高。

4. 自然因素

自然因素是指行政系统所处的地理位置、自然资源、气候、温度和湿度等。自然因素在一定程度上成为行政效率提高的关键所在，如一个地区的地理环境决定着该地区的交通、邮政、电信等事业的发展。

【案例 13-1】

煤矿事件总结

近年来国内矿难多发，事故矿中既有国有矿，也有民营矿，既有国有重点矿，也有国有小煤矿，既有证件齐全的正常生产矿井，也有违法生产矿井。从各方面情况来看，发生这么多事故的重要原因有：安全生产设施不到位、违法违规生产、超能力生产以及相关政府部门监督不力不到位者肯定不在少数，甚至不排除部分煤矿存在官煤勾结现象。虽然煤矿安全问题被一再强调，仍有部分小煤矿敢于省去一些必要的安全生产设施，除了政府职能部门监管不力、包庇纵容之外，大量煤矿经营者普遍存在干一天算一天的消极心理无疑也是重要原因。

超核定能力生产也是现在很多矿厂存在的问题。之所以这种现象广泛存在，除了相关职能部门监管不力，部分小煤矿为了利益进行掠夺式开采之外，煤炭市场需求旺盛，局部地区煤炭供应持续偏紧，煤炭价格不断上扬，各种煤矿加大了煤炭生产力度，超核定能力生产，最终导致了某些安全生产事故的发生。

可见，政府职能部门监管不力，政府出台的相关政策缺乏稳定性与连续性，导致部分煤矿政策风险加大，以及煤炭需求旺盛，煤炭供应持续偏紧，煤价不断上涨带来丰厚利润在一定程度上促使煤矿经营者甘愿冒着各种风险进行违法违规生产。

无论多大规模，无论何种性质的煤矿，都应该配备齐全的安全生产设施，建立并遵守安全生产管理制度，同时要按照核定产能安排生产。此外，政府各个相关职能部门要切实负起监督管理职责，只要政府切实担负起应有的职责，矿厂事故完全可以避免。

资料来源：李廷. 面对矿难小煤矿不可一关了之 [N]. 中国经济导报，2011-11-12.

二、提高行政效率的方法

就效率本身而言，最直接的制约因素是管理方法。一般来说，在同等条件下，不同的方法，会产生不同的效率，方法对，效率就高。

(一) 层次领导法

层次领导法是指在行政机关内，分工明确、层层负责，各级领导做好自己职权范围内的事情，不越级领导。这种方法结合了行政组织的各个阶层的创造性，能够充分发挥各级领导的积极性和自觉性，同时也让上层领导能将精力集中在政策的制定和规范上。在具体工作中，我们要注意处理好个体与整体的关系，从而达到合理分工、整体协调，同时要避免出现层级过多、机构臃肿、权责不清等低效率的现象。

(二) 目标管理法

目标管理法是以泰罗的科学管理和行为科学理论为基础，由美国管理学家德鲁克提出的一套管理方法。目标管理是指对一定时期内的经营管理工作，自上而下地确定目标，构成从总目标到个人目标的目标系统，并为达到既定目标制定各项措施，通过组织、协调、激励、控制等方式来保证目标实现的一种科学管理方法。目标管理的基本过程如下：①建立一套完整的目标体系；②制定目标，然后经上下级协商，将总目标分解为各个层级的目标，最终转化为个人的目标；③组织实施，上级将部分权力下放，并给予下级指导和帮助，从而保证目标的完成；④检查与评估，定期检查下级任务的完成情况，并对进展和成效进行评价，决定奖惩。⑤通过信息反馈和处理，调整异常，纠正偏差。目标管理法使组织中的领导和各层工作人员都明确了相应的岗位责任，并朝着共同的工作目标付出努力，再结合业绩评估和奖惩制度，使管理过程不断循环和升级（见图13-3）。

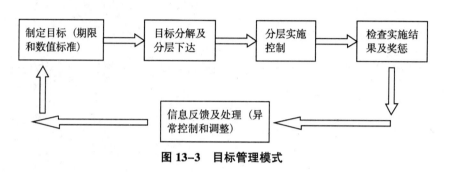

图13-3　目标管理模式

（三）以点带面、典型的带动法

这种方法类似于毛泽东提倡的一般号召与个别指导相结合的工作方法。它是指在一般号召的前提下，领导深入实际，突破一点，借以取得典型经验，通过典型辐射带动其他单位工作，使一般号召能够结合本地区、本部门、本单位的实际情况落到实处。在应用这个方法时，应注意两点：一是对历史的经验要抱着客观、理性的态度，不能一味照搬或一味否定，对于有共性的经验，可以在面上推广，对于个性明显的经验，要具体问题具体分析；二要注意推广的过程具有过渡性，要循序渐进，边推广边总结经验，才能避免盲目，在自我反思中逐步提高。

（四）现场办公法

现场办公法是指行政机关的领导者为了解决某一重大问题或久拖不决的难题，召集有关部门或单位的负责人离开办公室去现场办公，针对现实情况，分析问题存在的原因，揭示问题难以解决的障碍，找出克服困难的办法，从而提高行政效率。实践证明，这种方法是迅速有效解决亟须解决和长期悬而未决的难题的好办法，但不适用于日常的行政工作。另外，现场办公法常常存在越级领导和管理的问题，因此必须明确职责和权力，防止出现扯皮推诿、各行其是、政出多门等现象。

第四节　中国行政效率的现状分析

要办一件事，不开八次十次会议就没法落实。如果发一个文件，能兑现 20%就算成功了。

——朱镕基

一、当前行政效率不高的原因

行政管理的过程受到内外部因素的影响，有些环境因素可能可以产生良好的驱动力，促进行政的发展，也有一些因素会产生负面的作用，阻碍行政效率提高的步伐。当前，我国行政机关行政效率不高的主要原因有：①

（一）政府机构庞杂，职能不清

在改革开放之前，我国效仿苏联，实行的是高度集中的计划经济体制。在这种经济体制下，政府有着绝对的经济垄断权，集中掌握了全社会的人力、物力与财力，对社会事务实行统一领导、统一管理和统一控制，此时的政府被认为是一种典型的金字塔式的科层组织。在不断的发展过程中，必然形成机构臃肿、机构重叠、职责不清的局面。再加上我国长期实行的是政党不分的体制，致使党委揽事过多，常常出现顾此失彼、作风拖拉等低效率现象。虽然多年来我国对政府对行政机构做了几次改革，但大多是针对表面采取措施，不能彻底解决机构设置本

---

① 郝继明. 行政效率的制约因素及解决措施 [J]. 行政论坛，2003（2）.

身存在的根本性问题，转变政府职能、建立服务型政府仍是现阶段提高行政效率的主要目标。

（二）"部门主义"、"地方主义"思想严重

在我国这种等级森严的科层制度下，各机构和部门都有自己独立的经济利益和效用函数。任何一次行政变革都是政府角色重新定位的过程，因此在这个过程中，不可避免地要触及政府内部各部门之间的权力、职能的重新划分。在缺乏竞争性的相互约束机制和完善的经济责任机制下，某些机构或部门必然表现出"地方主义"或"部门主义"，即各地方政府或职能部门过分关注本地或本部门的利益，而忽视了整个组织的目标。例如，我国有的地方政府为了保护地方利益，以政府文件形式或其他合法渠道排斥或阻挠公平竞争。这不仅给各地方或部门之间的相互协调带来了很大的困难，而且阻碍了政府行政效率的提高和社会整体的发展。

（三）行政组织和人员的结构不尽合理

虽然经过了几次组织改革，裁掉了一些部门和行政人员，但是由于之前行政组织的基数本来就很大，而且为了社会的稳定，不可能一下子精简很多，所以要消除我国行政组织运行效率低下、成本高等弊端，还需要一定的时间。另外，我国的行政机构中的人员结构也不尽合理。无论是年龄结构、权力结构，还是文化素质结构，都呈现出"倒金字塔"形的结构。例如，中老年人多、青年人少的年龄结构导致行政改革困难重重、阻力很大，而权力结构也是中老年人手握权力的多、青年人掌权的少，这样的权力结构使得大多数的组织变革都"胎死腹中"，行政效率很难得到提高。

（四）行政监督机构没有发挥其作用

这主要原因在于行政权力分配的不合理。在我国，行政监督机构通常施行的是内部监督，即将监督部门直接设置于行政机关的内部或者将监督职能直接挂在某主体的职能下面，这样致使行政监督处于双重领导的境地，其权力受到制约，无法充分发挥监督的效用。另外，外部行政监督在我国发挥不了很大的作用，即使是公民存在意见和不满，也很难将其传达到相关的行政机关或部门，或者即使

是将意见反馈到了行政机关或部门，也被过滤掉了绝大部分的信息，信息失真严重。

（五）行政法制不健全

总体上，法律法规不健全是我国现阶段存在的"通病"。行政法制不健全主要体现在两个方面：一方面是行政法规不足，一方面是行政制度滞后。迄今为止，虽然我国制定了许多制度和法律，但是仍然没有一种系统、全面、规范、高效的行政法规来规范我国的行政机关和行政人员的行政行为。所以，随着社会的发展，行政制度的滞后，逐渐形成了我国行政工作效率低下、行政程序繁杂、公众要行政部门或机关办事难等现象，这些不仅仅增加了行政工作的成本，而且直接制约和影响着我国国民经济的发展。

二、提高行政效率的对策

（一）转变政府职能，精简行政机构

转变政府职能，精简行政机构，以职能定机构、定岗位、定人员编制。我国需要通过精简行政机构，理顺各机构之间、各部门之间、机构与国家之间、部门与机构之间的关系。严格控制行政经费支出的过快增长，通过转变政府职能，增强组织和协调能力，提高适应外部环境变化的能力。政府的职能主要是经济调节、市场监管、社会管理和公共服务四个方面的内容。转变政府职能主要是指实现"三个转变"，即实现从"全能型政府"向"有限型政府"转变，实现从"管制型政府"向"服务型政府"转变，实现从"权力政府"向"责任政府"转变。另外，在进行机构精简的过程中，为了避免出现"精简—膨胀—再精简—再膨胀"的恶性循环，应该将机构精简的成果以法规、制度或政策的形式固定下来。同时还要克服"精简机构就是弱化政府职能"的错误认识。

（二）加强法制建设，依法行政

建立健全法律法规，明确规定行政机关和行政人员的权利和责任，使行政机关和行政人员在行政过程中坚持做到依法行政。要做到依法行政，就必须坚持有

法可依，有法必依，执法必严，违法必究，这样不仅可以大大地降低因为个人私欲或其他的主观原因而导致的违法犯纪行为的出现，而且有利于推动社会主义现代化建设事业沿着法制轨道健康发展。制度是一种稀缺资源，而确定一种有效的制度是实现资源合理配置、组织健康运行、提高组织效率的必要基础和前提。所以，我国应该高度重视制度在行政过程中的重要性，防止制度制定的随意性。法制建设的根本是教育人，因此要加强法律知识的宣传和法制教育，增加人民群众的法制意识，知法守法，并运用法律武器维护自己的合法权益。

（三）加强社会监督，提高行政透明度

要发挥行政监督的有效性，不能忽视公众、舆论和媒体的外部监督作用。加强社会的外部行政监督，有利于弥补内部行政监督的不足，提高行政监督的效率和效能。而要实现社会监督的实际作用，就必须将行政行为、行政管理和行政监督公开化，这样有利于公众和社会舆论对之进行监督。另外，国家行政机关还应该建立一种与公众沟通的有效渠道，这种渠道必须是公众容易接触到的，而且沟通的成本很低。这样，公众和社会对行政机关和行政人员的监督才不至于像一座"空中楼阁"，看得见、够不着。这个渠道之一就是建立基层人大政协，它能很好地制约行政机构的权力，从而形成一种平衡关系。

（四）提高行政人员的政治素养和能力

再好的外在环境，都要靠人来发挥作用。行政人员本身素质是行政工作高效率的内在动因，甚至有时候是决定性因素。政治素养和能力主要靠后天修养和磨炼形成，包括内在和外在。内在主要指政治觉悟、行测思维和能力、责任心、自信心等由内而外的精神和品质；外在指举止谈吐、待人处事等方面要细心谨慎，张弛有度，对待别人礼让三分，说到做到，做一个行政人员该负责的事，不推诿为人民群众服务的事。有什么样的领导就有什么样的队伍，就有什么样的下属，行政人员整体的素质与领导的政治修养和个人魄力息息相关，从高层管理人员培养起，从领袖负责起，是培养行政好风气的重点。

（五）建立电子政府

电子政府是管理信息化大系统中的一个子系统，俗称政府上网。其内容包

括：政府从网上获取信息，推进政府信息化管理；政府设立政府官网和主页，向公众提供公开的信息检索服务，方便网民搜寻需要的信息；构建网上服务平台，使政府能通过网络与网民进行交流和互动，成立"电子政务"；实现采购电子化，把"电子商务"用于政府；利用网上信息资源为经济文化科教的发展提供服务，为本地资源开发提供支援。"电子政府"通过实现信息公开化、操作便捷化，能极大地提高行政效率，另外还利于降低行政费用，是建立高效能、高服务政府的有效途径。①

【案例 13-2】
丹麦电子政府的成功经验

丹麦的电子政府对丹麦政府的行政管理起到了举足轻重的作用。它的成功主要有三大原因：以公众需求为导向；完备的社会基础 ICT 体系（国民 ID、电子签名）；强有力的推进体制。

1. 以公众需求为导向

丹麦电子政府建立"Borger.dk"民众门户网站。该网站被认为是世界先进电子政府服务的典型建设案例。网站的后台与中央及地方政府的各个系统或数据库互联，从而可以给国民提供便捷的"一站式服务"。从最初的作为"信息导航"门户网站，到现在"Borger.dk"已经升级成具有更高级服务的自定义功能，用户可根据自己的需求自由设置不同的主题。并且，网站目前仍在不断进行研发投资、改进服务水平。

2. 完备的社会基础 ICT 体系

打造这一广泛被民众所接受的电子政府门户网站离不开完备的社会基础ICT体系——"国民 ID"与"电子签名"两大数字体系组成。其中国民 ID 是指个人识别号码。丹麦人民都有一个国民 ID，在日常商务活动中用于个人认证，如就诊、纳税、开银行账户、租赁音像光盘等。另外，电子签名与国民 ID 的号码一

---

① 张英剑. 提高行政效率的有效途径 [J]. 江西社会科学，2002（5）.

致，在线申报电子签名时，具备个人安全认证功能，可用于办理结算、保密信息、个人信息等手续时。

3. 强有力的推进体制

丹麦政府在财政部内专门设立拥有高度规划权限的信息化专家组，专家组每六周召开一次会议，研究推进有关电子政府发展与改进的具体措施与项目，完善适宜的法律环境；另外还成立跨部门联合执行委员会，由各机构的副部级官员与地方政府的代表组成，是信息化政策的最高决策机构，负责关于电子政府所有部门之间的协调工作。

与西方国家相比，我国电子政府缺少广泛性和专业性。电子政府能打破信息不全面、传递过程失真的局限，还能最大范围地覆盖人民群众的需求层面，大大提高行政效率，建设电子政府是未来国家执政的最基本需要。

资料来源：http://www.e-gov.org.cn/news/news004/Index.html.

本章小结

行政效率是衡量行政管理产出社会效益的效率的指标，它包括效益要素、经济要素和时间要素。行政效率的目的是以最少的耗资得到最大产出，所以效率的测定和提高是管理中的重要环节。行政效率的测定要先确定测定标准，一般有质量标准、数量标准、时效标准和费用标准。有了标准就进入测定的算法，常用的有直接测量法、间接测量法和综合测量法，根据实际的行政实践采用不同算法，针对测量法体现的弱点进行弥补和改进。我国行政效率还存在一些不足，如政府机构庞杂、"部门主义"和"地方主义"思想严重、行政组织结构不合理、监督不力和法制不健全等问题亟待解决，目前采取的主要措施是精简机构、完善法制、加强社会监督力度、提高行政人员素养和建立电子政府。当然行政效率的提高还有许多科学的方法需要挖掘和运用。

第十四章　行政改革

南京——走进服务型政府

2002 年以来，南京市政府推行政务公开的行政改革，取得了明显成效。其中最大的一个举措是开通了"市长信箱"，这是南京市市长罗志军主动提出的，希望开拓市民与市长沟通的渠道。自信箱开通后，市长的 E-mail 与日俱增，仅 2002 年 1 月到 10 月中旬，就收到群众来信 7976 件，其中发给罗志军市长的就有 4972 件，办结率超过 80%。此次尝试效果显著，南京市 30 多个政府组成部门纷纷开设了"局长信箱"。另外一个重要的改变是建立了"群众来访接待日"，市领导每月一次，区县领导及政府部门领导每周一次定期接待群众来访，并建立了领导批示件办理和督办制度。实施半年，群众在接待日中反映的问题有 1078 件，绝大部分明确了办理单位，得到了很好的处理。

变"无限政府"为"有限政府"，是南京市政府改革的一个突出特点。2002 年以来，南京市两次清理削减行政审批事项 967 项，其中市级行政审批事项减少了 2/3。另外实行企业工资政府审批制度，在审批制度改革中，南京市在全省率先明令取消了企业工资审批制度，把发放工资的自主权交还给企业。

资料来源：沈亚平，王骚编. 公共管理案例分析 [M]. 天津：天津大学出版社，2006.

【案例启示】近年来，为适应我国经济的快速发展，解决日益突出的社会问题，改善政府形象，各地方政府纷纷进行行政体制改革，加快政府职能转变步伐。

本章您将了解到：

● 行政改革的内涵、目标和动力

● 西方的行政改革理论和模式

● 我国行政改革的内容和发展途径

第一节　行政改革概述

精简机构是一场革命。

——邓小平

一、行政改革的内涵

至今为止，行政改革仍然没有一个确切的定义。从国外的研究文献看，比较典型的有如下几种：

美国学家霍普认为，"行政改革可以定义为：为了根本改变政府官僚机构的结构以及有关人员的态度和行为而专门筹划和慎重进行的努力，旨在提高组织的效能，实现国家的发展目标……从技术和实践的观点看，改革是对政府机器的重建"。

美国学者蒙哥马利在《行政改革的根源》一书中指出，"行政改革是一个政治过程，是指调整行政机构与社会其他要素之间的关系，或者行政机构内部的关系，改革的目标和所提出的各种弊病都随着政治情势的不同而改变"。

凯顿（Caiden，1969）认为，"行政改革是指克服阻力，人为地诱导行政的转变"。

行政学家考夫曼（1989）认为，"行政改革就是大规模地创新行政机构和重新组合旧机构"。

从国内的研究看，具有代表性的有：

黄达强、刘怡昌（1988）认为，"行政改革一般是指在政府行政管理范围内，为提高行政效率，建立合理的行政制度和方式的行政行为。狭义的行政改革主要是指政府行政体制和机构的改革。广义的行政改革将政府行政部门为追求行政效率，对行政体制机构、行政方式以及重大行政原则的变革，都称为行政改革"。

夏书章（2003）在其著作《行政管理学》中指出，"狭义的行政改革仅指政府机构改革；广义的行政改革则是指国家行政机关为适应内外环境的变化，对行政管理的各方面因素进行的调整和变革。它包括行政责权的划分、行政职能、行政组织、人事制度、领导制度、行政方式和行政运行机制等方面的改革"。

综合以上可知，行政改革是指政府为了适应行政环境的变化，有目的地调整和创新行政组织和行政管理的动态过程。从本质上讲，行政改革即是行政组织的自我管理、自我完善和自我提升的过程。处于内外环境变化越来越快的时代，只有通过不断的行政改革，才能保持和加强政府对外部事物的洞察力和反应力，才能不断地发展自我。

二、行政改革的目标

行政改革的最终目的就是建立服务型政府。服务型政府是指在公民本位、社会本位理念的指导下，在整个社会民主秩序的框架中，把政府定位于服务者的角色，并通过法定程序，按照公民意志组建起来的以"为人民服务"为宗旨，以公正执法为标志，承担着相应责任的政府。

服务型政府的主要特征如下：

（一）服务型政府是一具有核心竞争力的政府

在我国，政府的核心竞争力就是社会主义的基本价值——社会平等、政治民主、以人为本。政府的核心竞争力构成了国家的"软实力"，是国家实现社会基本价值的"制度化形态"，它推动社会实践和政治改革的发展。缺少核心竞争力的政府是没有生机活力的政府，难以打造服务型政府。

（二）服务型政府是一个民主和负责的政府

即一个人民民主和对人民负责的政府。人民民主指的是中华人民共和国的人民有实现"民主选举、民主决策、民主管理、民主监督"的权利，它界定了政府的有限性，反映了社会主义民主政治的本质。政府要通过多种方式拓宽渠道，保证人民基本权利的有效实现，对人民负责，只有这样才能体现社会主义制度的优越性，也才能建立服务型政府。

（三）服务型政府是一个法治和有效的政府

宪法和法律是约束政府行为、确定政府与公众关系的法律依据，只有按法律办事，才能使人民信服，才能确定政府的公众影响力，才能保证权力执行的有效性。

（四）服务型政府是一个为全社会提供公共产品和服务的政府

提供公共产品和服务，核心是在公共财政和预算以及财政转移支付的导向上，要真正关注公众的利益、需要和愿望。提供公共产品和服务是服务型政府的最基本组成部分和核心内容，它关乎国家的发展和繁荣，直接决定政府执政的物质基础，是确立政府威信的基本途径。

（五）服务型政府是一个实现了合理分权的政府

合理分权是完善政府治理、优化政府结构的一个重要内容，是建立服务型政府的重要手段。分权的基本内容包括：政府内部各部门之间的分权；上下级之间的权力下放；政府与社会中介组织之间的权限划分；中央与地方政府之间的权限划分等。

三、行政改革的动力

行政改革的动力是指推动行政领导者或管理者进行行政改革的力量，实际上就是对实行行政改革的需求。从行政改革的定义可知，其主要目的是为了使行政组织的发展适应行政内外环境的变化。那么，可以将行政改革的动力分为外部动力和内部动力两个方面。

（一）外部动力

一般而言，行政改革的外部动力主要包括政治、经济、文化、科学技术等因素（见图 14-1）。

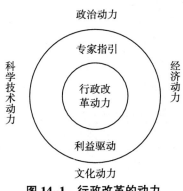

图 14-1　行政改革的动力

1. 政治动力

政治动力是指由于政治体制、政党权力、政治决策、国家政策等变化而引起的行政变革。行政是对国家意志的体现和执行，其本质是为了维护政治统治，因此政治方面的变化必然引起行政组织的变革。

2. 经济动力

经济动力是指由于一个国家经济的发展或衰退，经济体制、生产制度、分配制度的改变等因素而引起的行政变革。经济基础决定上层建筑，上层建筑反作用于经济基础，上层建筑必须适应经济基础的发展。因此，行政必须与经济相适应，这样才能进一步促进经济的发展。经济体制改革是行政改革的主要推动力。

3. 文化动力

文化动力是指由于处于社会主导地位的思想或价值观发生改变而引起的行政变革。行政人员的行为、思想、信念等必然受到文化价值观的影响，因此，价值观等文化因素的改变必然引起行政组织行为方式和方向的变化，从而引起行政组织的变革。

4. 科学技术动力

科学技术动力是指由于科学技术的更新与发展而推动行政变革。科学技术是生产力，生产力决定生产关系，因此，科学技术的发展与进步必然引起人们生产方式和生活方式的改变，从而引起行政系统的变革。比较典型的是，随着互联网与信息技术的发展，出现了一种新的行政模式——电子政府。

（二）内部动力

行政改革的内部动力是指来自行政机构内部的改革需求，一般包括专家指引和利益驱动两个主要因素。

1. 专家指引

行政改革专家往往掌握着科学的理论，而且对改革拥有很高的热情和很强的责任心，在行政改革与发展中，他们发挥着积极且不可替代的推动性作用。

2. 利益驱动

任何一次改革都是一个利益重新分配的过程。每一个行政人员都有自己的利益需求，当这些利益需求无法满足时，就形成了组织变革的内部驱动力。

【案例 14-1】

海南省的行政改革

海南省在建省之初，本想精简政府机构，但不久就出现了大规模部门分化问题，许多运行机构一分为二，造成臃肿，引起了很多管理问题。另外，当时也遭遇了全国大环境的不配套，中央和其他省份都还没有进行行政改革，海南省却第一个"吃螃蟹"，很多工作碰到了障碍。例如，中央当时设立了 9 个分管各类工业的部委，而海南将所有的工业门类都集中在工业厅管，这造成了海南省与中央之间没有部门间的一一对应，加大了工作开展的难度。

1993 年海南省的行政改革达到新一轮高潮，与精简机构相配套，海南省推出了一系列转变政府职能的改革措施。但后来的事实证明，其政府机构设置与其他省份基本没有区别。一位省领导说："海南社会不算大，总共才 800 万人口，就相当于大省一个地级市；政府却不算小，吃财政饭的人口有 19 万人，按比例不比其他省份少。"

但海南省行政改革有值得称赞的地方：把政府机构精简和培育社会组织结合在

一起，把激发社会活力、促进社会发展作为关注和决策的重心。海南省政府采取了一些措施提高社会组织的自主、自治、自立能力，使各类商会、协会、企业联合会迅速发展起来。可惜，由于对社会事业发展缺乏总体设计，这一成果未能巩固。

行政改革的关键之一在于克服既得利益部门的阻挠。在这个问题上，海南省政府的策略有三个：①将争议交由上级决策；②尽可能把意义深远的改革分解为技术性措施，如海南燃油费改革，最初海南并没有大张旗鼓地明确表示改革燃油费，而是从解决公路设卡过多车流缓慢问题着手的，顺藤摸瓜，逐步推进，收回了一些部门的审批利益；③先立规矩后办事，海南的改革不是从会议讲话、发文件、下通知开始的，而是以出台地方性法规或政府规章开道，令出法随，立法先行。推出一项改革，就促使人大通过一项相关法规，谁不执行改革方案谁就是违法。

资料来源：http://www.docin.com/p-37679837.html.

第二节　西方行政改革理论和模式

关起门来搞建设是不能成功的，中国的发展离不开世界。

——邓小平

许多学者认为，行政管理体制改革存在三种主要的理论依据：第一种是新公共管理理论，这种理论突出效率、效能与效益的原则，强调管理的"市场化"导向，主张那些原本专门由政府提供的某些公共服务、公共产品、公共事业等转变为由私营企业来共同提供或者完全由私营企业提供；第二种是治理理论，它主张将公共服务、产品或事业的所有权与控制权分离开来，政府拥有其所有权，而私营企业拥有其控制权，政府对提供公共服务的企业进行监控；第三种理论是新公共服务理论，该理论将政府提高到一种更高的地位，认为政府是国家、社会和公众利益的总协调者。

一、西方行政改革理论

(一) 新公共管理理论

在 20 世纪 80 年代，由于西方国家对政府进行重塑活动的兴起与发展，新公共管理理论开始占据行政改革理论中的主导地位。休斯以及英国公共管理学家胡德（C.Hood）等人认为，新公共管理的核心思想和主要观点在于以下几个方面：①将专业化的管理模式用于公共事务的管理之中，明确行政管理者的职责和义务；②对行政人员实行严格的绩效管理；强调结果管理胜过过程管理；③对行政组织进行变革、改造和重组，打破各个部门的本位主义，加强各部门之间的合作与交流；④引入竞争机制，提高工作效率和公共服务的质量，同时降低成本；⑤吸收私营企业中成功的管理经验和方法，对其进行整合并运用于行政管理中，这有利于提高行政管理的效率；⑥重视对资源的有效利用和开发。

其中，重塑政府代表了新公共管理的核心思想。新的公共管理理论在美国学者戴维·奥斯本和特德·盖布勒的《重塑政府》一书中得到了升华，将新公共管理理论精练为"企业家政府理论"，并且提出了十条改革原则：

1. 划桨→掌舵

政府应该集中力量于"掌舵"，而不是"划桨"。

2. 服务→授权

政府应该抓住主要矛盾，并兼顾其他，政府要集中精力于"掌舵"，那么就应该学会授权。

3. 垄断→竞争

垄断不利于社会的发展、技术的进步等，政府应该引入竞争机制，降低成本、改善服务。

4. 规章→使命

政府应该简化各种繁杂的规章制度，本着实现公众利益最大化的使命来实现政府的职能。

5. 投入→效果

政府不应该只关注投入，而不重视后期的效果。

6. 官僚→顾客

政府应该转变原先的为满足官僚政治的需要的意识和思想，本着为公众服务、满足公众需要的宗旨开展行政活动。

7. 浪费→收益

政府应该始终树立一种"效率"原则，用最少的成本提供最好的服务或产品。

8. 治疗→预防

政府应该着眼未来、未雨绸缪，时刻做好预防的准备，而不是像救火员一样，哪里着火就往哪里跑。

9. 集权→分权

政府应该将权力下放，提高政府的灵活应变能力，同时也可以精简政府机构，提高行政效能。

10. 政府→市场

政府应该引进市场机制，改善公共服务，通过市场的力量来推动变革。

（二）治理理论

治理理论兴起于 20 世纪 90 年代，那时西方国家都面临着经济全球化的大潮流，在经历了"市场失败"和"政府失败"之后，许多西方国家政府开始考虑用一种全新的模式进行行政改革，而"治理"理论就是为了推动这种创新的改革而产生的。"治理"理论与传统公共行政理论最大的不同在于，它强调行政主体的多元化，即说除了政府以外，社会组织、企业和个人都可以承担行政职能。实际上，"治理"理论是新公共行政理论的进一步深化，它为"政府企业化"提供了理论依据。但是，对于"治理"这一概念的理解，仍然是"仁者见仁，智者见智"，各有各的看法和意见，因而缺乏一种统一的定义。以下主要介绍罗兹概括的行政学界关于治理的六种含义：①

① http://www.audit.gov.cn/n1992130/n1992150/n1992576/2942263.html.

1. 作为最小国家管理活动的治理

作为最小国家管理活动的治理指的是国家减少开支，以最少的成本获得最大的收益。

2. 作为公司管理的治理

作为公司管理的治理指的是指导、控制和监督企业运行的组织体制。

3. 作为新公共管理的治理

作为新公共管理的治理指的是将市场的激励机制和私人部门的管理手段引入政府的公共服务活动中。

4. 作为好的治理

作为好的治理指的是强调效率、法治、责任的公共服务体系。

5. 作为社会控制体系的治理

作为社会控制体系的治理指的是政府与民间、公共部门与私人部门的合作与互动。

6. 作为自组织网络的治理

作为自组织网络的治理指的是建立在信任与互利的基础之上的社会协调网络。

但是，并非所有社会组织都有条件参与"治理"，"治理"活动是需要一定载体的，即"第三部门"。所谓"第三部门"，是指介于国家与社会、政府与市场之间的中介组织，中介组织是存在于社会上的既参与社会竞争又提供社会公共服务的营利性组织，同时它又具有公共性。一般包括各类同业协会、社团组织以及一些仲裁机构等。政府可以将部分服务职能转移向"第三部门"，也可以与"第三部门"一同承担起某些公共服务；或是政府部门与中介组织在服务市场上展开公平竞争；或是政府部门授权中介组织；也有一部分政府部门逐渐中介化，转变为中介组织。"第三部门"为政府分担了部分社会公共责任，为政府行政工作提高了效率，同时也使政务更加公开化、透明化，使社会广泛群众受益。

（三）新公共服务理论

新公共服务理论是一种新的公共行政理论，它主要是由美国著名行政学家登哈特对新公共管理理念缺陷的反思和批判的基础上发展起来的。其中，登哈特重点是对企业家政府理论的缺陷进行批评。

所谓新公共服务，是指关于公共行政在以公民为中心的治理系统中所扮演的角色的一套理念。其本质在于在认可新公共管理理论价值的基础上，扬长避短，提出一种更加关注民主价值和公共利益、更加适合现代公民、社会发展和公共管理实践所需要的新理论。新公共服务理论与新公共管理理论以及传统的行政理论的不同之处在于以下几个方面：

1. 政府的职能是为公众服务，即满足公众需求、实现公众的共同利益

在过去，由于经济的不发达和社会的无序等各种因素，政府施行高度专制和集权的行政管理模式获得了很好的效果。但是，随着社会的发展，这种管理模式已经不适应了。新公共服务理论认为，行政人员在回应公众的问题或要求时，不应该只是说"可以，我们可以提供这种服务或者可以满足这种要求"或者"对不起，我们没有这种服务或不能满足你们的要求"，而是说"让我们共同寻求解决问题的方法并一起来实现它"。即是说，政府更多地倾向于扮演协调甚至裁决的角色。

2. 公共利益是政府或行政管理追求的目标，而不是将其作为一种副产品

行政管理者的首要工作就是建立一种集体、共享的公共利益观念，并且这个目标是为了实现最大化的共享利益。新公共服务理论认为，通过广泛的公众对话和协商等途径可以建立更加完善的、合理的社会远景和目标。

3. 在思想上要具有战略性，在行动上要具有民主性

行政领导者应该树立公众责任感意识并制定各种措施来强化公众的责任感，支持公众参与到某些行政活动或行政决策中来，从而通过集体的努力来有效实现满足行政目标——实现公众的共同利益。

4. 为公民服务，而不是为顾客服务

"为公民服务"关注的是全社会的共同利益，这种利益常常是一种长期利益，而"为顾客服务"仅仅强调的是某一个个体或群体的利益，而且通常是一种短期的利益。因为公众利益不是简单的个体利益的相加，而是对其利益的协调。所以，新公共服务理论认为，政府与公民的关系不同于企业与顾客之间的关系。

5. 政府责任并不简单

政府的责任问题是一个复杂的话题。而行政管理往往将这些问题过于简单化，并将大部分的权力都交给行政管理者，这样容易导致权力与责任不对等，从而引发一系列的问题。政府还应该关注宪法和法令，关注社会价值观、政治行为准则、职业标准和公民利益，通过依法行政，规范政治行为，实现公民利益的最大化。

6. 重视人，而不只是重视生产率

不仅是在行政管理的过程中要重视人、尊重人，而且要在公开的行政活动中、各种行政改革中、各种制度的实行过程中，都要以人为本，这样成功的几率要更大。

7. 公民权和公共服务比企业家精神更重要

新公共服务理论认为，甘于奉献、乐于为百姓服务的行政人员比"企业家"型的行政人员能为社会带来更多的效益。行政管理者不只是要发挥和运用国家赋予的行政权力，更要深入社会群体当中，切切实实地为百姓谋利益、求发展，要将自己定位成治理过程中负责任的公仆，而不是只注重提高生产效率和满足顾客需求的"企业家"。

 【拓展阅读】

西方行政改革理论

西方行政改革理论	代表人物	主要内容
新公共管理理论	休斯、胡德	将专业化的管理模式用于公共事务的管理之中
		对行政人员实行严格的绩效管理；强调结果管理胜过过程管理
		打破各个部门的本位主义，加强各部门之间的合作与交流
		引入竞争机制，提高工作效率
		吸收私营企业中成功的管理经验和方法，对其进行整合并运用于行政管理中
		重视对资源的有效利用和开发
治理理论	罗兹	作为最小国家管理活动的治理指的是国家减少开支，以最少的成本获得最大的收益
		作为公司管理的治理指的是指导、控制和监督企业运行的组织体制
		作为新公共管理的治理指的是将市场的激励机制和私人部门的管理手段引入政府的公共服务活动中

续表

西方行政改革理论	代表人物	主要内容
治理理论	罗兹	作为好的治理指的是强调效率、法治、责任的公共服务体系
		作为社会控制体系的治理指的是政府与民间、公共部门与私人部门的合作与互动
		作为自组织网络的治理指的是建立在信任与互利的基础之上的社会协调网络
新公共服务理论	登哈特	政府的职能是为公众服务，即满足公众需求、实现公众的共同利益
		公共利益是政府或行政管理追求的目标，而不是将其作为一种副产品
		在思想上要具有战略性，在行动上要具有民主性
		为公民服务，而不是为顾客服务
		政府不应当仅仅关注市场，还应该关注宪法和法令，关注社会价值观、政治行为准则、职业标准和公民利益
		重视人，而不只是重视生产率
		公民权和公共服务比企业家精神更重要

二、西方国家行政改革模式

(一) 市场型政府模式

市场型政府模式是指利用市场机制对国家政府的行政职能进行改革，认为用某种建立在市场基础上的机制代替传统的官僚体制是提高政府组织效率的最佳甚至唯一的方法。一般通过私有化、公共服务付费制、竞争与合同制、建立政府内部市场、分权化等方式推行市场化改革。

1. 私有化

市场模式中最激进的做法是全盘的私有化。所谓"私有化"是指将原本由政府控制的事业或者由政府提供的服务转交给私营企业承包或直接出售给私方。在大多数国家中，将国有企业的所有权转给私人是私有化的主要形式。虽然不否认一定程度的私有化有其有利的一面，如可以增强其竞争力，也有利于提高产品和服务的质量，但是如果不把握好私有化的度，就很容易偏离政府的目标，从而出现为了个体利益而损害公共利益。所谓"度"是指必须明确哪些可以私有化，哪些必须国有化，而不能一概而论。对那些私营企业提供不了的公共产品或服务以及那些具有天然性垄断的行业就应该且必须国有化。另外，大多数人倾向于国有化，因为这样更有利于公平和增加社会的总体福利。

2. 公共服务的付费制

所谓公共服务的付费制是指对某些公共服务采取收费的方式，其实质是在公共服务或产品的领域中引入了价格机制。这种方式一方面有利于资源的合理配置，提高资源利用率，从而减少资源的浪费；另一方面可以增加政府的财政收入，缓和政府的财政吃紧和财政危机。但是，对于某些公共产品或服务，如教育、社会服务等，付费制就显得不是那么合适。一般而言，付费制适用于那些公众或使用者愿意自由选择的服务或产品领域。

3. 竞争与合同制

市场模式认为竞争能够打破垄断，对提高行政人员的斗志和士气、提高政府行政管理的效率有极大的促进作用。奥斯本和盖布勒在《改革政府》一书中将竞争分为三类：一是公对私的竞争，即让公共组织参与到市场的竞争中来，与私营企业或组织形成一种竞争的关系，来共同为公众提供服务，公众可以自由选择；二是私对私的竞争，即公共组织不参与到市场的竞争中来，而是将某些公共服务或产品置于市场中让私营企业或组织来提供，使私营企业或组织之间进行相互竞争；三是公对公的竞争，即政府将公共服务或产品的竞争"内化"，也就是说，政府内部不同的部门或组织都参与到竞争中来，谁拥有竞争优势谁就来提供公共产品或服务。具体采取哪种竞争的方式，应该根据行业的性质、产品或服务本身的特性以及政府的目的等共同确定。

合同制是指通过签订合约的方式来确定双方的权利和责任，从而实现将公共服务或产品外包。政府需要掌握四个"W"，它知道需要什么样的服务或产品（What），哪些企业或组织（Who）能够提供这样的服务或产品，在什么时间（When）、什么地点（Where）提供这种服务或产品，并且有能力对其进行有效的监督。这样政府不仅可以降低成本、提高效率，更重要的是可以集中精力于"运筹帷幄"。这种方式在一些西方国家得到了普遍的使用。

4. 内部市场

在前面的竞争中谈到了内部竞争，内部竞争就是在公共组织的内部进行的竞争，那么这种内部竞争经过一定程度的发展，就很可能衍生出内部市场。内部市场的政府模式是由英国兴起而产生的，是英国行政改革的特色之一，但是这种方式在其他国家和地区应用的比较少。所谓市场，就是供给与需求关系的统一体，包括商品、购买力和愿意提供商品的人三个要素。那么，在内部市场中，公共服务部门就必须存在一个很明确的分工，即人为地将谁是生产者、谁是消费者划分开来。要想真正实现公共服务的内部市场，除了上面所说的要明确生产者和消费者之外，还必须建立在合约制的基础上，通过付费制来实现。这种行政改革方式需要很好的环境和条件作为基础，否则很难成功，所以很难得到广泛的运用。

5. 分权

分权与集权相对，集权是将权力集中于高层领导或高层机关的手中，下级主要是执行，而分权是指将权力下放给下级人员或下级机关，使其拥有自主的决策权。在很多时候，下级人员或下级机关能比较深刻地体会到公民的迫切需求和呼唤，因为他们能够直接面对公众、接触公民。而上级机关或领导通常只是一味的想当然，然后拍拍脑袋就出来一个决策，或许其初衷是好的，但是往往事与愿违。值得注意的是，将权力下放，并不是说上级机关或领导就不必管事了，还必须对权力的使用进行适当的监督，因为上级机关或领导对下放的权力仍然承担着主要的责任。所以，上级机关或领导必须清楚地了解下级的能力状况，知道下级能够做什么，不能够做什么，然后再将某些权力下放给下级。另外，在公共组织中的分权存在两种方式：一是财政分权；二是内部代理机构分权。这两种方式各有其优缺点，需要根据不同的组织特点和环境来选择。

（二）授权型政府模式

授权模式，又称参与模式，是指政府在其管理过程中要给予低层行政人员一定程度的自主权，并让行政管理的服务对象参与到部分管理过程中来的一种政府模式。盖伊·彼得斯认为，该模式追求于寻找一个具有更鲜明的政治性、更多的民主和更大的集体性的政府机制，它主张将权力下放给基层，将权利赋予更多的服务对象，高层管理者与基层行政人员、政府与社会公众能有更多共同协商的机会。

在参与模式中，行政组织的结构应当是扁平化的。它主张突破传统的严格的刻板的管理机制，将中间管理层剔除，通过全新的组织架构的变革，将中间层合并或整合，缩短高层行政管理人员与基层行政人员之间的距离，使两个管理层沟通起来更加快捷方便，减少信息沟通的流失。并且要建立以"地方为主"的管理体系，让基层和地方参与上级的决策，给基层更多的自主权，并赋予其独立的决策权力，不用事事请示、层层汇报。事实上，不管是行政组织机构也好，企业也好，组织扁平化、扩大管理幅度已是现代社会组织结构发展的必然趋势。另外，参与模式还强调组织内部的参与管理，让基层的行政人员享有更多的权力和资源的配置。

在决策方面，参与模式实行的是自下而上的决策模式，支持基层行政人员参与到决策的过程中来；另外，参与模式还鼓励民众参与政治，通过倾听民众的声音了解社会公众的需求，从而做出满足公众利益的决策。

（三）解制型政府模式

"解制型政府模式"，即非管制政府模式，是指通过取消公共部门过多的规章制度，取消过程取向的控制机制，相信并依靠公务员的责任心、潜力和创造力，来提高政府的行动水平，让政府更具有创新性和效率。这一点同企业型政府主张的打破按章程办事的规矩，建立有抱负、有使命的政府，有共同的特点。

解制型政府模式主要强调效率和结果，不管组织的结构是集权还是分权，只要有效率就可以。所以，这种政府模式并不是否定或反对传统的官僚结构和体制，而是认为没有一种好的行政文化对之进行协调和配合。而且这种模式是建立在行政人员的责任心、肯定行政人员素质和能力的基础上的，虽然可以在一定程度上激励下级行政机关和人员，但是在这种基础不牢固或者欠缺的情况下，采取这种政府模式会进一步助长官僚主义的风气。

（四）灵活型政府模式

灵活型政府模式，即弹性化政府，它是指政府及其机构有能力根据环境的变化制定相应的政策，而不是用固定的方式回应新的挑战。它的对立面就是模式僵硬、老化、无弹性的官僚型政府。这种模式虽然理想化，也受到很多学者和实践者的关注，但实行起来却很模糊，操作上不够明确。这种政府模式强调的是组织的灵活性和应变性，为了达到这个目的，组织结构可以是不断变化的、选择性的甚至大多数是临时性的。与此相适应，组织中的大多数岗位、人员也都是临时的或短期的。这种形式的政府模式，有利有弊，利的一面在于应变力强，能够适应环境的变化，也有利于创新；弊的一面在于组织是不稳定的，组织成员人心惶惶，没有安全感。①

虽然这四种模式都有其一定的应用局限，甚至存在着冲突，但每一种模式都部分或完整地揭示了传统行政体制及实践过程中所存在的缺陷，并试图构建一种更为合理的甚至是最佳的治理体系。

第三节　当代中国行政改革与发展

政治体制改革要分步骤、有领导、有秩序的进行。

——邓小平

现阶段，我国已经步入全面建设小康社会的新起点，进入改革开放的关键时期。我国政府更是面临着新的历史挑战，但当今的行政管理体系尚有不足的地方，需要进一步改革以适应新的环境变化。中共第十七届中央委员会第二次全体会议对行政改革提出了重要意见，力图在政府职能的转变、推进政府机构的改革、依法行政等方面贯彻落实总目标，加强监督管理，要采取切实可行的方法和措施，解决主要矛盾和突出矛盾，推动科学技术的进步，促进社会和谐发展，更好地维护人民群众的利益。

在中共第十七届中央委员会第二次全体会议上提出，深化行政管理体制改革的总体目标是，到2020年建立起比较完善的中国特色社会主义行政管理体制。

① 孙学玉等. 公共行政学 [M]. 北京：社会科学文献出版社，2007.

我国政府力图通过改革，建立起高效、运行有序、政务公开的服务型政府，树立起让社会百姓满意的政府形象。

一、转变政府职能

政府职能是政府活动的基本方向和根本任务，深化行政管理体制改革要以政府职能转变为核心。现如今，我国政府在执行其职能时仍存在如下问题：①仍然存在政府干预企业的现象，没有摆脱"政府管企业，企业管社会"的局面；②政府管理经济的行为不规范，不该管的乱管，该管的没管好。[①]

（一）全面正确履行政府职能

在经济职能方面，依据经济活动的基本规律和市场体制的基本机制，综合经济手段和法制手段，对经济活动加以调节，实现更加科学、全面的宏观调控职能，促进国民经济健康、稳定发展。在市场管制方面，加强市场监督，规范市场秩序，尤其要加大对食品安全、财产安全、产品质量、道德诚信等现实问题的关注。在社会管理方面，仍然要把控制社会贫富差距、完善社会保障体系作为管理的重要目标，采取切实有效的手段促进就业、实现公平的收入分配体制，维护社会稳定。其次，还有重视公共服务，在促进教育、学科建设、卫生医疗、道德文明体制建设等方面要加大力度，使其跟上经济发展的步伐，促进社会发展与经济发展的和谐与平衡。

（二）将管理的侧重点放在战略规划和政策法律法规规范等宏观事务的管理上

当下，一些行政机关过多地干涉行政管理中的具体操作问题，忽略对政策大方向的把控，最终导致"该管的不管，不该管的瞎管"的现象。对于中央政府，更要加强社会公共事务的宏观调控和管理，适当地将权力下放或分散，把维护国家法制统一、政令统一和市场统一作为宏观政策的主要目标。对于地方政府，要在明确中央政府的政策、接受上级领导的指令的前提下，采取有效措施将上级指

---

① http://news.xinhuanet.com/newscenter/2008-03/04/content_7717129.htm.

示加以落实，并注意结合当地实况和特色，具体、灵活地规划地方发展战略。地方政府要做好基层服务和管理，维护市场经济秩序，促进社会安定和谐。另外，中央政府要依据人力、财力、物力和技术的实际情况，对各级政府的资源予以合理的配置，增强地方特别是基层政府为百姓服务的能力。

（三）明确部门职能，确保权、责、利的统一

明确部门职能要求部门有清晰合理的职能分工，对行政工作的安排要既不重叠也无遗漏，并且分清主次责任。要统一指挥链，坚持一种行政职能由一个部门负责，一个行政任务由多个部门分工合作，互相配合。

二、推进政府机构改革

（一）深化国务院机构改革

国务院是我国政府宏观调控部门的主要职能部门，要形成科学的、权威的和高效的宏观调控体系，切实做好对社会公共事务的规划和统筹工作。

（二）深化行政机构体制改革

对于地方行政机构，要合理设置和调整其职责重点，在中央政府限定的管辖范围内，根据地方的环境条件和行政机构内部的资源，因地制宜进行合理的设置。中央和地方政府要逐步完善"上下级"的行政管理体制，基层行政机构要深化体制改革，加强政权建设。

（三）促进事业单位分类改革制度的建立和完善

要依照"政事分开、事企分开和管办分离"的原则，对国家事业单位实施分类改革：对于承担行政职能为主的机构或部门可逐步转化或划分为国家行政机构；对于从事和参与社会公共事务为主的，以服务大众、便利百姓为目标的，不以盈利目的为主的单位，要予以支持，加强其建设和规范，并要予以适当的监督；对于从事生产经营、以盈利目的为主的单位要将其转化为企业。

（四）在机构编制方面要严格按照法律法规和管理制度的限定进行

行政机构要严格控制编制，严禁超编进人，并制定严厉的惩罚制度对编制行为加以监督和控制。完善机构编制管理制度和财政预算制度，加强人事行政的管理，并且通过进一步编制管理的法制化进程改进编制制度存在的问题。

三、健全公众参与行政管理机制

公众参与行政管理过程的广度和深度直接体现了公共行政民主化和有效性的程度。我国公众参与行政管理的机制仍然存在如下不足：一是公众参与行政管理的程序规定不够具体和明确，二是公众参与行政管理的途径较少。在我国当前的情况下最重要的是实现民主管理的制度化，切实增加公众参与行政决策、监督等活动的实际机会和渠道，同时正确地引导公民通过合法的途径参与公共行政管理活动。现如今，为了拓宽公众参与行政的渠道，我国各级政府开始推行重大事项和政府官员任免的社会公示制度、重大事项的听证制度、专家和社会参与政府决策的咨询论证制度、对政府工作由所在地居民公开评议制度等。但是，值得注意的是，在行政领域过分考虑民主价值，往往会使之成为一种形式化的流程，没有实际意义。因此，要平衡好民主与效率之间的关系。

四、引进科学的行政管理方法和技术

科学的行政管理方法和技术有利于行政效率的提高和行政目标的实现。十六大提出通过引进科学的行政管理方法和技术，推行电子政务，以提高政府部门的行政效率，降低不必要的行政费用。2001 年我国政府将电子政务作为今后国家信息化建设的重点，标志着电子政务进入全面发展阶段。

五、加强依法行政和制度建设

遵守宪法和法律是政府工作的根本原则，政府机构的一切行政活动都要建立在遵守法律法规的基础上。加快法治政府建设的步伐，推动政府立法工作的改进

和完善；通过"电子政务"、政务咨询热线等有效措施广开言路，实现政务的透明化、民主化和公开化；健全监督制度，通过行政机构的内部监督和社会群众、媒体舆论等的外部监督，加强对行政权力的监督和控制，防止或减少腐败现象的出现和恶化；推行绩效管理和行政问责制度，通过对行政效果和效率的评估和考察，促进行政单位的自我学习和提高；另外，行政人员本身法制意识的提高和行政素养的培养对于推进依法行政也非常重要。

六、当代中国行政发展的途径

（一）从"计划"到"市场"

从"计划"到"市场"的改革，是政府提出转变职能以来一直倡导的，政府也将朝着这个基本目标不断地持续地改进和奋斗。大量事实证明，认清这两者的辩证关系、协调这两者在经济社会中的匹配关系，对于提高行政效率、促进行政改革具有极大的作用。

（二）从"全能政府"到"有限政府"

"全能政府"即政府对所有大大小小国家事务都进行事无巨细的管理，力图包揽所有有能力有权力触及的事务，这样导致的后果就是行政机关的责任和权力将不断扩散，最终毫无止境。实质上，全能型政府的存在是不科学、不合理、不可行的，要敢于放权授权，建立"有限政府"。有限型政府摆脱了"大而全"的管理模式，更强调政府在社会整体结构中的地位和作用，通过对权力的下放，逐步将重点转移到对国家政策和发展规划的制定和规范上，这一方面促进了行政效率的提高，一方面满足广大社会群众的需求，顺应了社会历史发展的方向。

（三）从"官僚主义"到"有效政府"

摒弃"官僚主义"，建设"有效政府"，是我国行政职能改革的必然。官僚主义会引发贪污、腐败、言路闭塞等不良行政现象，要及时发现问题、解决问题，杜绝这种现象的出现和蔓延。要克服官僚主义，就要改变行政组织和行政队伍的政治思想和生活作风，要改善思想和作风，源头在于对制度的变革和改善。只有推行行政改革，才有可能从本质上剔除"官僚主义"。"有效政府"是变革发展的途径，它是指政府通过精简机构、单位划分和重新设置，将权力归结于社会组织或企业、个人，实现资源的合理有效配置和整合，优化组织的行政效益。"有限政府"适应了当代行政环境的变化，能满足社会发展的要求和公众对行政管理的需求，是政府变革未来的道路。

【案例 14-2】
我国社会矛盾的变化与政府转型

当前，面对我国社会日益突出的矛盾，政府需要强化公共服务的职能，主要表现在以下几个方面：

1. 日益突出的"两大矛盾"迫切要求政府转型

随着我国人均 GDP 的增长，收入差距和城乡差距也扩大了。这就造成了目前社会的"两大矛盾"：一方面，经济快速增长与发展严重不平衡、资源与环境约束的矛盾；另一方面，公共需求全面快速增长与公共服务不到位、公共产品严重短缺的突出矛盾。从现实的情况看，实现我国经济的可持续发展，关键在于突破经济建设型政府的局限性，建立适应现代经济发展要求的公共服务型政府。与此同时，全社会公共需求的深刻变化对再分配的影响也是多方面的。

2. 应当充分重视基本公共产品供给的重要性

有效地解决日益扩大的收入分配差距，要充分重视基本公共产品的供给对调整社会利益关系、实行社会再分配的重要影响，主要包括三个方面：第一，对城乡收入差距的影响。城乡二元的制度安排拉大了城乡居民的实际收入差距。第二，对贫富差距的影响。这些年，我国的教育与医疗费用上涨速度过快，大大超出中低收入家庭可支配收入的增长速度，并成为贫富差距拉大的因素之一。第三，对利益矛盾与利益关系的影响。近些年来，由利益关系引发的社会问题比较突出，这些问题的相当一部分同基本公共产品供给的欠账和不公有着直接或间接的联系。

3. 要大大强化政府的公共服务职能

国际经验说明，收入差距与公共产品的供给都同政府的职能密切相关。从我国的情况看，要有效地解决再分配，关键在于政府转型的实质性突破。政府要扮演好两种角色：一是从政府主导型向市场主导型的转变；二是强化公共服务中的主体地位，充分发挥政府在公共产品供给中的主导作用，加快建设公共服务型政府。落实科学发展观，关注民生，就是要为弱势群体提供基本而有保障的公共产品。这已成为当前和今后一个时期各级政府公共服务的重点。

资料来源：迟福林. 我国社会矛盾的变化与政府转型 [J]. 人民论坛，2006（4）.

本章小结

和其他组织一样，政府机构必须随着内部和外部因素的变化而不断地从结构、职能和体制等方面进行变革和调整，才能保持应有的活力。行政改革是政府为满足人民群众日益增长的物质精神需要而不断创新行政组织和行政管理的过程。行政改革的最终目的就是建立服务型政府，这个过程受到来自内外部的动力。西方国家的行政改革理论也有深远的历史，其政府模式对我国行政改革有一定的影响和借鉴。国内的行政改革主要是政府职能的转变、行政管理体制的改革、健全公众参与制度、引进科学的管理方法和法治的健全。行政的发展有几种途径，总体来说，都是要求政府转变传统的管制观念，真正做到为人民服务。

第十五章 行政文化

陈老板的企业生存模式

陈峰是山西省的一个不大不小的建筑商,他为人不张扬,脸上永远保持着谦和的微笑。20世纪90年代初陈峰开始创业,10多年过去了,也积累下了几亿元的资产。创业过程中常常要和多方打交道,使得他练就了高明的"公关"素质,结交了许多商人、公务员朋友。但公关少不了饭局,陈老板本身不爱喝酒,但工作要求他不但要喝酒,还得强颜欢笑。久而久之,陈老板都变成主要是上夜班了。

为了减少社交应酬,2008年底陈峰投资了一家三星级的酒店,想投入更多时间在真正意义的工作上。而当时也碰上他的工程欠款越来越多,甚至影响到企业新项目的周转,陈峰希望通过酒店迅速获得日常性现金收入。

没想到,这个做法并没能使陈老板松一口气。酒店开起来后,行政部门多头化,被迫请上门的各路"神仙"越来越多,而且都是非得要他亲自陪同、不能得罪的重要人物。这样陈峰反而陷入了更多的应酬,靠吃喝玩乐和塞红包维持的关系开始遍及整个政界、商界、金融界,也靠维护好人际关系来发展他的企业。

资料来源:沈亚平,王骚.公共管理案例分析 [M].天津:天津大学出版社,2006.

【案例启示】陈老板的这种生存模式在今天依然是很多企业发展的路径。关系经济在我国经济发展中占据重要地位，政府与企业之间有着微妙的关系。依靠与政府的关系维持生存，对企业的运营和成长有什么样的影响？忽略生产技术、运作管理等硬件条件的加强而偏重人际关系的维持，对企业的壮大会不会有反作用？这些不单是企业家们应该思考的问题，也对当前我国行政的理念和文化的方向提出了新的要求。

本章您将了解到：

● 行政文化的定义及内容

● 行政文化的作用

● 影响行政文化的主要因素

第一节　行政文化概述

文化是一切事物产生发展的土壤。

——佚名

一、行政文化的内涵

（一）定义

行政文化是人们在行政管理和生活的实践中逐渐形成的，并能反映行政实践的效果和本质的思想观念和潜在意识，通常包括人们对行政体系和行政制度的态度、偏好、感情倾向和信仰等因素。

要理解行政文化，需要了解以下三个方面的内容（见图 15-1）：行政文化是社会文化的有机组成部分；拥有和反映行政文化的主体一方面包括行政人员，一方面包括全体社会群众；行政文化主要指态度、感情、信仰等观念性的精神形态，它主要指精神文化。

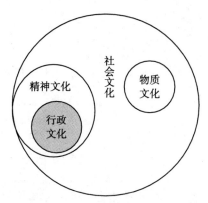

图 15-1 行政文化与其他文化的联系

（二）相关定义

1. 政治文化

政治文化是社会群体在长期的政治实践中所形成的，是存在于社会群体中的相对稳定的政治心理和文化特征的总和，它对人们的政治理念、政治行为有着直接的影响。行政文化从属于政治文化，政治文化对行政文化的形成、发展起主导作用。政治文化是一种潜移默化的过程，可以产生像风俗习惯一样的作用。

2. 政治社会化

政治社会化是指公民获得本国政治文化，包括政治信念、政治倾向和政治价值的发展过程，它是社会塑造成员政治心理和政治意识的过程，保证政治文化的维持，有专门机构、系统途径的社会组织都是政治社会化的体现，如学校、政党、非正式组织等。

3. 行政道德

行政道德是由行政人员在行政道德实践中产生的主观方面的道德意识观念和客观方面的行政道德规范所构成的。

4. 机关文化

机关文化是由一个行政机关及其成员的观念形态、运作方式、规范体系、主题结构等构成的，是对行政管理效率有着重要影响的内部文化氛围的总称。

二、行政文化的内容

根据行政文化的定义，其内容主要包括主观性行政文化和规范性行政文化两个部分（见图 15-2）。

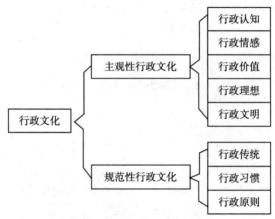

图 15-2 行政文化的内容结构

（一）主观性行政文化

主观性行政文化主要是指由行政主体的认知、情感、价值、理想等组成的复合体。它主要由以下几个方面构成：[①]

1. 行政认知

行政认知是指对行政体系和行政活动的认识，主要包括行政心理、行政思想和行政思维方式等，这是构成行政文化的基本部分。如公民经过接受宣传教育、自主学习知道要知法守法，是对法律的基本认知。

2. 行政情感

行政情感是指行政主体对行政体系和行政活动的情感取向，主要是行政人员

---

① 陶学荣. 公共行政管理学导论 ［M］. 北京：清华大学出版社，2005.

对行政活动和行政体系接受、认同、参与的情感以及对本职工作的认同和喜欢程度等。如公民对法律条例有认同感或质疑，是一种行政情感的表现。

3. 行政价值

行政价值是指人们在行政活动中所持的各种价值观念。行政价值是作用于行政组织的道德准则，决定了全体行政人员共同的行为取向，影响着行政活动的有效性，因此选择合理的价值标准是行政组织健康发展的重要前提与基础。

4. 行政理想

行政理想是指行政体系和行政活动所要达到的较高层次的期望值和设想度，是行政认知、行政情感和行政价值三者相统一的产物，具有根本性、长远性的特征，是行政发展的一种走向，是推动行政组织不断创新的力量源泉。公民在了解法律、认同法律的前提下，对法治社会开始憧憬，看到社会实践中的不足，产生一股责任感，要为法律制度的完善做出个人的努力，就提升到了行政理想的层次。

5. 行政文明

行政文明是指行政人员把维护广大人民群众的利益放在首位，行政管理充分实现科学化、民主化。弘扬行政文明是提高行政人员自身素质和能力的必然要求。当把文明的范畴内分为物质文明、精神文明和政治文明时，行政文明就成了政治文明极其重要的内容。行政文明实质是行政文化沉淀的表现，通常包括行政人员的生活作风、工作作风、文化修养、道德素质和行政行为等，行政文明表现如何，就能反映一个国家的行政文化，也深刻影响着行政人员在人民群众心中的形象。

（二）规范性行政文化

规范性行政文化主要是指来自行政主体之外的、对主体的行为和观念产生规范性影响的行政文化，它对行政主体和行政机构产生规范性的影响。规范性行政文化由如下几个方面构成：

1. 行政传统

行政传统是指经过长时间的发展而积累下来的一种行政观念、习俗以及制度规则的总称，这种观念、习俗以及制度规则通常是稳定的、很难加以改变的，而且在不同的行政体系中也有很大的差别。行政传统是行政文化的核心所在，它代表着文化发展的连续性和稳定性。

2. 行政习惯

行政习惯是指人们在长期的行政管理和生活的实践中渐渐形成的习惯性的行为方式和惯常思想。它是行政思想的外在表现，通常可以从行政性的行为方式和政治作风体现出来。行政习惯主要是产生于行政组织内部过去和现有的规范、制度、程序、成文的或不成文的规章制度。良好的行政习惯有利于形成良好的行为方式和行为作风。行政管理中要摒弃不良的行政习惯，培养廉政公平、勤恳负责、独立有效率的作风。

3. 行政原则

行政原则是指人们在行政管理和生活的实践中形成的所遵循的基本方法和最低限度的基本原则，一旦超越就等于违背行政规律，要受到相应的惩罚。一般而言，行政原则可分为理论性原则和实践性原则，它们对行政组织的活动和行政人员的行为起着指导作用。

三、行政文化的作用

行政文化对行政管理所起的作用，主要表现在如下几个方面：

1. 行政文化直接影响着行政目标

行政目标是行政组织在一定时期内想要达到的理想状态和发展方向。一般而言，行政文化往往通过行政认知、行政情感、行政价值、行政理想等方式来影响行政目标的性质、主次顺序以及行政目标的结构。

2. 行政文化直接影响着行政观念

有什么样的行政文化，就有什么样的行政观念。换句话说，行政文化直接决定了行政观念的形成。行政人员是行政活动的主体，其思想、行为和活动等直接受到行政观念的影响；而通过行政观念反映出来的行政活动通常能体现一个国家政府机构的行政文化。社会成员在进入行政领域后，或多或少都要受到原有的、历史遗留的行政文化的影响，并在现有的行政体系中形成某种特定的思想观念。

3. 行政文化直接影响着行政行为

文化是人们内心共同拥有的信念和价值观，这种信念和价值观直接主导着人们的行为。行政文化是众多文化中的一种，固然也不例外，它可以通过行政人员的行政心理、意识、思想或习惯对行政行为产生直接的影响。体现得比较明显的是，在不同的行政文化下，行政领导在做决策时风格有所不同，而且思考问题的侧重点也会不同。如果行政文化氛围是民主、公平、自由的，那么行政领导者通常会做出具有创造性、灵活性的决策；相反，如果行政文化是一种专制、独裁的文化，那么行政领导的领导风格也将倾向于专横武断。古代很多留下丰功伟绩的帝王比较专制，如秦朝秦始皇、唐朝武则天、宋代赵匡胤、明朝朱元璋父子，都是以独裁的领导风格统一江山。这与封建社会保守、重等级的行政文化有着深远的渊源。

4. 行政文化直接影响着行政体制

行政体制是指政府组织的机构设置、职权划分和规章制度等，是政府组织赖以生存和发展的基础性条件。行政文化通过一系列的因素如文化心理、行政价值、行政传统等对行政体制发挥决定性的影响作用。这种影响和作用是潜在的、复杂的。如远古时代封闭、落后、贫穷的行政文化下，会形成一种专制、集权的行政体制。

5. 行政文化直接影响着政治的稳定

政治稳定是指统治集团内部正常运作，这种正常运作依赖于行政文化整合功能的有效发挥。一种占主导地位的行政文化，能够将统治集团内部的组织结构、体制以及运行机制等按照自己的既定原则构建成一个有机的整体，并且这个整体的系统能通过与外界环境的交流、互动，吸收外界好的因素，使自身系统不断更新、升级和提高。

第二节 行政文化的重要因素

行政文化是指在一定的经济、政治、文化环境中形成的行政意识观、行政价值观和行政心理倾向的总和。

——佚名

一、行政心理

（一）定义

所谓行政心理，是行政关系体现者（个体的或群体的、组织的）的知觉、情感、态度和个性的总和，及其对行政关系和行政活动的自发的感性反映形式。行政关系的体现者包括行政主体和行政客体两个组成部分，即进行行政管理的人和接受行政管理的人。行政心理的实质是人们对于政治生活、行政活动和社会现实、经济状况的主观反映，它是社会精神现象的一个组成部分。行政心理对社会政治具有反作用，它能通过心理反应做出行政行为，对政治制度产生正向的推动作用或反面的阻碍作用。

（二）基本原理

一般而言，行政心理的基本原理主要包括如下内容：

1. 心理反应原理

心理反应原理即人们对行政活动的过程或某个环节产生的心理反应，这种心理反应直接引导人们对该活动的行为反应。

2. 激发动机原理

激发动机原理即通过一些方式来激发和鼓励行政人员朝着所期望的目标采取

行动，或者是通过强化其动机来调动他的积极性的一种理论。

3. 心理容量原理

如同人们的心理承受能力一样，人们在行政管理和生活中会遇到各种各样的人和问题，有些问题人们的心里可以承载和包容，有些则超出了人们的心理负荷，这种心理承受的界限就能衡量人的心理容量。当外界刺激超过了心理容量，人就可能采取偏激、反面的方法进行应对。

4. 心理适应原理

心理适应原理是指类似的、同样的行政现象和行政问题反复出现多次后，人们就从心理上渐渐适应了这种现象。人的能力、个性、心理容量和经验都会影响其心理适应性。

（三）作用

行政心理对行政管理主要有三个方面的影响：

1. 对个体行政行为的影响

行政心理主要通过情感、动机、价值观等方式来影响个体的行政行为。其中，情感主要是影响个体行政行为的倾向性，动机主要是影响个体行政行为的方向性，价值观主要是影响个体行政的态度。在行政管理中，行政领导者在掌握个体的心理特点的前提下，有针对性地激励下属，从而达到调动人员的工作积极性的作用。

2. 对群体行政行为的影响

行政心理主要通过心理相容和心理认同两种方式来影响群体的行政行为。心理相容是指组织成员之间融洽的心理交往状态，群体成员之间的心理是否相容，直接影响着群体成员之间的和谐状态和团体的士气。心理认同是指组织成员将对方视为等同，从而产生彼此密不可分的整体性感觉。组织成员之间的心理认同，有利于调动全员的积极性和创造性，从而形成良好的行政文化环境，为行政目标的实现奠定坚实的基础。简单来说，群体的心理相容和心理认同，是形成相同态度、一致行为的心理基础，也是产生归属感和增强内聚力的心理条件。

3. 对领导行政行为的影响

行政心理对领导行政行为的影响主要体现为：从领导自身而言，行政领导者的心理素质、心理状态等决定了其领导风格（集权型领导或分权型领导），也影响了其决策风格（保守型或冒险型）；从被领导者角度而言，行政领导者的心理在很大程度上影响了下级行政人员的工作态度（积极或消极）和行为（主动或被动）。

二、行政道德

（一）概念

道德是一定社会中人与人之间、人与自然之间关系的行为准则的总和。我国儒家思想主张"以德治国"的政治理念，如在《大学》开篇中就写道："大学之道，在明明德，在亲民，在止于至善。知止而后有定，定而后能静，静而后能安，安而后能虑，虑而后能得。物有本末，事有终始，知所先后，则近道矣。"行政道德属于道德范畴，它是指国家公务员在行使公共权力、管理公共事务、提供公共服务的过程中，处理自身与工作对象之间、上下级之间、同事之间以及公私、得失等关系时，所应当遵循的原则和规范。① 为人民服务是我国行政道德的根本原则，在公务员职业道德体系中占主导地位，这是由一个国家的性质决定的。

（二）基本功能

行政管理是制度化、管理化、规范化的行政道德，而行政道德是灵魂化、实质化和内在化的行政管理。一般而言，行政道德的基本功能主要体现在如下几个方面：

1. 规范与约束功能

行政道德的规范与约束主要包括消极性和积极性两个方面的内容。消极性的规范与约束，又称为不可作为的规范与约束，是指行政机关通过制定政策、制度以及行政道德的法制化建设等来及时规范公务人员"不能"的行政行为，明确各

---

① 魏永忠. 现代行政管理［M］. 北京：中国人民公安大学出版社，2005.

行政层级、各职能部门、各公职人员"不能"的规范和约束。西方各国政府常常通过如"荣誉法典"、"道德法典"、公务员法等对公务员的职业道德加以规定，对公务员的行为起到一定的规范与约束的作用。积极性的行政道德规范，又称为可作为的规范与约束，是指行政机关明确了对公务人员应当作为的道德要求，它往往通过社会舆论、伦理道德、内心信念等方面来规范行政人员的言行举止。简单来说，行政道德包括他律和自律两个方面，行政道德往往是从他律阶段上升到自律阶段。

2. 调节功能

行政道德的调节功能是指通过一定的评价方式来指导与纠正行政人员的行为，从而协调行政人员之间、行政机构之间、行政人员与行政机构之间、行政机构与国家之间的关系。它是整个行政调节系统中的一个重要组成部分。行政道德的调节功能是首要的和基本的功能，对解决行政管理中的利益冲突和矛盾有着十分重要的作用。值得注意的是，虽然行政道德的调节在某些方面体现出一定的强制性，但这种强制性通常是通过人的内心命令、舆论的思想压力以及传统观念和习俗的内在制约来实现的。

3. 教育功能

行政道德的教育功能是指政府通过道德评价、道德理想等方式，造成社会舆论，形成政风官德，树立道德榜样，从而培养行政人员的道德观念、道德习惯和道德境界，最终塑造理想的人格和品德。道德教育功能的实现可以通过两种方式来实现：一是鼓励行政人员积极参与到道德实践活动中来，从中不断提高自我的道德水平；二是进行系统的道德理论学习，掌握行政道德的内容与原则。行政道德教育规定着行政道德的发展方向，这也是人的道德素质和精神面貌的塑造过程。

4. 激励功能

行政道德的激励功能是指通过道德评价、树立道德榜样等方式来激发行政人员工作的主动性和积极性，鼓励行政个体或行政组织不断发展和逐步完善，并促使其道德由低层次向高层次转化。一般而言，激励的方式可分为两大类，即物质激励和精神激励。物质激励是指运用物质的手段使受激励者得到物质上的满足，从而进一步调动其积极性、主动性和创造性；精神激励是指采用精神鼓励的手段来调动个体的积极性。而行政道德的激励功能主要运用的是后者，它主要是通过树立榜样、追求理想、批评以及成就感、认同感、荣誉感等精神激励来达到效果。

【案例 15-1】
行政文化的新亮点：借鉴企业文化

唐山高新区自建立以来吸引了许多优秀外资企业前来入驻，如日本松下电器、德国西门子公司、美国朗艾道公司等，最主要的原因是唐山高新区创造了全新现代政府管理模式——企业化政府，使得众多企业趋之若鹜，来此安家。

高新区的企业化政府有着全新的政府管理理念——寓管理于服务之中；有着高新区全体员工自我理性的定位——企业的服务者。建区以来，政府定位于做好企业的服务者，并设置了高新区管委会，作为企业的公共服务提供者。该管委会机构设置精简，人员精干，基本形成了较为完善的行政管理体系。政府还在不断健全和完善社会化服务支撑体系，增强区内的综合服务功能，形成全方位社会化服务支撑体系。

区管委会建立了快捷周密的运行机制，实行"一次讲清，两次办结"制，绝不让客户跑第三趟；在办理手续方面，由招商局负责通知各有关部门参加，主管招商的主任主持，联合办公，提供了效率；高新区还成立了咨询服务公司，由招商、工商、国税、地税、土地、规划等有关部门抽调人员组成，为企业提供咨询，且企业需要在开发区权限范围内的各种手续在这里都可以一次办结；另外建立了企业筹建工作指导会、现场办公会、专题协调会"三会"制度，形成了三个服务体系。

精简、高效、统一、务实，是高新区人留给所有到过高新区的人的一致印象。每一个企业，从入区开始到购地建厂，从小到大，都留下了高新区人的汗水和足迹。为了适应企业发展，唐山高新区还在凤凰城北的大地上营造出了八化环境，即政策明朗化、职能公开化、办事程序化、言行规范化、配合主动化、人员流动化、环境园林化、办公自动化。一流的环境，为企业提供了发展的沃土。

20世纪七八十年代以来，西方国家掀起了一股行政改革的热潮，在各国行政改革的理论和实践中，一种建立企业化政府的倾向引起了学术界和政府部门的关注。案例中的唐山高新区管委会，就是一个企业化的政府。建立企业化政府，并不是说要按照企业的组织机构和性质组建政府，而是说在政府行政过程中，可以借鉴一些企业精神和企业文化，从而来补充完善行政文化的内容。

资料来源：http：//edu.qq.com/a/20061023/000237_3.htm.

本章小结

行政文化是行政体系的深层结构，是行政管理之魂。行政文化是人们在行政实践中产生并反映行政实践的观念意识，它是社会文化在行政活动中所表现出来的一种独特的文化形式。行政文化是人们在行政实践中产生并反映行政实践的观念意识，是社会精神文化的一种。行政文化包括主观性文化和规范性文化，它在行政管理中具有重要的作用，好的行政文化通过影响个人、社会、行政体制等保证社会和政治的稳定。

构成行政文化的因素是行政心理和行政道德，两者对行政文化有深刻的影响和作用。中国特色社会主义行政文化的发展应结合社会群众的心理特征进行适当的调整和变革，并且将中华民族传统的道德精神加以发扬，因而促进了行政文化的全面建设和完善。

参 考 文 献

[1] C. E. Caiden. Administrative Reform ［M］. California University Press，1969.

[2] C. Hood. A Public Management for All Seasons. Public Administration，1991，69（Spring）.

[3] 马国贤. 中国公共支出与预算政策 ［M］. 上海：上海财经大学出版社，2001.

[4] 丹尼尔·雷恩. 管理思想的演变 ［M］. 北京：中国社会科学出版社，2000.

[5] 孔淑红，安玉华. 公共财政学 ［M］. 北京：对外经济贸易大学出版社，2003.

[6] 王世雄. 论我国行政监督的现状与发展[J]. 天津行政学院学报，2000 (6).

[7] 王庆成. 政府与事业单位会计 ［M］. 北京：中国人民大学出版社， 2004.

[8] 邓庆生，吴军. 公共行政学 ［M］. 成都：四川人民出版社，2000.

[9] 可平等. 政府创新的理论与实践 ［M］. 杭州：浙江人民出版社，2005.

[10] 史际春. 企业国有资产法理解与适用 ［M］. 北京：中国法制出版社，2009.

[11] 申智军. 行政管理学概论 ［M］. 北京：中国人民公安大学出版社，2007.

[12] 石悦. 明朝那些事儿 ［M］. 北京：中国海关出版社，2009.

[13] 刘小康. 公共行政学基础 ［M］. 北京：华文出版社，2003.

[14] 孙学玉等. 公共行政学 [M]. 北京：社会科学文献出版社，2007.

[15] 齐明山. 行政学导论 [M]. 北京：中国人民大学出版社，2006.

[16] 吴琼恩，周光辉，魏娜. 公共行政学 [M]. 北京：北京大学出版社，2006.

[17] 宋光周. 行政管理学（第 2 版）[M]. 上海：东华大学出版社，2007.

[18] 宋光周. 新编行政学 [M]. 上海：东华大学出版社，2003.

[19] 张永桃. 行政管理学 [M]. 北京：高等教育出版社，2003.

[20] 张国庆. 行政管理学概论 [M]. 北京：北京大学出版社，2000.

[21] 张国庆. 跟美国总统学智慧之杜鲁门 [M]. 北京：求真出版社，2010.

[22] 张英剑. 提高行政效率的有效途径 [J]. 江西社会科学，2002（5）.

[23] 李世英. 行政管理学新编 [M]. 北京：中国人民公安大学出版社，2001.

[24] 李永平. 寿光农村经济发展与金融支持——一个县域经济农业产业化发展的案例分析 [J]. 商场现代化，2007（5）.

[25] 李传军，刘建. 构建和谐社会背景下的行政协调职能 [J]. Journal of US-China Public Administration，2007（2）.

[26] 李廷. 面对矿难小煤矿不可一关了之 [N]. 中国经济导报，2011-11-12.

[27] 杨光斌. 政治学导论 [M]. 北京：中国人民大学出版社，2000.

[28] 杨斌. 厦门：办事公开——从细微处体贴百姓冷暖 [N]. 厦门日报，2007-02-09.

[29] 沈亚平，王骚. 公共管理案例分析 [M]. 天津：天津大学出版社，2006.

[30] 迟福林. 我国社会矛盾的变化与政府转型 [J]. 人民论坛，2006（4）.

[31] 陈世香，王志华编著. 行政案例分析 [M]. 武汉：武汉大学出版社，2007.

[32] 陈潭. 公共管理案例分析 [M]. 北京：社会科学文献出版社，2009.

[33] 周庆行. 公共行政导论 [M]. 重庆：重庆大学出版社，2004.

[34] 国家资产产权界定和产权纠纷处理暂行办法 [M]（国资法规发〔1993〕68 号）.

[35] 庞贵永，周立宁，何立民等. 预算会计 [M]. 北京：中国物价出版社，1998.

[36] 彼得·圣吉. 第五项修炼——学习型组织的艺术与实务 [M]. 上海：上海：三联书店，2004.

[37] 彼得·德鲁克. 创新与企业家精神 [M]. 北京：清华大学出版社，2007.

[38] 林子英，黄启乐. 简明行政管理学 [M]. 广州：华南理工大学出版社，2003.

[39] 欧文·休斯. 公共管理导论：第 3 版 [M]. 北京：中国人民大学出版社，2001.

[40] 姚先国，柴效武. 公共部门人力资源管理 [M]. 北京：科学出版社，2004.

[41] 洪向华. MPA 最新案例全集（上）[M]. 长沙：湖南人民出版社，2002.

[42] 珍妮特·登哈特，罗伯特·登哈特. 新公共服务：服务，而不是掌舵 [M]. 丁煌，译，中国人民大学出版社，2004.

[43] 郝继明. 行政效率的制约因素及解决措施 [J]. 行政论坛，2003（2）.

[44] 唐晓阳. 公共行政学 [M]. 广州：华南理工大学出版社，2004.

[45] 夏书章. 行政管理学 [M]. 广州：中山大学出版社，2003

[46] 徐双敏. 公共管理学 [M]. 武汉：武汉大学出版社，2007.

[47] 诸敏蓉，梁鸿，程远，徐麦琏，李海蕴. 公共财政在社会保障发展中的贡献与作用：浦东案例 [J]. 市场与人口分析，2003（6）.

[48] 陶学荣. 公共行政管理学导论 [M]. 北京：清华大学出版社，2005.

[49] 高小平. 现代行政管理学 [M]. 吉林：长春出版社，2000.

[50] 高培勇等. 公共行政学 [M]. 北京：经济科学出版社，2002.

[51] 盖伊·彼得斯. 政府未来的治理模式 [M]. 吴爱明，等译. 中国人民大学

出版社，2001.

[52] 随新玉. 公共财政学 [M]. 郑州：郑州大学出版社，2003.

[53] 麻宝斌. 公共行政学 [M]. 辽宁：东北财经大学出版社，2006.

[54] 黄达强，刘怡昌. 行政学 [M]. 北京：中国人民大学出版社，1988.

[55] 黄明哲. 论行政权力运行机制的完善 [J]. 福建行政学院学报，2009 (6).

[56] 曾维涛，许才明. 行政管理学 [M]. 北京：清华大学出版社，2009.

[57] 温晓. 论孟德斯鸠的三权分立思想 [J]. 现代商贸工业，2009 (23).

[58] 谢斌. 行政管理学 [M]. 北京：中国政法大学出版社，2006.

[59] 蒙哥马利. 行政改革的根源 [D]. 印第安纳州布鲁明斯顿：比较行政学研究组，1967.

[60] 蔡崇达，邵凌丰. 社区居委会的负担重在哪? [N]. 厦门日报，2006-12-18.

[61] 赫伯特·考夫曼. 对行政改组的一些看法 [M]. 北京：中国社会科学出版，1989.

[62] 赫伯特·西蒙. 管理决策新科学 [M]. 北京：中国社会科学出版社，1982.

[63] 魏永忠. 现代行政管理 [M]. 北京：中国人民公安大学出版社，2005.

后 记

2011年9月，中国社会科学院哲学社会科学创新工程正式启动，该工程将学术观点和理论创新、学科体系创新与管理创新、科研方法与手段创新作为创新的主要内容。创新工程的理念与我们的构思不谋而合，在团队成员的共同努力下，我们完成了《21世纪工商管理文库》的编写工作，本文库始终把实践和理论的结合作为编写的基本原则，寄希望能为中国企业的管理实践提供借鉴！

一、我们的团队

我们的团队是由近200名工商管理专业的硕士、博士（大部分已毕业，少数在读）组成的学习型团队。其中已毕业的硕士、博士绝大多数是企业的中高层管理者，他们深谙中国企业的发展现状，同时又具备丰富的实践经验，而在读硕士、博士则具有扎实的理论基础，他们的通力合作充分体现了实践与理论的紧密结合，作为他们的导师，我感到无比的自豪。根据构思及团队成员的学术专长、实践经验、工作性质、时间等情况，我们挑选出56名成员直接参与这套文库的编写，另外还邀请了62名（其中5名也是编写成员）在相关领域具有丰富理论和实践经验的人员针对不同的专题提出修改意见，整套文库的编写人员和提供修改意见的人员共有"113将"。我是这套文库的发起者、组织者、管理者和领导者，同时也参与整套文库的修改、定稿和部分章节的编写工作。

本套文库从构思到定稿历时8年，在这8年的时间里，我们的团队经常深入企业进行调研，探究企业发展面临的问题和困境，了解企业管理者的困惑和需要，进一步将理论应用于实践并指导实践。我们经历了很多艰辛、挫折，但不管多么困难，总有一种使命感和责任感在推动着我们，让我们勇往直前，直至这套文库问世。

本套文库在中国社会科学院工业经济研究所研究员、经济管理出版社社长张世贤教授的大力支持和帮助下被纳入中国社会科学院哲学社会科学创新工程项目，并得到该项目在本套文库出版上的资助，同时，张世贤教授还参与了本套文库部分书籍的审稿工作，并且提出了很多宝贵的意见。另外，经济管理出版社总编室何蒂副主任也参与和组织了本套文库的编辑、审稿工作，对部分书籍提供了一些有价值的修改意见，同时还对本套文库的规范、格式等进行了严格把关。

有56名团队成员参加了本套文库的编写工作，他们为本套文库的完成立下了汗马功劳。表I列出了这些人员的分工情况。

表I 团队成员分工

书名	编写成员
1. 战略管理	龚裕达（中国台湾）、胡中文、温伟文、王蓓蓓、杨峰、黄岸
2. 生产运作管理	李佳妮、胡中文、李汶娥、李康
3. 市场营销管理	胡琼洁、李汶娥、谢伟、李熙
4. 人力资源管理	赵欣、马庆英、李汶娥、谭笑、陈志杰、卢泽旋
5. 公司理财	赵欣、易强、胡子娟、向科武
6. 财务会计	陈洁、周玉强、高丽丽
7. 管理会计	高丽丽、胡中文、符必勇
8. 企业领导学	张伟明、黄昱琪（中国台湾）
9. 公司治理	黄剑锋、符斌、刘秋红
10. 创业与企业家精神	张伟明、严红、林冷梅
11. 企业后勤管理	赵欣、钱侃、林冷梅、肖斌
12. 时间管理	苏明展（中国台湾）、胡蓉
13. 企业危机管理	胡琼洁、林冷梅、钱侃
14. 企业创新	符斌、刘秋红
15. 企业信息管理	肖淑兰、胡蓉、陈明刚、于远航、郭琦
16. 企业文化管理	符斌、谢舜龙
17. 项目管理	于敬梅、周鑫、陈赟、胡亚庭
18. 技术开发与管理	胡中文、李佳妮、李汶娥、李康

292

书名	编写成员
19. 设备管理	马庆英、于敬梅、周鑫、钱侃、庞博
20. 公共关系管理	谢舜龙、符斌、余中星、吴金土（中国台湾）、刘秋红
21. 组织行为学	马庆英、赵欣、李汶娥、刘博逸
22. 无形资产管理	张伟明、陈洁、白福歧
23. 税务筹划	肖淑兰、陈洁
24. 宏观经济学	赵欣、汤雅琴
25. 金融机构经营与管理	胡琼洁、汤雅琴、江金
26. 行政管理学	温伟文、张伟明、林冷梅
27. 商法	高丽、胡蓉
28. 管理科学思想与方法	陈鸽林、陈德全、郭晓、林献科、黄景鑫
29. 管理经济学	周玉强、汤雅琴
30. 企业管理发展的新趋势	龚裕达（中国台湾）、符斌
31. 企业管理的哲学与艺术	龚裕达（中国台湾）、黄昱琪（中国台湾）

有 62 名企业界的中高层管理人员、从事工商管理研究的学者以及政府公务员为我们的编写工作提供了建设性修改意见，他们的付出对提升本套文库的质量起到了重要的作用。表Ⅱ列出了这些人员对相应书籍的贡献。

表Ⅱ 提供修改意见的人员名单及贡献

姓名	书名	工作单位、职务或职称	
1. 张世贤	商法 宏观经济学	中国社会科学院工业经济研究所 经济管理出版社	研究员 社长
2. 何蒂	管理会计 时间管理	经济管理出版社总编室	副主任
3. 邱德厚（澳门）	管理经济学 企业危机管理	广东彩艳集团	董事长
4. 冯向前（加拿大）	税务筹划	国际税务咨询公司 中国注册执行税务师	总经理
5. 陈小钢	行政管理	广州市黄埔区	区委书记
6. 温伟文	宏观经济学	广东省江门市蓬江区政府 （原广东省江门市经信局长）	区长
7. 曹晓峰	公共关系管理	广东交通实业投资有限公司	董事长
8. 梁春火	企业领导学	广东移动佛山分公司	总经理
9. 邓学军	市场营销管理	广东省邮政公司 （原广东省云浮市邮政局局长）	市场部经理
10. 冯礼勤（澳大利亚）	企业创新	迈克斯肯国际有限公司	董事长
11. 马兆平	人力资源管理	贵州高速公路开发总公司	副总经理

姓名	书名	工作单位、职务或职称	
12. 武玉琴	项目管理	广东恒健投资控股有限公司投资部 北京大学经济学院博士后	副部长
13. 方金水	金融机构经营与管理	交通银行深圳分行	副行长
14. 陈友标	时间管理	广东华业包装材料有限公司	董事长
15. 李思园（中国香港）	公司理财	香港佳宇国际投资有限公司	总经理
16. 李志新	企业领导学	广州纺织工贸企业集团有限公司	董事长
17. 郑锡林	人力资源管理	珠海市华业投资集团有限公司	董事长
18. 李活	项目管理	茂名市金阳热带海珍养殖有限公司	董事长
19. 朱伟平	战略管理 人力资源管理	广州地铁广告有限公司	总经理
20. 沈亨将（中国台湾）	战略管理	广州美亚股份有限公司	总经理
21. 罗文标	生产运作管理 人力资源管理	华南理工大学研究生院	研究员
22. 张家骅	企业危机管理	北京德克理克管理咨询有限公司	董事长
23. 廖洁明（中国香港）	企业危机管理	香港警务及犯罪学会	主席
24. 陈国力	项目管理	广州洪珠投资有限公司	总经理
25. 黄正朗（中国台湾）	财务会计 管理会计 无形资产 公司理财	台一国际控股有限公司	副总经理
26. 彭建军	创业与企业家精神	恒大地产集团	副总裁
27. 应中伟	时间管理	广东省教育出版社	社长
28. 黄昱琪（中国台湾）	税务筹划	广东美亚股份有限公司	副总经理、财务总监
29. 黄剑锋	市场营销管理	中国电信股份有限公司广州分公司市场部	副总经理
30. 周剑	技术开发与管理 公司治理	清华大学能源研究所副教授	博士后
31. 杨文江	公司治理	广州御银股份有限公司	董事长
32. 陈洪海	公司理财	深圳联通龙岗分公司	副总经理
33. 沈乐平	商法	华南理工大学工商管理学院教授	博士生导师
34. 谢舜龙	行政管理	汕头大学商学院	MBA 中心副主任
35. 刘璇华	企业创新	广东工业大学科研处副处长	教授
36. 吴晓宝	创业与企业家精神	广州增健通信工程有限公司	董事长
37. 周枝田（中国台湾）	企业后勤管理 生产运作管理	诚达集团	副总经理
38. 许陈生	宏观经济学 管理经济学	广州外语外贸大学经贸学院	教授
39. 何荮	设备管理 税务筹划	中山大学旅游管理学院	博士后
40. 苏明展（中国台湾）	设备管理	广州德进机械设备安装有限公司	总经理
41. 李建喜	市场营销管理	广州新福鑫智能科技有限公司	副总经理

姓名	书名	工作单位、职务或职称	
42. 李茂松	企业后勤管理	暨南大学华侨医院后勤产业集团	副总经理
43. 羊卫辉	宏观经济学 管理经济学	股票、期货私募操盘手、私人投资顾问	
44. 周文明	生产运作管理 技术开发与管理	广电运通金融电子股份有限公司	厂长
45. 王步林	商法	广州金鹏律师事务所	合伙人、律师
46. 刘军栋	企业信息管理	合生创展集团有限公司信息化办公室	经理
47. 张振江（中国台湾）	无形资产管理	南宝树脂东莞有限公司	总经理
48. 程仕军（美国）	公司理财 财务会计 管理会计 公司治理	美国马里兰大学商学院财务系	副教授
49. 黄奕锋	行政管理学	广东省国土资源厅	副厅长
50. 翁华银	战略管理 市场营销管理	广州行盛玻璃幕墙工程有限公司	董事长
51. 李希元	企业危机管理	广东省高速公路股份有限公司	总经理
52. 叶向阳	金融机构经营与管理	中国邮储银行广东省分行	财务总监
53. 杜道洪	公司理财	广州滔记实业发展集团有限公司	总经理
54. 李飏	组织行为学 人力资源管理	广州市社会科学研究院	研究员
55. 吴梓锋（澳大利亚）	市场营销管理 项目管理 战略管理	澳大利亚雄丰股份有限公司	董事长
56. 薛声家	管理科学思想与方法	暨南大学管理学院教授	博士生导师
57. 左小德	管理科学思想与方法	暨南大学管理学院教授	博士生导师
58. 周永务	管理科学思想与方法	华南理工大学工商管理学院教授	博士生导师
59. 贺臻	创业与企业家精神	深圳力合创业投资有限公司	总经理
60. 方向东	项目管理	新八建设集团有限公司南方司	总经理
61. 梁岳明	公司理财	广东省教育服务公司	总经理
62. 邓俊浩	企业文化管理	广州精心广告有限公司	总经理

注：3~47 为团队成员，1~2 和 48~62 为外请成员。

二、致谢

在本套文库的编写过程中，我们参阅了大量古今中外的文献并借鉴了一些专家、学者的研究成果，尤其是自管理学诞生以来的研究成果。对此，本套文库尽最大可能在行文当中予以注明，并在书后参考文献中列出，但仍难免会有疏漏，在此向所有已参考过的文献作者（国内的和国外的，已列出的和未列出的）表示衷心的感谢！

另外，还要特别感谢参加本套文库的编写人员和提出修改意见的人员，是你们这"113将"的勤奋和智慧才使该文库的构思得以实现。随着这套文库的问世，中国企业会永远记住你们，感激你们！

经济管理出版社是我国经济管理类的中央级出版社，它以严谨的学术、广泛的应用性以及规范的出版而著称。在此，我们非常感谢经济管理出版社的领导和所有工作人员对本套文库的出版所做的工作和提供的支持！

我还要感谢暨南大学这所百年华侨学府，"始有暨南，便有商科"。巧合的是，管理学和暨南大学几乎同时诞生，在此，就让《21世纪工商管理文库》作为管理学和暨南大学的百年生日礼物吧！

我们真诚地希望并欢迎工商管理界的学者和企业家们对本套文库提出宝贵意见，以使该套文库能更好地为中国企业服务，从而全面提升中国企业的管理水平！

夏洪胜

2013 年 12 月